rororo

ICHIRO KISHIMI wurde 1956 in Kyoto geboren, wo er heute noch lebt. Schon in der Highschool hatte er den Wunsch, Philosoph zu werden. Seit er sich 1989 auf die klassische westliche Philosophie mit dem Schwerpunkt der Platonischen Lehren spezialisierte, erforscht er die Psychologie Adlers, schreibt darüber und hält Vorträge. Außerdem arbeitet er als anerkannter Berater der Japanese Society of Adlerian Psychology mit Jugendlichen in psychiatrischen Kliniken. Er übersetzte ausgewählte Werke Adlers ins Japanische und ist Autor einer Einführung in die Psychologie Adlers sowie zahlreicher anderer Bücher.

FUMITAKE KOGA, mehrfach preisgekrönter Autor, wurde 1973 geboren. Er veröffentlichte zahlreiche Bestseller im Bereich berufsbezogener und allgemeiner Sachliteratur. Mit Ende zwanzig begegnete er der Psychologie Adlers und fühlte sich von ihren Vorstellungen, die den herkömmlichen Weisheiten entgegenstanden, sehr angezogen. So besuchte er häufig Ichiro Kishimi in Kyoto, lernte bei ihm immer mehr über das Wesen der Adler'schen Psychologie und machte sich dabei Notizen für das klassische Dialogformat der griechischen Philosophie, das in diesem Buch verwendet wird.

ICHIRO KISHIMI • FUMITAKE KOGA

DU MUSST NICHT VON ALLEN GEMOCHT WERDEN

VOM MUT, SICH NICHT ZU VERBIEGEN

Aus dem Englischen von Renate Graßtat

ROWOHLT TASCHENBUCH VERLAG

Die japanische Originalausgabe erschien 2013
unter dem Titel «KIRAWARERU YUKI»
bei Diamond, Inc., Tokyo.

39. Auflage Mai 2026
Veröffentlicht im Rowohlt Taschenbuch Verlag,
Rowohlt Verlag GmbH, Kirchenallee 19, 20099 Hamburg
Deutsche Erstausgabe
Zuerst veröffentlicht im Rowohlt Taschenbuch Verlag,
Reinbek bei Hamburg, Januar 2019

Die deutsche Erstausgabe wurde in
Zusammenarbeit mit Diamond, Inc., Tokyo, vertreten
durch Tuttle-Mori Agency Inc., Tokyo, und
Chandler Crawford Agency,
Massachusetts, USA veröffentlicht.
Umschlaggestaltung zero-media.net, München
Umschlagabbildung FinePic®, München
Redaktion Bernd Jost
Satz aus der DTL Unico
Gesamtherstellung CPI books GmbH, Leck
ISBN 978-3-499-63405-5

Kontaktadresse nach EU-Produktsicherheitsverordnung:
produktsicherheit@rowohlt.de

VORBEMERKUNG DER AUTOREN

Sigmund Freud, Carl Jung und Alfred Adler sind drei Giganten in der Welt der Psychologie. Dieses Buch ist ein Extrakt aus Adlers philosophischen und psychologischen Ideen und Lehren in Form eines anschaulich erzählten Dialogs zwischen einem Philosophen und einem jungen Mann.

Die Adler'sche Psychologie genießt in Europa und den USA breite Anerkennung und präsentiert einfache und direkte Antworten auf die philosophische Frage: Wie kann man glücklich sein? In der Adler'schen Psychologie liegt vielleicht der Schlüssel dazu. Die Lektüre dieses Buches könnte Ihr Leben verändern. Lassen Sie uns nun den jungen Mann begleiten, wagen wir uns durch die «Tür».

INHALT

Am Rande der tausend Jahre alten Stadt lebte ein Philosoph, der verkündete, die Welt sei einfach und das Glück für jeden erreichbar, und zwar sofort. Ein junger Mann, der mit seinem Leben unzufrieden war, machte sich auf, diesen Philosophen zu besuchen, um der Sache auf den Grund zu gehen. Für diesen jungen Mann war die Welt eine undurchschaubare Ansammlung von Widersprüchen und jede Vorstellung von Glück – in seinen angstvollen Augen – völlig absurd.

EINFÜHRUNG

JUNGER MANN: Ich möchte Sie noch einmal fragen: Sie glauben wirklich, dass die Welt in jeder Hinsicht ein einfacher Ort ist?

PHILOSOPH: Ja, diese Welt ist erstaunlich einfach und das Leben auch.

JUNGER MANN: Ist das eigentlich Ihre idealistische Behauptung, oder ist das eine praktikable Theorie? Ich meine, wollen Sie damit sagen, dass alles, womit Sie oder ich im Leben konfrontiert werden, auch einfach ist?

PHILOSOPH: Ja, natürlich.

JUNGER MANN: Na gut, aber lassen Sie mich Ihnen erklären, warum ich Sie heute aufgesucht habe. Zunächst einmal möchte ich das mit Ihnen diskutieren, bis ich zufrieden bin. Und dann, wenn möglich, möchte ich, dass Sie diese Behauptungen zurückziehen.

PHILOSOPH: (lacht)

JUNGER MANN: Denn ich habe viel über Ihren Ruf gehört. Man erzählt sich, dass es hier einen exzentrischen Philosophen gibt, dessen Lehren und Beweisführungen sich schwer ignorieren lassen – nämlich dass der Mensch sich ändern kann, dass die Welt einfach ist und dass jeder glücklich sein kann. So habe ich es jedenfalls gehört, aber ich finde diese Ansicht völlig inakzeptabel und wollte mich deshalb selbst davon überzeugen. Wenn ich etwas von dem, was Sie sagen, völlig abwegig finde, werde ich darauf hinweisen und Sie dann korrigieren … Oder ärgern Sie sich dann darüber?

PHILOSOPH: Nein, ich würde die Gelegenheit begrüßen. Ich hatte gehofft, einmal einen jungen Menschen, gerade wie Sie einer sind, kennenzulernen und so viel wie möglich aus dem zu lernen, was Sie mir sagen können.

JUNGER MANN: Danke. Ich habe nicht vor, Ihre Ansichten geradewegs zu verwerfen. Ich werde darüber nachdenken und dann alle Möglichkeiten betrachten, die sich ergeben. «Die Welt ist einfach, und das Leben ist es auch» – wenn in dieser These überhaupt ein Körnchen Wahrheit steckt, dann wäre das die Weltsicht eines Kindes. Kinder haben keine offensichtlichen Pflichten wie Steuern zu zahlen oder zur Arbeit zu gehen. Sie werden von ihren Eltern und von der Gesellschaft beschützt und können ihre Tage ohne Sorgen verbringen. Sie können sich eine Zukunft ausmalen, in der es ewig so weitergeht, und tun, was immer sie wollen. Sie sehen die düstere Realität nicht, da sie dafür blind sind. Für sie ist die Welt also wirklich einfach. Doch wenn ein Kind erwachsen wird, enthüllt die Welt ihre wahre Natur. Sehr bald wird es wissen, wie die Dinge wirklich sind und was es tatsächlich tun darf. Seine Weltsicht wird sich verändern, und überall wird es auf Begrenzungen stoßen. Seine rosarote Sicht wird der grausamen Realität weichen.

PHILOSOPH: Aha. Das ist eine interessante Betrachtungsweise.

JUNGER MANN: Das ist noch nicht alles. Der Erwachsene wird in alle möglichen komplizierten Beziehungen mit anderen Menschen verwickelt werden, und all die verschiedenen Verpflichtungen werden auf ihm lasten. So wird das Leben aussehen, sowohl zu Hause als auch bei der Arbeit und in jeder Rolle, die der Erwachsene im öffentlichen Leben einnehmen wird. Er wird sich zwangsläufig der verschiedenen Aspekte des Lebens in der Gesellschaft bewusst werden, die er als Kind nicht verstehen konnte, einschließlich solcher Dinge wie Diskriminierung, Krieg und Ungleichheit, und er wird sie nicht ignorieren können. Habe ich da vielleicht unrecht?

PHILOSOPH: Das scheint mir richtig zu sein. Reden Sie bitte weiter.

JUNGER MANN: Nun, wenn wir noch in einer Zeit leben würden, in der die Religion alles beherrschte, wäre das Streben nach Erlösung eine Option, denn die göttlichen Lehren bedeuteten damals alles für uns. Alles, was wir tun mussten, war, sie zu befolgen, und folglich gab es wenig, worüber wir nachdenken mussten. Aber die Religion hat ihre Macht verloren, und es gibt keinen wirklichen Glauben mehr an Gott. Wenn man sich auf nichts verlassen kann, sind alle Menschen voller Angst und Unsicherheit. Jeder lebt nur für sich selbst. So sieht die heutige gesellschaftliche Situation aus, deshalb sagen Sie mir bitte, können Sie – in Anbetracht dieser Gegebenheiten und im Lichte dessen, was ich gerade gesagt habe – immer noch behaupten, die Welt sei einfach?

PHILOSOPH: Es ändert nichts an meiner Meinung: Die Welt ist einfach, und das Leben ist es auch.

JUNGER MANN: Wie kann das sein? Jeder kann sehen, dass sie eine chaotische Masse von verwirrenden Widersprüchen ist.

PHILOSOPH: Das liegt nicht daran, dass die Welt kompliziert wäre. Es liegt daran, dass Sie die Welt *kompliziert machen.*

JUNGER MANN: Tue ich das?

PHILOSOPH: Niemand von uns lebt in einer objektiven Welt, sondern die Welt ist subjektiv, wir haben ihr selbst eine Bedeutung gegeben. Die Welt, die Sie sehen, ist anders als die Welt, die ich sehe, und es ist unmöglich, mit jemand anderem genau die gleiche Welt zu teilen.

JUNGER MANN: Wie kann das sein? Sie und ich leben im gleichen Land, zur gleichen Zeit, und wir sehen die gleichen Dinge, oder?

PHILOSOPH: Sie sehen mir noch recht jung aus, aber haben Sie jemals Wasser aus einem Brunnen getrunken, das gerade erst geschöpft wurde?

JUNGER MANN: Brunnenwasser? Hm, es ist sehr lange her, aber es gab einen Brunnen beim Haus meiner Großmutter auf dem Land. Ich erinnere mich, dass das frische, kalte Wasser an einem heißen Sommertag sehr angenehm war.

PHILOSOPH: Sie wissen das vielleicht, aber Brunnenwasser behält das ganze Jahr über so ziemlich die gleiche Temperatur, etwa 18 Grad. Das ist eine objektive Zahl – sie bleibt für jeden gleich, der sie misst. Aber wenn Sie das Brunnenwasser im Sommer trinken, erscheint es kalt, und wenn Sie dasselbe Wasser im Winter trinken, erscheint es warm. Obwohl es dasselbe Wasser ist, nach dem Thermometer immer mit denselben 18 Grad, kommt es darauf an, ob es Sommer oder Winter ist, wenn es darum geht, wie man es empfindet.

JUNGER MANN: Das ist also eine Illusion, die durch die Veränderung der Umwelt entsteht.

PHILOSOPH: Nein, es ist keine Illusion. Sehen Sie, für Sie ist in diesem Moment die Kühle oder Wärme des Brunnenwassers eine unleugbare Tatsache. Das bedeutet es, in seiner eigenen subjektiven Welt zu leben. Es gibt kein Entkommen vor der eigenen Subjektivität. Im Moment sieht die Welt für Sie kompliziert und rätselhaft aus, aber wenn Sie sich verändern, wird sie Ihnen einfacher erscheinen. Es geht nicht darum, wie die Welt ist, sondern darum, wie Sie sind.

JUNGER MANN: Wie ich bin?

PHILOSOPH: Richtig … Es ist so, als ob Sie die Welt durch eine dunkle Brille sehen würden – dann wirkt alles natürlich dunkel. Aber Sie könnten, anstatt über das Dunkel in der Welt zu lamentieren, auch einfach die Brille abnehmen. Vielleicht erscheint Ihnen die Welt dann furchtbar hell, und Sie schließen unwillkürlich die Augen. Vielleicht wollen Sie die Brille gleich wieder aufsetzen, aber die Frage ist zuerst einmal: Können Sie sie überhaupt abnehmen? Können Sie sich die Welt ganz ungefiltert ansehen? Haben Sie den Mut?

JUNGER MANN: Mut?

PHILOSOPH: Ja, es ist eine Frage von Mut.

JUNGER MANN: Hmm. Es gibt unendlich viele Einwände, die ich vorbringen möchte, aber ich habe das Gefühl, es ist besser, sie später ins Feld zu führen. Ich würde gern noch einmal nachfragen: Sie behaupten, der Mensch kann sich ändern, richtig?

PHILOSOPH: Natürlich kann der Mensch sich ändern. Und er kann auch sein Glück finden.

JUNGER MANN: Jeder, ohne Ausnahme?

PHILOSOPH: Ohne jegliche Ausnahme.

JUNGER MANN: Haha. Jetzt nehmen Sie den Mund aber sehr voll! Das wird interessant. Ich fange gleich an, mit Ihnen zu streiten.

PHILOSOPH: Ich werde nicht weglaufen oder irgendetwas vor Ihnen verbergen. Wir wollen uns die Zeit nehmen, um darüber zu diskutieren. Ihre Position ist also: «Der Mensch kann sich nicht ändern»?

JUNGER MANN: Das stimmt. Er kann sich nicht ändern. Tatsächlich leide ich selbst, weil ich mich nicht ändern kann.

PHILOSOPH: Und gleichzeitig wünschten Sie sich, Sie könnten es.

JUNGER MANN: Natürlich. Wenn ich mich verändern könnte, wenn ich das Leben noch mal von vorn beginnen könnte, würde ich mit Freuden vor Ihnen auf die Knie fallen. Aber es könnte sich herausstellen, dass am Ende Sie vor mir auf die Knie fallen.

PHILOSOPH: Sie erinnern mich an mich selbst in meiner Studentenzeit, als ich ein heißblütiger junger Mann war, auf der Suche nach der Wahrheit; ich war immer unterwegs, ging von einem Philosophen zum anderen …

JUNGER MANN: Ja. Ich suche nach der Wahrheit. Der Wahrheit über das Leben.

PHILOSOPH: Ich hatte nie das Bedürfnis, Schüler anzunehmen, und habe es auch nie getan. Dennoch, seit ich die griechische Philosophie studiere und dann mit einer anderen Art der Philosophie in Berührung gekommen bin, warte ich schon seit langem auf den Besuch eines jungen Menschen wie Sie.

JUNGER MANN: Eine andere Art der Philosophie? Was sollte denn das sein?

PHILOSOPH: Mein Arbeitszimmer ist gleich da drüben. Gehen Sie hinein. Es wird ein langer Abend werden. Ich gehe und mache uns einen heißen Kaffee.

DER ERSTE ABEND

DAS TRAUMA LEUGNEN

Der junge Mann ging ins Arbeitszimmer und saß dann in schlaffer Haltung auf einem Stuhl. Warum war es ihm so wichtig, die Theorien des Philosophen zu widerlegen? Seine Gründe lagen auf der Hand. Es fehlte ihm an Selbstbewusstsein, und seit seiner Kindheit war dies noch durch tiefsitzende Minderwertigkeitsgefühle wegen seines persönlichen und schulischen Hintergrunds und seiner körperlichen Erscheinung verstärkt worden. Vielleicht waren sie die Ursache davon, dass er extrem unsicher wurde, wenn man ihn ansah. Vor allem schien er unfähig, sich über das Glück anderer Menschen zu freuen, und tat sich ständig selber leid. Für ihn waren die Behauptungen des Philosophen nichts anderes als ein Produkt der Phantasie.

JUNGER MANN: Gerade haben Sie von einer «anderen Philosophie» gesprochen, aber ich habe gehört, die griechische Philosophie sei Ihr Spezialgebiet.

PHILOSOPH: Ja, die griechische Philosophie spielt in meinem Leben eine wichtige Rolle, seit ich ein Teenager war. Die großen Denker: Sokrates, Platon, Aristoteles. Ich übersetze zurzeit ein Werk von Platon, und ich gehe davon aus, dass ich den Rest meines Lebens damit zubringen werde, das klassische griechische Denken zu studieren.

JUNGER MANN: Was ist denn diese «andere Philosophie»?

PHILOSOPH: Das ist eine völlig neue Richtung der Psychologie, gegründet von dem österreichischen Psychiater Alfred Adler, zu Beginn des zwanzigsten Jahrhunderts. Im deutschsprachigen Raum wird sie allgemein als Adler'sche Psychologie bezeichnet.

JUNGER MANN: Aha. Ich hätte nie gedacht, dass sich ein Experte in griechischer Philosophie für Psychologie interessieren würde.

PHILOSOPH: Ich bin nicht sehr vertraut mit den Wegen, die andere psychologische Schulen eingeschlagen haben. Doch ich denke, man kann behaupten, dass die Adler'sche Psychologie tatsächlich auf einer Linie mit der griechischen Philosophie liegt und dass dies sogar ein eigenes Forschungsgebiet darstellt.

JUNGER MANN: Ich weiß ein wenig über die Psychologie von Freud und Jung. Ein faszinierendes Gebiet.

PHILOSOPH: Ja, Freud und Jung sind beide sehr bekannt. Selbst hier. Adler gehörte zum ursprünglichen Kern der Wiener Psychoanalytischen Vereinigung, geleitet von Freud. Seine Vorstellungen standen aber im Gegensatz zu Freuds. So trennte er sich von der Gruppe und entwickelte auf der Grundlage seiner ureigenen Theorien eine «Individualpsychologie».

JUNGER MANN: Individualpsychologie? Noch so ein merkwürdiger Ausdruck. Adler war also ein Schüler von Freud?

PHILOSOPH: Nein, das war er nicht. Diese falsche Vorstellung ist sehr verbreitet; wir müssen uns von ihr lösen. Zuerst einmal waren Adler und Freud vom Alter her ziemlich nah beieinander, und ihr Verhältnis als Forscher war ein ebenbürtiges. In dieser Hinsicht unterschied sich Adler sehr von Jung, der Freud als eine Vaterfigur verehrte. Wenn auch die Psychologie vor allem mit Freud und Jung in Verbindung gebracht wird, so wird Adler doch neben Freud und Jung als einer der drei Großen auf diesem Gebiet angesehen.

JUNGER MANN: Verstehe. Ich hätte mich mehr damit befassen sollen.

PHILOSOPH: Ich glaube, es ist ganz natürlich, dass Sie noch nichts von Adler gehört haben. Er selbst sagte: «Es mag eine Zeit kommen, wenn man sich nicht mehr an meinen Namen erinnert; die Leute haben vielleicht sogar vergessen, dass unsere Schule jemals existierte.» Er fuhr fort, dass dies keine Rolle spiele. Damit wollte er sagen, dass seine Schule vergessen werden könnte, weil seine Ideen über die Grenzen einer psychologischen Schule hinausgegangen und zum Allgemeingut geworden sind – etwas, das alle kennen. Und so hat zum Beispiel Dale Carnegie, Autor der internationalen Bestseller «Wie man Freunde gewinnt» und «Sorge dich nicht, lebe!», Adler als «einen großen Psychologen» bezeichnet, «der sein Leben der Erforschung des Menschen und der in ihm schlummernden Fähigkeiten gewidmet hat». Der Einfluss von Adlers Denken ist in seinen Büchern deutlich zu spüren. Und auch in Stephen Coveys «Die 7 Wege zur Effektivität» weist ein Großteil des Inhalts starke Ähnlichkeiten mit den Ideen Adlers auf. Anders gesagt, die Adler'sche Psychologie lässt sich eher als Erkenntnis verstehen als ein begrenztes Gebiet der Lehre; sie ist eine Zusammenführung von Wahrheiten und Einsichten über den Menschen. Doch es heißt, sie seien ihrer Zeit um hundert Jahre voraus gewesen, und selbst heute haben wir sie noch nicht gänzlich verstanden. So wahrhaft bahnbrechend waren sie damals.

JUNGER MANN: Also sind Ihre Theorien nicht ursprünglich aus der griechischen Philosophie entstanden, sondern aus der Sichtweise der Adler'schen Psychologie?

PHILOSOPH: Ja, das stimmt.

JUNGER MANN: Okay. Da ist noch etwas, das ich Sie gerne über Ihre grundsätzliche Einstellung fragen würde: Sind Sie Philosoph? Oder sind Sie Psychologe?

PHILOSOPH: Ich bin ein Philosoph, jemand, der die Philosophie lebt. Und für mich ist die Psychologie Adlers eine Form des Denkens, die mit der griechischen Philosophie in Einklang steht, und das *ist* Philosophie.

JUNGER MANN: Gut. Dann fangen wir an.

JUNGER MANN: Zuerst sollten wir die Diskussionspunkte festlegen. Sie sagen, der Mensch kann sich ändern. Dann gehen Sie sogar noch einen Schritt weiter und sagen, dass jeder glücklich sein kann.

PHILOSOPH: Ja, jeder, ohne Ausnahme.

JUNGER MANN: Heben wir uns die Diskussion über das Glück für später auf, und reden wir zuerst über Veränderungen. Jeder wünscht sich doch, sich ändern zu können. Ich weiß es von mir selbst, und ich bin sicher, dass jeder, den Sie auf der Straße anhalten und fragen, dasselbe sagen würde. Aber warum haben alle diesen Wunsch, sich zu ändern? Es gibt nur eine Antwort: Weil sie sich nicht ändern können. Denn wenn das einfach wäre, würden sie nicht so viel Zeit darauf verwenden, es sich zu wünschen. Wie sehr sie es sich auch wünschen mögen, die Menschen können sich nicht ändern. Und deshalb fallen auch so viele Leute auf neue Religionen, dubiose Selbsthilfeseminare und all das Gefasel darüber, wie jeder sich verändern könne, herein. Habe ich unrecht?

PHILOSOPH: Nun, als Antwort darauf würde ich Sie fragen, warum Sie so felsenfest behaupten, die Menschen könnten sich nicht ändern.

JUNGER MANN: Das will ich Ihnen sagen. Ich habe einen Freund, der sich mehrere Jahre lang in seinem Zimmer eingeschlossen hat. Er wünschte sich, rausgehen zu können, und er denkt sogar, es wäre schön, eine Arbeit zu haben, wenn möglich. Er will sich also ändern. Ich spreche als sein Freund, aber ich versichere

Ihnen, er ist ein Mensch, der sich sehr viele Gedanken macht und der Gesellschaft große Dienste erweisen könnte. Nur dass er Angst hat, sein Zimmer zu verlassen. Wenn er sich nur einen einzigen Schritt herauswagt, leidet er unter Herzrasen, und seine Arme und Beine zittern. Es ist eine Form von Neurose oder Panikstörung, vermute ich. Er möchte sich ändern, aber er kann es nicht.

PHILOSOPH: Was, glauben Sie, ist der Grund dafür, dass er nicht rausgehen kann?

JUNGER MANN: Ich weiß nicht genau. Es könnte mit der Beziehung zu seinen Eltern zu tun haben oder damit, dass er in der Schule oder bei der Arbeit gemobbt wurde. Er hat vielleicht durch irgend so etwas eine Art Trauma erlitten. Genau das Gegenteil wäre aber auch möglich – vielleicht wurde er als Kind zu sehr behütet und kommt mit der Realität nicht zurecht. Ich weiß es einfach nicht, und ich kann nicht in seiner Vergangenheit oder seiner familiären Situation herumschnüffeln.

PHILOSOPH: Sie sagen also, dass es Vorfälle in der Vergangenheit Ihres Freundes gab, die der Grund für das Trauma waren, oder so ähnlich, und als Folge davon kann er nicht mehr das Haus verlassen?

JUNGER MANN: Natürlich. Jede Wirkung hat eine Ursache. Das ist doch klar.

PHILOSOPH: Dann liegt vielleicht der Grund dafür, dass er nicht mehr aus dem Haus gehen kann, in der häuslichen Umgebung seiner Kindheit. Er wurde von seinen Eltern in irgendeiner Form missbraucht und wurde erwachsen, ohne jemals Liebe empfunden zu haben. Deshalb hat er Angst davor, mit Menschen in Beziehung zu treten, und deshalb kann er auch nicht aus dem Haus gehen. Das ist plausibel, oder?

JUNGER MANN: Ja, das ist völlig plausibel. Ich denke, das ist wirklich schwierig für ihn.

PHILOSOPH: Und Sie sagen auch: «Jede Wirkung hat eine Ursache.» Oder anders gesagt, wer ich jetzt bin (die Wirkung), wird durch Vorgänge in der Vergangenheit bestimmt (die Ursachen). Verstehe ich das richtig?

JUNGER MANN: Ja, genau.

PHILOSOPH: Wenn also die jetzige Situation von jedem Menschen in der Welt auf Ereignisse in seiner Vergangenheit zurückzuführen wäre, wie Sie behaupten, würden sich die Dinge dann nicht sehr merkwürdig verhalten? Verstehen Sie nicht? Jeder, der als Kind von seinen Eltern missbraucht wurde, müsste unter denselben Wirkungen leiden wie Ihr Freund und sich einschließen, oder die ganze Theorie wäre erledigt. Das heißt, wenn die Vergangenheit tatsächlich die Gegenwart bestimmt und die Ursache die Wirkung.

JUNGER MANN: Worauf genau wollen Sie hinaus?

PHILOSOPH: Wenn wir uns nur auf Ursachen in der Vergangenheit konzentrieren und versuchen, die Dinge lediglich durch das Prinzip von Ursache und Wirkung zu erklären, landen wir beim «Determinismus». Denn das würde ja bedeuten, dass unsere Gegenwart und unsere Zukunft bereits durch vergangene Ereignisse entschieden wurden und unveränderbar sind. Ist es nicht so?

JUNGER MANN: Wollen Sie damit sagen, dass die Vergangenheit keine Rolle spielt?

PHILOSOPH: Ja, das ist die Sichtweise der Psychologie Adlers.

JUNGER MANN: Verstehe. Die Konfliktpunkte werden nun klarer. Aber sehen Sie, wenn wir Ihnen folgen, hieße das nicht am Ende, dass es für meinen Freund keinen Grund gäbe, nicht mehr hinauszugehen? Tut mir leid, aber das ist völlig unsinnig. Es muss einen Grund hinter seiner Abschottung geben. Es muss einen geben, sonst gäbe es keine Erklärung dafür!

PHILOSOPH: Richtig, dann gäbe es keine Erklärung. In der Adler'schen Psychologie denken wir nicht an zurückliegende «Ursachen», sondern mehr an gegenwärtige «Ziele».

JUNGER MANN: Gegenwärtige Ziele?

PHILOSOPH: Ihr Freund ist unsicher, also kann er nicht aus dem Haus gehen. Denken Sie sich das Ganze einmal umgekehrt. Er möchte nicht aus dem Haus gehen, deshalb entwickelt er einen Angstzustand.

JUNGER MANN: Was?

PHILOSOPH: Stellen Sie es sich einmal so vor. Ihr Freund hatte schon vorher das Ziel, nicht hinauszugehen, und er hat dann einen Zustand der Sorge und Angst erzeugt, um dieses Ziel zu erreichen. In der Psychologie Adlers nennt man das «Zukunftsbezogenheit», das heißt, die Beweggründe für unser Verhalten liegen nicht in der Vergangenheit, sondern sind auf ein zukünftiges Ziel gerichtet.

JUNGER MANN: Sie machen wohl Witze! Mein Freund hat sich seine Sorgen und Ängste eingebildet? Behaupten Sie allen Ernstes, er tut nur so, als wäre er krank?

PHILOSOPH: Er täuscht nicht vor, krank zu sein. Seine Gefühle der Sorge und Angst sind real. Ab und zu leidet er wahrscheinlich auch unter Migräne und heftigen Magenkrämpfen. Auch dies sind aber Symptome, die er produziert hat, um das Ziel zu erreichen, nicht rausgehen zu müssen.

JUNGER MANN: Das ist nicht wahr! Auf keinen Fall! Das wäre doch ungeheuer deprimierend!

PHILOSOPH: Nein. Das ist der Unterschied zwischen der Ursachenerforschung und der Zukunftsbezogenheit, der Erforschung des Sinns und Zwecks einer Handlung im Gegensatz zu ihrer Ursache. Alles, was Sie mir erzählt haben, basiert auf der Ursachenerforschung. Solange wir in diesem Bereich bleiben, werden wir keinen einzigen Schritt vorwärtskommen.

JUNGER MANN: Wenn Sie dies mit solcher Eindringlichkeit behaupten, möchte ich eine gründliche Erklärung. Gleich vorweg: Was ist der Unterschied zwischen der Ursachenerforschung und der Zukunftsbezogenheit, also der Erforschung des Zwecks, wie Sie es nennen?

PHILOSOPH: Angenommen, Sie haben eine Erkältung mit hohem Fieber und sind zum Arzt gegangen. Und der Arzt sagt Ihnen dann, der Grund für Ihre Krankheit ist, dass Sie gestern, als Sie aus dem Haus gegangen sind, nicht richtig angezogen waren, und deshalb haben Sie die Erkältung bekommen. Wären Sie damit dann zufrieden?

JUNGER MANN: Natürlich nicht. Es wäre mir egal, was der Grund dafür war – wie ich angezogen war oder weil es geregnet hat oder was auch immer. Es sind die Symptome, die Tatsache, dass es mir jetzt schlechtgeht und ich hohes Fieber habe, die mich interessieren würden. Von einem Arzt brauche ich ein Rezept für ein Medikament, eine Behandlung durch Spritzen oder welche Maßnahmen auch immer notwendig sind.

PHILOSOPH: Doch Menschen mit einer auf Ursachen beschränkten Sichtweise, einschließlich der meisten psychologischen Berater und Psychiater, würden behaupten, dass Ihr Leiden von dieser und jener Ursache in der Vergangenheit herrührt, und würden Sie am Ende nur trösten, indem sie sagen: «Sie sehen also, es ist nicht Ihre Schuld.» Das Argument der sogenannten Traumata ist typisch für die auf Ursachen gerichtete Sichtweise.

JUNGER MANN: Moment mal. Heißt das, Sie leugnen, dass es überhaupt ein Trauma gibt?

PHILOSOPH: Ja, genau. Und zwar entschieden.

JUNGER MANN: Was? Sind Sie, oder besser Adler, nicht eine Autorität in der Psychologie?

PHILOSOPH: In der Adler'schen Psychologie wird das Trauma definitiv bestritten. Das war eine ganz neue und revolutionäre Sichtweise. Zugegeben, die Freudianische Auffassung des Traumas ist faszinierend. In Freuds Vorstellung sind die psychischen Verletzungen (Traumata) die Ursache für das gegenwärtige Unglück eines Menschen. Wenn man das Leben als eine lange Geschichte betrachtet, gibt es darin eine einfach zu verstehende Kausalität und einen Sinn für dramatische Entwicklungen, die starke Eindrücke erzeugen, und das ist ungeheuer faszinierend. Adler konstatiert jedoch, zur Widerlegung des Trauma-Arguments, Folgendes: «Keine Erfahrung ist für sich genommen eine Ursache für unseren Erfolg oder unser Versagen. Wir leiden nicht unter dem Schock unseres Erlebens – dem sogenannten Trauma –, sondern wir machen aus ihm genau das, was unserem Zweck dient. Wir werden nicht durch unsere Erfahrungen bestimmt, sondern die Bedeutung, die wir ihnen geben, stellt diese Bestimmung erst her.»

JUNGER MANN: Dann machen wir also aus ihnen, was immer unserem Zweck dient?

PHILOSOPH: Genau. Sehen Sie sich einmal Adlers Aussage genau an, wenn er davon spricht, das Selbst würde nicht durch unsere Erfahrungen bestimmt, sondern *durch die Bedeutung, die wir ihnen geben.* Er sagt nicht, dass die Erfahrung eines schrecklichen Unglücks oder von Missbrauch in der Kindheit oder ähnlicher Vorkommnisse keinen Einfluss auf die Bildung der Persönlichkeit hätte; ihr Einfluss ist sehr stark. Doch das Wichtige ist, dass nichts tatsächlich durch diese Einflüsse festgelegt wird. Wir bestimmen über unser eigenes Leben, je nach der Bedeutung, die wir diesen früheren Erfahrungen beimessen. Dein Leben ist nichts, was dir jemand gibt, sondern etwas, was du selbst wählst – und du bist derjenige, der entscheidet, wie du lebst.

JUNGER MANN: Gut, dann sagen Sie also, dass mein Freund sich in seinem Zimmer eingeschlossen hat, weil es seine eigene Wahl ist, so zu leben? Das ist eine schwerwiegende Behauptung. Glauben Sie mir, das will er wirklich nicht. Im Gegenteil, die Umstände haben ihn dazu gezwungen. Er hatte keine andere Wahl, als der zu werden, der er heute ist.

PHILOSOPH: Nein. Selbst wenn wir annehmen, dass Ihr Freund tatsächlich denkt: *«Ich passe nicht in die Gesellschaft, weil ich von meinen Eltern missbraucht wurde»* – so ist das immer noch deshalb der Fall, weil es sein *Ziel* ist, so zu denken.

JUNGER MANN: Was für ein Ziel sollte denn das sein?

PHILOSOPH: Das unmittelbare Ziel wäre wahrscheinlich, nicht «rauszugehen». Er produziert dann Angst und Sorge – die ihm die Gründe dafür liefern, drinnen zu bleiben.

JUNGER MANN: Aber warum will er nicht rausgehen? Da liegt doch das Problem.

PHILOSOPH: Tja, stellen Sie sich die Situation einmal aus der Perspektive seiner Eltern vor. Wie würden Sie sich fühlen, wenn sich Ihr Kind in seinem Zimmer einschließen würde?

JUNGER MANN: Ich würde mir natürlich Sorgen machen. Ich würde ihm helfen wollen, zurück in die Gesellschaft zu finden; ich würde wollen, dass es ihm gutgeht, und ich würde mich fragen, ob ich etwas in seiner Erziehung falsch gemacht habe. Ich wäre sicher ernsthaft besorgt und würde auf jede erdenkliche Weise versuchen, ihm wieder zu einem normalen Leben zu verhelfen.

PHILOSOPH: *Da* liegt das Problem.

JUNGER MANN: Wo?

PHILOSOPH: Wenn ich die ganze Zeit in meinem Zimmer bleibe, ohne es jemals zu verlassen, werden sich meine Eltern Sorgen machen. Ich kann die gesamte Aufmerksamkeit meiner Eltern auf mich konzentrieren. Sie sind dann furchtbar besorgt um mich und behandeln mich stets wie ein rohes Ei. Wenn ich aber nur einen Schritt aus dem Haus gehe, werde ich einfach zu einem Teil einer gesichtslosen Masse, auf den niemand achtet. Ich bin umgeben von Menschen, die ich nicht kenne, und fühle mich am Ende mittelmäßig oder sogar noch mieser. Und niemand wird sich ein Bein ausreißen, um sich um mich zu kümmern ... Solche Geschichten über Menschen, die sich völlig zurückgezogen haben, sind nicht selten.

JUNGER MANN: In diesem Fall hätte also mein Freund, wenn man Ihrem Gedankengang folgt, sein Ziel erreicht und wäre mit der jetzigen Situation zufrieden?

PHILOSOPH: Ich bezweifle, dass er zufrieden ist, und ich bin sogar sicher, dass er nicht glücklich ist. Aber natürlich handelt er auch in Übereinstimmung mit seinem Ziel. Das ist nichts, was nur Ihr Freund macht. Jeder von uns richtet sein Leben an einem bestimmten Ziel aus.

JUNGER MANN: Auf keinen Fall. Das ist völlig inakzeptabel. Sehen Sie, mein Freund ist …

PHILOSOPH: Hören Sie, diese Diskussion führt nirgendwohin, wenn wir nur weiter über Ihren Freund sprechen. Es hat keinen Sinn, über nicht Anwesende zu verhandeln. Nehmen wir ein anderes Beispiel.

JUNGER MANN: Nun, wie wär's denn damit: eine meiner eigenen Geschichten; etwas, das ich erst gestern erlebt habe.

PHILOSOPH: Oh? Ich bin ganz Ohr.

JUNGER MANN: Gestern Nachmittag las ich gerade ein Buch in einem Café, als ein Kellner vorbeilief und Kaffee auf meine Jacke schüttete. Ich hatte sie gerade erst gekauft, und sie ist mein bestes Kleidungsstück. Ich konnte nichts dagegen machen – ich bin einfach ausgerastet. Ich schrie ihn aus vollem Halse an. Ich gehöre normalerweise nicht zu den Leuten, die an öffentlichen Orten die Stimme erheben. Aber gestern dröhnte der ganze Laden von meinem Gebrüll, weil ich so in Wut geraten war, dass ich nicht mehr wusste, was ich tat. Wie ist es nun damit? Lässt sich hier wirklich noch von einem Ziel sprechen? Ganz gleich, wie Sie es ansehen, ist das nicht ein Verhalten, das einer Ursache entspringt?

PHILOSOPH: Sie wurden also von der Emotion der Wut angetrieben und haben schließlich herumgeschrien. Obwohl Sie normalerweise eine sanfte Natur haben, konnten Sie es nicht verhindern, wütend zu werden. Es war eine unvermeidbare Reaktion, und Sie konnten nichts dagegen tun. Wollen Sie mir das sagen?

JUNGER MANN: Ja, weil es so plötzlich geschah. Die Worte kamen einfach aus meinem Mund, bevor ich Zeit zum Denken hatte.

PHILOSOPH: Angenommen, Sie hätten gestern zufällig ein Messer dabeigehabt, und als Sie ausgerastet sind, hätten Sie ihn erstochen. Könnten Sie das dann immer noch damit rechtfertigen: «Es war eine unvermeidbare Reaktion, und ich konnte nichts dagegen tun?»

JUNGER MANN: Das … Kommen Sie, das ist ja ein krasses Argument!

PHILOSOPH: Das ist gar kein krasses Argument. Wenn wir Ihren Gedankengang weiterdenken, könnte für jeden Angriff, der in einem Zustand der Wut geschieht, die Wut verantwortlich gemacht werden, und er läge damit nicht mehr im Verantwortungsbereich der Person, denn im Kern sagen Sie, dass die Menschen ihre Emotionen nicht kontrollieren können.

JUNGER MANN: Tja, wie erklären Sie sich dann meine Wut?

PHILOSOPH: Das ist einfach. Sie sind nicht in Wut geraten und haben dann gebrüllt. Sie sind einzig und allein wütend geworden, damit Sie brüllen konnten. Anders gesagt: Um zum Ziel des Herumbrüllens zu gelangen, haben Sie die Emotion der Wut erzeugt.

JUNGER MANN: Wie meinen Sie das?

PHILOSOPH: Das Ziel, sich laut Gehör zu verschaffen, kam vor allem anderen. Das heißt: Durch das Brüllen wollten Sie erreichen, dass der Kellner sich Ihnen unterordnet und zuhört, was Sie zu sagen hatten. Als Mittel dazu haben Sie die Emotion der Wut produziert.

JUNGER MANN: Ich habe sie produziert? Sie machen wohl Witze!

PHILOSOPH: Warum haben Sie dann Ihre Stimme erhoben?

JUNGER MANN: Wie ich schon sagte, ich war außer mir. Ich war total frustriert.

PHILOSOPH: Nein. Sie hätten die Sache erklären können, auch ohne Ihre Stimme zu heben, und der Kellner hätte sich höchstwahrscheinlich aufrichtig bei Ihnen entschuldigt, Ihre Jacke mit einem sauberen Tuch abgewischt und alle notwendigen

Maßnahmen ergriffen. Er hätte sich vielleicht sogar um die Reinigung gekümmert. Und irgendwo in Ihrem Hinterkopf haben Sie sogar damit gerechnet, dass er all das tun würde, aber trotzdem haben Sie gebrüllt. Alles mit ganz normalen Worten zu klären erschien Ihnen als zu viel Aufwand, und Sie haben versucht, dem zu entgehen und diese im Grunde gutwillige Person dazu zu bringen, sich Ihnen zu fügen. Als Instrument benutzten Sie dazu die Emotion der Wut.

JUNGER MANN: Keinesfalls. Mich können Sie nicht einwickeln. Ich habe Wut erzeugt, um ihn dazu zu bringen, den Kopf einzuziehen? Ich schwöre Ihnen, ich habe nicht einmal eine Sekunde an so etwas gedacht. Ich habe nicht erst überlegt und bin dann wütend geworden. Wut ist eine Emotion, die spontan entsteht.

PHILOSOPH: Das stimmt, Wut ist eine Emotion, die ohne Verzögerung entsteht. Nun hören Sie mir bitte zu, ich habe eine Geschichte zu erzählen. Eines Tages hatten eine Mutter und ihre Tochter einen lauten Streit. Dann klingelte plötzlich das Telefon. «Hallo?» Die Mutter nahm hastig den Hörer ab, wobei ihre Stimme noch heftig klang. Der Anrufer war der Klassenlehrer ihrer Tochter. Sobald die Mutter den Anrufer erkannt hatte, wechselte der Ton ihrer Stimme, und sie wurde sehr höflich. Dann führte sie die nächsten fünf Minuten lang das Gespräch mit ihrer besten Telefonstimme weiter. Sobald sie aufgelegt hatte, änderte sich ihr Gesichtsausdruck wieder, und sie machte damit weiter, ihre Tochter anzuschreien.

JUNGER MANN: Na ja, das ist keine so ungewöhnliche Geschichte.

PHILOSOPH: Verstehen Sie nicht? Kurz gesagt, Wut ist ein Werkzeug, das nach Belieben hervorgeholt werden kann. Sie kann beiseitegelegt werden, in dem Moment, wenn das Telefon klingelt, und wieder hervorgeholt, nachdem man aufgelegt hat. Die Mutter schreit nicht etwa vor Wut, die sie nicht beherrschen kann. Sie nutzt diese Wut einfach nur, um ihre Tochter mit lauter Stimme niederzukämpfen und so ihre Meinung durchzusetzen.

JUNGER MANN: Wut ist also ein Mittel zum Zweck?

PHILOSOPH: Das sagt die Psychologie Adlers.

JUNGER MANN: Ah, jetzt verstehe ich. Unter dieser sanften Maske, die Sie tragen, sind Sie schrecklich nihilistisch! Ob wir über Wut oder über meinen zurückgezogen lebenden Freund sprechen, all Ihre Weisheiten sind voller Gefühle des Misstrauens gegenüber den Menschen!

PHILOSOPH: Wieso bin ich nihilistisch?

JUNGER MANN: Denken Sie doch mal nach. Einfach ausgedrückt, Sie verleugnen die menschliche Emotion. Sie sagen, Emotionen sind nichts anderes als Werkzeuge; nur ein Mittel zum Zweck. Doch wenn Sie Emotionen leugnen, dann vertreten Sie eine Sichtweise, die auch unsere Menschlichkeit zu leugnen sucht. Denn es sind unsere Emotionen und die Tatsache, dass wir von allen möglichen Gefühlen beeinflusst werden, die unsere Menschlichkeit ausmachen. Wenn man Emotionen leugnet, sind die Menschen nur eine schlechtere Maschine. Wenn das kein Nihilismus ist, was ist es dann?

PHILOSOPH: Ich leugne nicht, dass es Emotionen gibt. Jeder hat Emotionen. Das versteht sich von selbst. Aber wenn Sie mir sagen wollen, dass der Mensch seinen Emotionen ausgeliefert ist, halte ich dagegen. Die Philosophie Adlers ist eine Denkrichtung, eine Philosophie, die dem Nihilismus diametral entgegengesetzt ist. Wir werden nicht von Emotionen beherrscht. Und durch die Annahme, der Mensch werde nicht von Emotionen beherrscht, zeigt sie auch, dass wir nicht von der Vergangenheit beherrscht werden.

JUNGER MANN: Dann wird der Mensch also weder durch Emotionen noch durch die Vergangenheit bestimmt?

PHILOSOPH: Stellen wir uns jemanden vor, dessen Eltern sich in der Vergangenheit haben scheiden lassen. Ist das nicht etwas Objektives, so wie das Brunnenwasser, das immer 18 Grad hat?

Aber fühlt sich diese Scheidung kalt an oder warm? Das hat also mit dem Empfinden im «Jetzt» zu tun, ist etwas Subjektives. Unabhängig davon, was in der Vergangenheit passiert sein mag, es ist die Bedeutung, die wir dem geben; sie bestimmt unsere Gegenwart.

JUNGER MANN: Es geht also nicht darum, was passiert ist, sondern wie man damit umgegangen ist?

PHILOSOPH: Genau. Wir können nicht in einer Zeitmaschine in die Vergangenheit zurück. Wir können das Rad der Zeit nicht zurückdrehen. Wenn Sie immer in der Ursachentheorie verbleiben, werden Sie durch die Vergangenheit gebunden sein und niemals fähig, glücklich zu sein.

JUNGER MANN: Das stimmt! Wir können die Vergangenheit nicht verändern, und genau deshalb ist das Leben so schwierig.

PHILOSOPH: Das Leben ist nicht einfach schwierig. Wenn die Vergangenheit alles bestimmen würde und nicht verändert werden könnte, wären wir, die wir heute leben, nicht mehr in der Lage, in unserem Leben erfolgreiche Schritte nach vorne zu machen. Was würde dann passieren? Wir würden am Ende mit der Art von Nihilismus und Pessimismus dastehen, durch die man an der Welt verzweifelt und den Glauben an das Leben aufgibt. Die Freud'sche Psychologie, die das menschliche Verhalten durch das Trauma erklärt, bedeutet in gewisser Weise Determinismus und führt im Grunde zum Nihilismus. Wollen Sie solche Wertvorstellungen übernehmen?

JUNGER MANN: Ich möchte sie nicht übernehmen, aber die Vergangenheit ist sehr mächtig.

PHILOSOPH: Denken Sie nur an die Möglichkeiten. Wenn man annimmt, die Menschen seien Wesen, die sich verändern können, wird ein Wertesystem, das sich auf Ursachentheorie gründet, unhaltbar, und man kann nicht anders, als die Position der Zweckgerichtetheit des Verhaltens zu übernehmen.

JUNGER MANN: Damit sagen Sie also, dass man immer von der Voraussetzung ausgehen sollte, dass der Mensch sich ändern kann?

PHILOSOPH: Natürlich. Und ich bitte Sie zu verstehen, dass es die Freud'sche Position ist, die unseren freien Willen leugnet und die Menschen wie Maschinen behandelt.

Der junge Mann hielt inne und ließ seinen Blick durch das Arbeitszimmer des Philosophen schweifen. Bücherregale füllten die Wände vom Boden bis zur Decke, und auf einem kleinen Holztisch lagen ein Füllfederhalter und etwas, das wie ein noch nicht fertiggestelltes Manuskript aussah. «Die Menschen werden nicht von zurückliegenden Ursachen angetrieben, sondern bewegen sich auf Ziele hin, die sie sich selbst setzen» – das war die Behauptung des Philosophen. Diese Auffassung stellte die Vorstellung der Kausalität, wie sie die anerkannte Psychologie vertrat, auf den Kopf, und der junge Mann fand es unmöglich, sie zu akzeptieren. Von welchem Standpunkt aus sollte er also dagegen argumentieren? Er atmete tief durch.

JUNGER MANN: Gut. Dann erzähle ich Ihnen von einem anderen Freund, einem Mann namens Y. Er hatte schon immer eine positive Ausstrahlung und kommt ganz locker mit anderen Menschen ins Gespräch; er ist wie eine Sonnenblume – alle lieben ihn, und die Menschen beginnen zu lächeln, sobald er auftaucht. Ich dagegen hatte es in Gesellschaft nie leicht, ich bin irgendwie voller Fehler. Jetzt behaupten Sie, dass die Menschen sich durch Adlers Psychologie ändern können?

PHILOSOPH: Ja. Sie, ich und jeder andere kann sich ändern.

JUNGER MANN: Glauben Sie dann, dass ich so wie Y werden könnte? Das wünsche ich mir wirklich aus tiefstem Herzen.

PHILOSOPH: An diesem Punkt muss ich sagen: Das ist völlig ausgeschlossen.

JUNGER MANN: Aha! Jetzt zeigen Sie Ihr wahres Gesicht! Sie nehmen also Ihre Theorie zurück?

PHILOSOPH: Nein, das tue ich nicht. Leider wissen Sie noch nichts über die Psychologie Adlers. Der erste Schritt zur Veränderung liegt im Wissen.

JUNGER MANN: Das heißt, wenn ich über die Psychologie Adlers Bescheid weiß, kann ich so werden wie Y?

PHILOSOPH: Warum wollen Sie so schnell Antworten haben? Sie sollten selbst zu den Antworten kommen und sich nicht darauf verlassen, was Ihnen jemand anders sagt. Antworten von anderen sind nur Zwischenlösungen; sie haben keinen wirklichen Wert. Nehmen Sie Sokrates, der kein selbstgeschriebenes Buch hinterlassen hat. Er verbrachte seine Tage damit, öffentliche Debatten mit den Bürgern Athens zu führen, besonders mit den jungen, und es war sein Schüler, Platon, der seine Philosophie für zukünftige Generationen zu Papier brachte. Auch Adler zeigte wenig Interesse an literarischen Tätigkeiten, er zog es vor, persönliche Gespräche in den Kaffeehäusern Wiens zu führen und kleine Diskutierzirkel abzuhalten. Er war jedenfalls kein Gelehrter in einem Elfenbeinturm.

JUNGER MANN: Also haben Sokrates und Adler ihre Ideen im Dialog vermittelt?

PHILOSOPH: So ist es. Alle Ihre Zweifel werden durch dieses Gespräch beseitigt werden. Und Sie werden beginnen, sich zu verändern. Nicht durch meine Worte, sondern durch Ihr eigenes Tun. Ich möchte Ihnen diesen wertvollen Prozess, durch den Dialog zu Antworten zu gelangen, nicht nehmen.

JUNGER MANN: Heißt das, wir wollen diese Art von Dialog, wie es Sokrates und Adler taten, selbst versuchen? In diesem kleinen Arbeitszimmer?

PHILOSOPH: Ist Ihnen das nicht gut genug?

JUNGER MANN: Das möchte ich gerne herausfinden! Also lassen Sie uns sehen, wie weit wir kommen, bis entweder Sie Ihre Theorie zurückziehen oder ich mich vor Ihnen verneige.

PHILOSOPH: Gut, lassen Sie uns auf unsere Frage zurückkommen. Sie möchten also ein dynamischerer Mensch sein, so wie Y?

JUNGER MANN: Aber Sie haben gerade gesagt, das sei ausgeschlossen. Nun, ich denke, das ist schon richtig. Ich habe das nur vorgebracht, um es Ihnen schwerzumachen – ich weiß sehr wohl, dass ich niemals so werden könnte.

PHILOSOPH: Warum nicht?

JUNGER MANN: Das ist offensichtlich. Weil wir verschiedene Persönlichkeiten haben – oder Sie würden sicher sagen, Anlagen.

PHILOSOPH: Hmm.

JUNGER MANN: Sie, zum Beispiel, leben umgeben von all diesen Büchern. Sie lesen ein neues Buch und erwerben neues Wissen. Im Wesentlichen sammeln Sie die ganze Zeit neues Wissen an. Je mehr Sie lesen, desto mehr erhöht sich Ihr Wissensstand. Sie finden zu neuen Wertevorstellungen und haben das Gefühl, Sie würden sich dadurch verändern. Sehen Sie, ich sage Ihnen das nicht gerne, aber egal, wie viel Wissen Sie ansammeln, Ihre Anlagen oder Ihre Persönlichkeit werden sich nicht grundlegend verändern. Wenn Ihr Fundament schief ist, wird alles, was Sie gelernt haben, nutzlos sein. Ja, all das Wissen, das Sie erworben haben, wird über Ihnen zusammenstürzen, und im nächsten Moment sind Sie wieder genau da, wo Sie angefangen haben. Und das Gleiche gilt für die Ideen Adlers. Egal, wie viele Fakten ich über ihn anhäufen mag, sie werden keinen Einfluss auf meine Persönlichkeit haben. Wissen bleibt einfach nur Wissen, bis es früher oder später wieder ausrangiert wird.

PHILOSOPH: Dann möchte ich Sie etwas fragen. Warum, denken Sie, möchten Sie wie Y sein? Ich nehme an, Sie möchten einfach ein anderer Mensch sein, ob es nun Y ist oder nicht. Aber was ist das Ziel dabei?

JUNGER MANN: Sie sprechen wieder über Ziele? Wie ich schon gesagt habe, ich bewundere ihn einfach und denke, ich wäre glücklicher, wenn ich wäre wie er.

PHILOSOPH: Sie denken, Sie wären glücklicher, wenn Sie so wären wie er. Was bedeutet, dass Sie jetzt im Moment nicht glücklich sind, stimmt's?

JUNGER MANN: Ja.

PHILOSOPH: Jetzt in diesem Moment sind Sie nicht fähig, sich wirklich glücklich zu fühlen. Der Grund dafür ist, dass Sie nicht gelernt haben, sich selbst zu lieben. Und um sich selbst lieben zu können, wünschen Sie sich, als eine andere Person wiedergeboren zu werden. Sie hoffen, wie Y zu werden, und schätzen nicht, was Sie jetzt sind. Richtig?

JUNGER MANN: Ja, ich denke, das stimmt! Sehen wir den Tatsachen ins Auge: Ich hasse mich! Ich, derjenige, der gerade mit altmodischen philosophischen Diskursen herumspielt und der einfach nicht davon lassen kann – ja, ich hasse mich wirklich.

PHILOSOPH: Das ist in Ordnung. Wenn Sie versuchen wollten, jemanden zu finden, der sagt, dass er sich selbst mag, hätten Sie ganz schön zu tun, bis Sie jemanden finden, der seine Brust rausstreckt und sagt: «Ja, ich mag mich.»

JUNGER MANN: Wie ist es mit Ihnen? Mögen Sie sich?

PHILOSOPH: Zumindest denke ich nicht, ich würde gerne jemand anders sein, und akzeptiere mich so, wie ich bin.

JUNGER MANN: Sie akzeptieren, wer Sie sind?

PHILOSOPH: Sehen Sie, egal, wie sehr Sie auch so wie Y sein möchten, Sie können nicht als diese andere Person wiedergeboren werden. Sie sind nicht Y. Es ist okay für Sie, Sie zu sein. Trotzdem sage ich nicht, es ist gut, «so wie Sie sind». Wenn Sie nicht fähig sind, sich wirklich glücklich zu fühlen, dann ist mit Sicherheit etwas an der jetzigen Situation nicht in Ordnung. Um das zu ändern, müssen Sie einen Fuß vor den anderen setzen und dürfen nicht stehen bleiben.

JUNGER MANN: Das ist eine harte Art, das zu sagen, aber ich verstehe, was Sie meinen. Es ist klar, dass etwas nicht in Ordnung damit ist, wie ich mich fühle. Ich muss mich vorwärtsbewegen.

PHILOSOPH: Um noch einmal Adler zu zitieren: «Entscheidend ist nicht, womit man geboren wird, sondern was man aus seinen Anlagen macht.» Sie wollen Y oder irgendjemand anderes sein, weil Sie so sehr auf das konzentriert sind, wie Sie geboren wurden und was Sie «mitbringen». Stattdessen müssen Sie sich auf das konzentrieren, was Sie aus Ihren Anlagen machen können.

JUNGER MANN: Auf keinen Fall. Das leuchtet mir nicht ein.

PHILOSOPH: Warum ist es nicht einleuchtend?

JUNGER MANN: Warum? Manche Menschen werden in ein Leben im Überfluss hineingeboren, mit netten Eltern, und andere werden mit schlechten Eltern geboren. Weil die Welt nun einmal so ist. Und ich möchte wirklich nicht näher darauf eingehen, aber es gibt in der Welt keine Gleichheit; die Unterschiede in Bezug auf Rasse, Nationalität und Ethnizität sind heute noch genauso groß wie seit jeher. Es ist nur natürlich, sich auf das zu konzentrieren, womit man geboren wurde. Ihr ganzes Gerede ist doch nur eine akademische Theorie – Sie ignorieren die reale Welt!

PHILOSOPH: Sie sind es, der die Welt ignoriert. Verändert die Fixierung auf das, womit Sie geboren sind, etwa die Wirklichkeit? Wir sind keine austauschbaren Maschinen. Wir brauchen keinen Ersatz, sondern eine Erneuerung.

JUNGER MANN: Für mich sind Ersatz und Erneuerung ein und dasselbe. Sie umgehen den wichtigsten Punkt. Sehen Sie, es gibt so etwas wie Unglück durch Geburt. Bitte akzeptieren Sie zuerst einmal das.

PHILOSOPH: Das werde ich nicht akzeptieren.

JUNGER MANN: Warum nicht?

PHILOSOPH: Zuerst einmal sind Sie gerade im Moment nicht in der Lage, wirkliches Glück zu empfinden. Sie finden das Leben schwierig und wünschen sich sogar, Sie könnten als eine andere Person wiedergeboren werden. Aber Sie sind jetzt unglücklich, weil Sie es selbst gewählt haben, «unglücklich zu sein». Nicht etwa, weil Sie unter einem schlechten Stern geboren sind.

JUNGER MANN: Ich habe es selbst gewählt, unglücklich zu sein? Wie könnte ich Ihnen da zustimmen?

PHILOSOPH: Daran ist nichts Ungewöhnliches. Das wird seit der griechischen Antike immer wieder behauptet. Haben Sie den Satz gehört: «Niemand tut wissentlich Übles»? Er ist als eines der Sokratischen Paradoxa bekannt.

JUNGER MANN: Es gibt doch keinen Mangel an Leuten, die das Böse wollen, oder? Zuerst sind da schon einmal eine ganze Menge an Dieben und Mördern, und dann vergessen Sie nicht all die Politiker und Beamten mit ihren zwielichtigen Geschäften. Es ist wahrscheinlich schwieriger, einen wirklich guten, aufrichtigen Menschen zu finden, der nicht mit voller Absicht Böses tut.

PHILOSOPH: Ohne Frage, es gibt keinen Mangel an negativem Verhalten. Doch niemand, nicht einmal der hartgesottenste Kriminelle, wird nur aus dem Bedürfnis, Böses zu tun, zum Verbrecher. Jeder Kriminelle hat eine innere Rechtfertigung für seine Taten. Zum Beispiel, ein Streit über Geld bringt jemanden dazu, einen Mord zu begehen. Für den Täter ist das etwas, wofür es eine Rechtfertigung gibt und das als eine Art Erfolg, als Zustandekommen von etwas «Gutem» dargestellt werden kann. Das ist natürlich nicht gut in einem moralischen Sinne, aber gut im Sinne von «vorteilhaft für sich selbst».

JUNGER MANN: Vorteilhaft für sich selbst?

PHILOSOPH: Das griechische Wort für «gut» (agathon) hat keine moralische Bedeutung. Es heißt einfach nur «von Vorteil». Umgekehrt bedeutet das Wort für «schlecht» (kakon) «nicht von Vorteil». Unsere Welt ist voller Ungerechtigkeiten und Vergehen aller Art, und doch gibt es nicht eine einzige Person, die das Schlechte im reinsten Sinne des Wortes möchte, das heißt, etwas, das «nicht von Vorteil» ist.

JUNGER MANN: Was hat das mit mir zu tun?

PHILOSOPH: An irgendeinem Punkt in Ihrem Leben haben Sie das «Unglücklichsein» gewählt. Nicht weil Sie in unglückliche Umstände geboren wurden oder in eine unglückliche Situation geraten sind. Sie haben das «Unglücklichsein» als gut für sich befunden.

JUNGER MANN: Warum? Wozu?

PHILOSOPH: Welche Rechtfertigung haben Sie? Warum haben Sie sich für das Unglücklichsein entschieden? Ich kann die konkrete Antwort für Sie oder die Einzelheiten beim besten Willen nicht kennen. Vielleicht wird es klarer werden, wenn wir weiter darüber diskutieren.

JUNGER MANN: Sie versuchen wirklich, sich über mich lustig zu machen. Und Sie glauben, das geht noch als Philosophie durch? Das kann ich überhaupt nicht akzeptieren.

Unwillkürlich stand der junge Mann auf und starrte den Philosophen an. *Ich habe ein unglückliches Leben gewählt? Weil es gut für mich war? Was für eine absurde Aussage! Warum gibt er sich solche Mühe, sich über mich lustig zu machen? Was habe ich falsch gemacht? Ich werde seine Beweisführung auseinandernehmen, egal, was ich dafür tun muss. Ich werde ihn in die Knie zwingen.* Das Gesicht des jungen Mannes war rot vor Erregung.

DER MENSCH ENTSCHEIDET SICH IMMER GEGEN VERÄNDERUNG

PHILOSOPH: Setzen Sie sich. Wie die Dinge liegen, ist es nur natürlich, dass unsere Sichtweisen hier aufeinanderprallen. Ich gebe Ihnen jetzt eine einfache Definition dessen, wie der Mensch in der Psychologie Adlers gesehen wird.

JUNGER MANN: Gut, aber bitte fassen Sie sich kurz.

PHILOSOPH: Sie haben früher gesagt, dass die Anlagen oder die Persönlichkeit jedes Menschen unveränderlich seien. In der Adler'schen Psychologie beschreiben wir Persönlichkeit und Anlagen mit dem Wort «Lebensstil».

JUNGER MANN: Lebensstil?

PHILOSOPH: Ja. Der Lebensstil bedeutet die Ausrichtung des Denkens und Handelns im Leben.

JUNGER MANN: Die Ausrichtung des Denkens und Handelns?

PHILOSOPH: Wie jemand die Welt sieht. Und wie er sich selbst sieht. Denken Sie sich den Lebensstil als ein Konzept, das diese Wege, Bedeutung zu finden, miteinander vereint. In einem engen Sinn könnte der Lebensstil als die Persönlichkeit definiert werden, weiter gefasst ist es ein Wort, das die Weltsicht dieser Person und ihre Perspektive auf das Leben beinhaltet.

JUNGER MANN: Ihre Perspektive auf die Welt?

PHILOSOPH: Sagen wir, da ist jemand, der sich viele Sorgen um sich selbst macht und sagt: «Ich bin ein Pessimist.» Man könnte das umformulieren und stattdessen sagen: «Ich habe eine pessimistische Perspektive auf die Welt.» Man könnte es so betrachten, dass es nicht um die Persönlichkeit geht, sondern eher um die Sichtweise auf die Welt. Das Wort «Persönlichkeit» hat anscheinend verschiedene Nuancen und suggeriert, unveränderbar zu sein. Wenn wir aber von einer Sicht auf die Welt sprechen, tja, dann sollte es möglich sein, diese zu verändern.

JUNGER MANN: Hmm. Das ist irgendwie verwirrend. Wenn Sie von «Lebensstil» sprechen, meinen Sie dann eine «Art zu leben»?

PHILOSOPH: Ja, das könnte man so ausdrücken. Um ein bisschen genauer zu sein – es ist die Art und Weise, wie man sich das eigene Leben wünscht. Sie denken wahrscheinlich an Anlagen oder Persönlichkeit oder etwas, das Sie schon mitbringen, ohne irgendeine Verbindung zu Ihrem Willen. In der Adler'schen Psychologie stellt man sich Lebensstil jedoch als etwas vor, wofür man sich entscheidet.

JUNGER MANN: Wofür man sich entscheidet?

PHILOSOPH: Ja, genau. Man entscheidet sich für einen Lebensstil.

JUNGER MANN: Also habe ich mich nicht nur entschieden, unglücklich zu sein, sondern ich habe mir sogar diese kaputte Persönlichkeit selbst ausgesucht?

PHILOSOPH: Genau das.

JUNGER MANN: Ha! Jetzt gehen Sie aber zu weit. Als ich ein Bewusstsein erlangte, hatte ich bereits diese Persönlichkeit. Ich kann mich mit Sicherheit nicht daran erinnern, sie gewählt zu haben. Aber das ist das Gleiche bei Ihnen, oder? Sich bewusst die eigene Persönlichkeit auszusuchen ... Das hört sich jetzt an, als sprächen Sie über Roboter und nicht über Menschen.

PHILOSOPH: Natürlich haben Sie diese «Art Ihres Selbst» nicht bewusst gewählt. Ihre erste Entscheidung war wahrscheinlich unbewusst, verbunden mit den äußeren Faktoren, die Sie genannt haben – also mit Rasse, Nationalität, Kultur und häuslicher Umgebung. Sie alle hatten natürlich einen bedeutenden Einfluss auf diese Wahl. Dennoch sind Sie es, der sich für dieses Selbst entschieden hat.

JUNGER MANN: Ich verstehe nicht, was Sie sagen. Wie um alles in der Welt hätte ich das denn wählen können?

PHILOSOPH: Aus der Sicht der Adler'schen Philosophie geschieht dies etwa im Alter von zehn Jahren.

JUNGER MANN: Nun denn, sagen wir mal rein hypothetisch – und jetzt lehne ich mich mal ganz weit aus dem Fenster –, dass ich mit zehn Jahren unbewusst diese Wahl des Lebensstils oder was auch immer getroffen habe. Würde das überhaupt eine Rolle spielen? Nennen Sie es Persönlichkeit oder Anlage oder Lebensstil, egal – angenommen, ich wäre bereits dieses «Ich» geworden. Das ändert an meiner Situation überhaupt nichts.

PHILOSOPH: Das stimmt nicht. Wenn Ihr Lebensstil nicht etwas ist, mit dem Sie geboren wurden, sondern etwas, das Sie selbst gewählt haben, dann muss es möglich sein, die Wahl noch einmal neu zu treffen.

JUNGER MANN: Sie sagen wirklich, ich kann diese Wahl noch einmal treffen?

PHILOSOPH: Vielleicht waren Sie sich Ihres Lebensstils bis jetzt nicht bewusst, und vielleicht waren Sie sich auch des Konzepts des «Lebensstils» nicht bewusst. Natürlich kann niemand seine eigene Geburt wählen. In diesem Land geboren zu werden, in dieser Zeit, mit diesen Eltern, das sind Dinge, die Sie sich nicht ausgesucht haben. Und all das hat einen großen Einfluss. Sie stehen vielleicht vor Enttäuschungen und sehen andere Menschen an mit dem Gefühl: *Ich wollte, ich wäre unter ihren Lebensumständen geboren.* Aber dabei können Sie es nicht belassen. Es geht nicht um die Vergangenheit, sondern um die Gegenwart. Und jetzt haben Sie etwas über den Lebensstil erfahren. Was Sie aber nun damit anfangen, liegt in Ihrer Verantwortung. Ob Sie sich für den Lebensstil entscheiden, den Sie bis jetzt hatten, oder ob Sie einen völlig neuen wählen, liegt völlig bei Ihnen.

JUNGER MANN: Wie kann ich denn noch einmal eine Wahl treffen? Sie sagen mir: «Sie haben Ihren Lebensstil selbst gewählt, also gehen Sie los und suchen Sie sich gleich einen anderen aus», aber ich kann mich natürlich nicht von einem Moment auf den anderen ändern!

PHILOSOPH: Doch, das *können* Sie. Man kann sich zu jeder Zeit ändern, unabhängig von der Umgebung, in der man sich befindet. Sie sind nur deshalb nicht fähig, sich zu ändern, weil Sie sich entschieden haben, es nicht zu tun.

JUNGER MANN: Was meinen Sie damit genau?

PHILOSOPH: Die Menschen entscheiden sich ständig für einen Lebensstil. Genau jetzt, während wir dieses Gespräch führen, wählen wir den unseren. Sie beschreiben sich als unglücklichen Menschen. Sie sagen, dass Sie sich in dieser Minute ändern wollen. Sie behaupten sogar, dass Sie als ein anderer Mensch wiedergeboren werden wollen. Aber warum sind Sie nach alldem immer noch nicht fähig, sich zu ändern? Weil Sie ständig die Entscheidung treffen, Ihren Lebensstil nicht zu verändern.

JUNGER MANN: Nein, sehen Sie nicht, dass das völlig unlogisch ist? Ich möchte mich ändern; das ist mein aufrichtiger Wunsch. Wie könnte ich also die Entscheidung treffen, es nicht zu tun?

PHILOSOPH: Wenn es auch einige kleinere Unannehmlichkeiten und Einschränkungen gibt, denken Sie wahrscheinlich, dass Ihr jetziger Lebensstil am praktischsten ist und dass es einfacher ist, die Dinge so zu lassen, wie sie sind. Wenn Sie einfach so bleiben, ermöglicht Ihnen Ihre Erfahrung, angemessen auf das zu reagieren, was passiert, da Sie die Auswirkungen Ihrer Handlungen abschätzen können. Man könnte sagen, es ist wie das Fahren Ihres alten, vertrauten Wagens. Er klappert vielleicht ein bisschen, aber das kann man einkalkulieren und problemlos damit umgehen. Auf der anderen Seite – wenn man sich für einen neuen Lebensstil entscheidet, kann niemand vorhersagen, was mit dem neuen Ich passieren wird, oder sich vorstellen, wie man dann auf kommende Ereignisse reagiert. Es wird schwierig sein, in die Zukunft zu schauen, und man wird sich ständig Sorgen machen: Vielleicht liegt ja ein schmerzhafteres und unglücklicheres Leben vor einem. Einfach ausgedrückt: Die Menschen beklagen sich über verschiedene Dinge, aber es ist einfacher und sicherer, so zu bleiben, wie man ist.

JUNGER MANN: Man will sich ändern, aber die Veränderung macht einem Angst?

PHILOSOPH: Wenn wir versuchen, unseren Lebensstil zu verändern, stellen wir unseren Mut auf die Probe. Auf der einen Seite steht die Angst, die durch die Veränderung ausgelöst wird, und auf der anderen die Enttäuschung, die mit der fehlenden Veränderung einhergeht. Ich bin sicher, Sie haben sich das zweite ausgesucht.

JUNGER MANN: Einen Moment ... Eben haben Sie das Wort «Mut» benutzt.

PHILOSOPH: Ja. Die Psychologie Adlers ist eine Psychologie des Mutes. Die Schuld an Ihrem Unglück kann nicht Ihrer Vergangenheit oder Ihrem Umfeld angelastet werden. Und es liegt auch nicht daran, dass Ihnen die Fähigkeit fehlt. Sie haben einfach keinen Mut. Man könnte sagen, es fehlt Ihnen am Mut, glücklich zu sein.

JUNGER MANN: Der Mut, glücklich zu sein, hmm?

PHILOSOPH: Brauchen Sie eine genauere Erklärung?

JUNGER MANN: Nein, warten Sie. Das wird jetzt verwirrend. Zuerst sagen Sie mir, dass die Welt ein einfacher Ort ist. Dass sie mir kompliziert erscheint, liegt nur an meiner subjektiven Sicht. Und auch das Leben erscheint mir kompliziert, weil ich es kompliziert mache. Das alles führt dazu, dass es schwierig für mich ist, glücklich zu leben. Dann sagen Sie, dass man auf das Ziel eines Verhaltens schauen sollte und nicht wie Freud auf die Ursache; dass man nicht in seiner Vergangenheit nach Gründen suchen darf und dass man Traumata leugnen sollte. Sie sagen, die Menschen handeln, um ein bestimmtes Ziel zu erreichen, und sie sind keine Lebewesen, die von Ursachen in ihrer Vergangenheit angetrieben würden. Richtig?

PHILOSOPH: Ja.

JUNGER MANN: Und auf der Grundlage der Theorie des Endziels behaupten Sie, dass die Menschen sich ändern können. Dass sie sich immer ihren eigenen Lebensstil aussuchen.

PHILOSOPH: Das ist richtig.

JUNGER MANN: Ich kann mich also nicht ändern, weil ich immer wieder die Entscheidung treffe, es nicht zu tun. Ich habe nicht genügend Mut, einen neuen Lebensstil zu wählen. Mit anderen Worten, ich habe nicht genug Mut, um glücklich zu sein, und deshalb bin ich unglücklich. Habe ich etwas falsch verstanden?

PHILOSOPH: Nein, das haben Sie nicht.

JUNGER MANN: Gut, in diesem Fall lautet meine Frage: Welche Initiative sollte ich ergreifen? Was muss ich tun, um mein Leben zu verändern? Das haben Sie alles noch nicht erklärt.

PHILOSOPH: Sie haben recht. Sie sollten jetzt die Entscheidung treffen, Ihren bisherigen Lebensstil zu beenden. Zum Beispiel haben Sie vorhin gesagt: «Wenn ich nur so wie Y sein könnte, wäre ich glücklich.» Solange Sie so leben, in dem Bereich der Möglichkeit des «Wenn nur dies und jenes der Fall wäre», werden Sie sich nie ändern können. Denn «Wenn ich nur wie Y sein könnte» ist eine Ausrede gegenüber sich selbst – und zwar dafür, sich nicht zu ändern.

JUNGER MANN: Eine Ausrede dafür, mich nicht zu ändern?

PHILOSOPH: Ja, ich habe einen jungen Freund, der davon träumt, Romanautor zu werden, der aber nicht in der Lage scheint, sein Manuskript zu Ende zu bringen. Seiner Darstellung nach beansprucht ihn sein Job zu sehr und lässt ihm nicht genug Zeit, um Romane zu schreiben. Deshalb kann er seinen Roman nicht zu Ende bringen und bei einem literarischen Wettbewerb einreichen. Aber ist das der wahre Grund? Nein! Er möchte sich in Wahrheit die Möglichkeit offenhalten, dass er es könnte, wenn er nur wollte – und bemüht sich deshalb gar nicht ernsthaft darum. Er möchte seine Arbeit keiner Kritik aussetzen, und mit Sicherheit möchte er sich der Realität nicht stellen, dass er vielleicht einen nicht so guten Text geschrieben hat und abgelehnt wird. Er möchte in diesem Bereich der Möglichkeiten leben, wo er sagen kann, er könnte es, wenn er nur die Zeit dazu hätte oder die richtige Umgebung, denn das Talent dazu hätte er. Nach weiteren fünf oder zehn Jahren wird er wahrscheinlich andere Entschuldigungen vorbringen wie: «Ich bin nicht mehr jung», oder: «Ich habe jetzt eine Familie, an die ich denken muss.»

JUNGER MANN: Ich kann das alles nur allzu gut nachempfinden, wie er sich fühlen muss.

PHILOSOPH: Er sollte seine Texte einfach bei einem Wettbewerb einreichen, und wenn er abgelehnt wird, ist es eben so. Wenn er das täte, würde er wahrscheinlich daran wachsen – oder herausfinden, dass er sich anderen Dingen widmen sollte. In beiden Fällen könnte er vorankommen. Darum geht es bei der Änderung des gegenwärtigen Lebensstils. Er wird nicht weiterkommen, wenn er nichts einreicht.

JUNGER MANN: Aber seine Träume werden dann vielleicht zerstört.

PHILOSOPH: Nun, das ist die Frage. Klare Aufgaben zu haben – Dinge, die getan werden sollten – und ständig die verschiedensten Gründe dafür anzuführen, warum man sie nicht tun kann, klingt nach einer komplizierten Art des Lebens, oder? Also, im Fall meines Freundes, der davon träumt, Romanschriftsteller zu werden, ist es eindeutig das «Ich» oder das «Selbst», das das Leben so kompliziert und es so schwierig macht, glücklich zu sein.

JUNGER MANN: Aber … Das ist hart. Ihre Philosophie ist zu hart!

PHILOSOPH: Allerdings – das ist starker Tobak!

JUNGER MANN: Starker Tobak! Ja, das stimmt.

PHILOSOPH: Aber wenn Sie Ihren Lebensstil ändern – die Art und Weise, in der Sie die Welt und sich selbst interpretieren –, dann wird sowohl Ihre Art des Umgangs mit der Welt als auch Ihr Verhalten sich ebenfalls ändern müssen. Vergessen Sie nicht: Man muss sich ändern. Sie, so wie Sie hier sind, müssen Ihren Lebensstil ändern. Es mag schwierig erscheinen, aber es ist wirklich ganz einfach.

JUNGER MANN: Ihrer Meinung nach gibt es so etwas wie ein Trauma überhaupt nicht, und die Umwelt spielt auch keine Rolle. Es ist alles nur Ballast, und mein Unglücklichsein ist meine eigene Schuld, ja? Ich fühle mich langsam, als würde ich für alles kritisiert, was ich jemals gewesen bin und getan habe!

PHILOSOPH: Nein, Sie werden nicht kritisiert. Es ist eher so, wie uns Adlers Psychologie sagt: «Egal, was bis jetzt in deinem Leben passiert ist, es sollte absolut keinen Einfluss darauf haben, wie du von jetzt an lebst.» Dass Sie, im Hier und Jetzt, derjenige sind, der sein eigenes Leben bestimmt.

JUNGER MANN: Mein Leben wird genau jetzt bestimmt?

PHILOSOPH: Ja, weil die Vergangenheit nicht existiert.

JUNGER MANN: Na gut. Also, ich stimme mit Ihren Theorien nicht hundertprozentig überein. Von vielen Punkten bin ich nicht überzeugt und würde dagegen argumentieren. Gleichzeitig sollte man sich mit Ihren Theorien eingehender beschäftigen, und außerdem habe ich wirklich Interesse daran, mehr über die Psychologie Adlers zu erfahren. Ich denke, es war für heute Abend genug, aber ich hoffe, es macht Ihnen nichts aus, wenn ich nächste Woche wiederkomme. Wenn ich jetzt keine Pause mache, glaube ich, explodiert mein Kopf.

PHILOSOPH: Ich verstehe gut, dass Sie ein wenig Zeit für sich brauchen, um über diese Dinge nachzudenken. Ich bin immer hier, Sie können mich also besuchen, wann immer Sie möchten. Es hat mir Freude gemacht. Danke. Lassen Sie uns ein anderes Mal reden.

JUNGER MANN: Sehr gut! Noch etwas zum Schluss, wenn ich darf. Unsere Diskussion heute war lang und intensiv, und ich glaube, ich war manchmal ziemlich unhöflich. Dafür möchte ich mich entschuldigen.

PHILOSOPH: Machen Sie sich deshalb keine Sorgen. Lesen Sie mal Platons Dialoge. Das Verhalten und die Sprache der Schüler Platons waren erstaunlich ungezwungen. So sollte ein Dialog sein.

DER ZWEITE ABEND

ALLE PROBLEME SIND
ZWISCHENMENSCHLICHE
BEZIEHUNGSPROBLEME

Der junge Mann stand zu seinem Wort; genau eine Woche später war er wieder im Arbeitszimmer des Philosophen. Um die Wahrheit zu sagen, hatte er bereits zwei oder drei Tage nach seinem ersten Besuch den Drang verspürt zurückzustürmen. Er hatte sehr genau über alles nachgedacht, und aus seinen Zweifeln war Gewissheit geworden. Kurz gesagt, die Theorie, nach dem Ziel einer Handlung zu suchen statt nach ihrer Ursache, war hirnverbrannt, und Traumen existierten, das stand außer Frage.
Menschen können nicht einfach die Vergangenheit vergessen, genauso wenig wie frei von ihr werden.
Heute würde er, so hatte er beschlossen, die Theorien dieses exzentrischen Philosophen gründlich auseinandernehmen und die Dinge ein für alle Mal klarstellen.

JUNGER MANN: Also, nach dem letzten Mal habe ich mich beruhigt, wieder gesammelt und alles noch einmal durchdacht. Und doch muss ich sagen, ich stimme mit Ihren Theorien nicht überein.

PHILOSOPH: Oh? Was erscheint Ihnen fragwürdig daran?

JUNGER MANN: Na ja, neulich zum Beispiel musste ich zugeben, dass ich mich selbst nicht mag. Egal, was ich tue, ich finde nichts als Mängel an mir und sehe keinen Grund, warum ich mich mögen sollte. Und doch möchte ich das natürlich. Sie erklären, dass alles auf die Ziele zurückzuführen ist, aber was für ein Ziel könnte ich hier verfolgen? Ich meine, welcher Nutzen könnte darin liegen, dass ich mich nicht mag? Ich kann mir nicht vorstellen, dass es auch nur irgendetwas gibt, was ich davon haben könnte.

PHILOSOPH: Ich verstehe. Sie haben das Gefühl, Sie hätten überhaupt keine Stärken, sondern nur Schwächen. Was auch immer die Wahrheit sein mag, so fühlen Sie sich zumindest. Anders gesagt, Ihr Selbstwertgefühl ist extrem niedrig. Die Frage ist dann also, warum fühlen Sie sich so erbärmlich? Und warum sehen Sie sich mit so wenig Selbstachtung an?

JUNGER MANN: Weil das eine Tatsache ist – ich habe wirklich keine Stärken.

PHILOSOPH: Das stimmt nicht. Sie bemerken nur Ihre Mängel, weil Sie beschlossen haben, sich nicht zu mögen. Um sich nicht selbst zu mögen, sehen Sie Ihre Stärken nicht und konzentrieren sich nur auf Ihre Mängel. Zuerst müssen Sie das verstehen.

JUNGER MANN: Ich habe beschlossen, mich nicht zu mögen?

PHILOSOPH: Richtig. Für Sie bringt es Vorteile, sich nicht zu mögen.

JUNGER MANN: Warum? Wozu?

PHILOSOPH: Vielleicht sollten Sie selbst darüber nachdenken. Was sind Ihrer Meinung nach Ihre Mängel?

JUNGER MANN: Die haben Sie doch sicher schon bemerkt. Zuerst einmal wäre da meine Persönlichkeit. Ich habe kein Selbstvertrauen, und ich sehe immer alles pessimistisch. Ich glaube, ich bin zu unsicher, denn ich mache mir immer Sorgen darüber, wie andere Menschen mich sehen, und dann bin ich ständig misstrauisch ihnen gegenüber. Ich kann mich nie natürlich verhalten, es liegt immer etwas Einstudiertes in dem, was ich sage und tue. Und es geht dabei nicht nur um meinen Charakter – auch an meinem Gesicht oder meinem Körper kann man nichts mögen.

PHILOSOPH: Wenn Sie Ihre Mängel so auflisten, in welche Stimmung bringt Sie das dann?

JUNGER MANN: Uff, Sie sind wirklich gemein. In eine unangenehme Stimmung natürlich. Ich bin sicher, niemand möchte etwas mit einem so nervigen Kerl wie mir zu tun haben. Wenn ich jemanden genauso Erbärmlichen und Lästigen in meiner Umgebung hätte, dann würde ich mich von dem auch fernhalten.

PHILOSOPH: Ich verstehe. Nun, das erklärt es dann.

JUNGER MANN: Was meinen Sie?

PHILOSOPH: Vielleicht ist es schwierig, das anhand Ihres eigenen Beispiels zu verstehen, deshalb nehme ich ein anderes. Ich führe in diesem Arbeitszimmer einfache Beratungsgespräche. Es muss schon ein paar Jahre her sein, da kam eine Studentin zu mir. Sie saß genau dort, wo Sie jetzt sitzen, auf demselben Stuhl. Ihr Problem war ihre Angst zu erröten. Sie erzählte mir, dass sie rot wurde, immer wenn sie irgendwo an einem öffentlichen Ort war, und dass sie alles tun würde, um sich davon zu befreien. Also fragte ich sie: «Nun, wenn Sie das beheben könnten, was würden Sie dann tun wollen?» Und sie sagte, es gebe da einen Mann, an dem sie Interesse hätte. Sie hegte heimliche Gefühle für ihn, war aber nicht bereit, sie zu offenbaren. Wenn ihre Angst vor dem Erröten beseitigt wäre, würde sie ihm gestehen, dass sie gern mit ihm zusammen sein würde.

JUNGER MANN: Hmm! Na ja, das klingt wie so ein typischer Grund, aus dem eine weibliche Studentin eine Beratung aufsucht. Um ihre Gefühle für ihn zu offenbaren, müsste sie zuerst ihr Problem mit dem Erröten lösen.

PHILOSOPH: Aber ist das wirklich der Punkt? Ich habe eine andere Meinung dazu. Warum hat sie diese Angst vor dem Erröten bekommen? Und warum ist es nicht besser geworden? Weil sie das Symptom des Errötens brauchte.

JUNGER MANN: Was sagen Sie denn da? Sie hatte doch darum gebeten, geheilt zu werden, oder?

PHILOSOPH: Was, glauben Sie, machte ihr am meisten Angst, was wollte sie mehr als alles andere vermeiden? Natürlich dass der Mann sie ablehnt. Die Tatsache, dass eine unerwiderte Liebe für sie alles zunichtemachen würde, die ganze Existenz und die Möglichkeit des «Ich». Dieser Aspekt ist bei jungen Menschen in einer unerwiderten Liebe sehr präsent. Aber solange sie

Angst vor dem Erröten hat, kann sie weiterhin denken: «*Ich kann nicht mit ihm zusammen sein, weil ich diese Angst vor dem Rotwerden habe.*» Die Sache könnte enden, ohne dass sie jemals den Mut aufgebracht hätte, ihm ihre Gefühle zu gestehen, und sie könnte sich selbst einreden, dass er sie ohnehin zurückgewiesen hätte. Und schließlich kann sie dann in der Vorstellung leben: «Wenn ich nur meine Angst vor dem Rotwerden verloren hätte, dann hätte ich …»

JUNGER MANN: Okay, deshalb hat sie diese Angst erzeugt, als Ausrede für ihre eigene Unfähigkeit, ihre Gefühle zu gestehen. Oder vielleicht auch als eine Art Sicherheit dagegen, dass er sie zurückweisen könnte.

PHILOSOPH: Ja, so könnte man es ausdrücken.

JUNGER MANN: Okay, das ist wirklich eine interessante Interpretation. Aber wenn das tatsächlich der Fall wäre, wäre es dann nicht unmöglich, ihr auf irgendeine Art zu helfen? Da sie diese Angst vor dem Rotwerden braucht und gleichzeitig darunter leidet, gäbe es keine Lösung für ihr Problem.

PHILOSOPH: Tja, genau das habe ich ihr gesagt. «Angst zu erröten ist leicht zu heilen.» Sie fragte: «Wirklich?» Dann sagte ich: «Aber ich werde sie nicht heilen.» Sie drängte mich: «Warum nicht?» Ich erklärte: «Sehen Sie, nur dank Ihrer Angst vor dem Rotwerden können Sie Ihre Unzufriedenheit mit sich selbst und der Welt um Sie herum annehmen – und mit einem Leben, das nicht gut läuft. Das geschieht dank Ihrer Angst vor dem Rotwerden und wird durch sie ermöglicht.» Sie fragte: «Wie kann es sein …?» Ich fuhr fort: «Wenn ich sie heilen und sich überhaupt nichts an Ihrer Situation ändern würde, was würden Sie dann tun? Sie würden wahrscheinlich wiederkommen und sagen: ‹Geben Sie mir meine Angst vor dem Erröten zurück.› Und das läge außerhalb meiner Fähigkeiten.»

JUNGER MANN: Hmm.

PHILOSOPH: Ihre Geschichte ist nicht ungewöhnlich. Studenten, die sich auf ihre Prüfungen vorbereiten, denken: «Wenn ich bestehe, wird das Leben rosig sein.» Die Mitarbeiter einer Firma denken: «Wenn ich diese Position bekomme, wird alles gut laufen.» Doch selbst wenn solche Wünsche erfüllt werden, ändert sich in vielen Fällen an der Situation überhaupt nichts.

JUNGER MANN: Allerdings.

PHILOSOPH: Wenn ein Klient mit der Bitte auftaucht, von der Angst des Errötens geheilt zu werden, darf der Berater nicht die Symptome beseitigen. Dann würde die Heilung wahrscheinlich sogar noch schwieriger. So denkt man jedenfalls in der Adler'schen Psychologie darüber.

JUNGER MANN: Also, was machen Sie denn dann genau? Fragen Sie, worüber derjenige sich Sorgen macht, und belassen es dann einfach dabei?

PHILOSOPH: Sie hatte kein Vertrauen in sich. Sie hatte große Angst, dass er sie, so wie die Dinge lagen, zurückweisen würde, wenn sie sich ihm offenbarte. Und wenn dies passierte, würde sie noch mehr Selbstvertrauen verlieren und verletzt werden. Deshalb produzierte sie das Symptom der Angst vor dem Erröten. Was ich tun kann, ist, die Person zuerst dahin zu bringen, «sich selbst jetzt» zu akzeptieren und dann – egal, was herauskommt – den Mut zu haben, einen Schritt nach vorn zu machen. In der Psychologie Adlers heißt dieses Vorgehen «Ermutigung».

JUNGER MANN: Ermutigung?

PHILOSOPH: Ja. Ich erkläre später genauer, woraus sie besteht, wenn unser Gespräch ein bisschen weiter vorangeschritten ist. Wir sind noch nicht in dieser Phase.

JUNGER MANN: Das ist in Ordnung für mich. In der Zwischenzeit behalte ich das Wort «Ermutigung» im Kopf. Also, was geschah dann mit ihr?

PHILOSOPH: Offensichtlich hatte sie die Möglichkeit, sich mit einer Gruppe von Freunden zusammenzutun und einige Zeit mit diesem Mann zu verbringen, und am Ende war er es, der ihr seinen Wunsch gestand, mit ihr zusammen zu sein. Natürlich kam sie danach nie wieder zu mir. Ich weiß nicht, was aus ihrer Angst vor dem Erröten geworden ist. Aber wahrscheinlich hat sie sie nicht mehr gebraucht.

JUNGER MANN: Ja, sie hatte offenbar keine Funktion mehr für sie.

PHILOSOPH: Genau. Nun, behalten wir die Geschichte dieser Studentin im Hinterkopf und kommen wieder zu Ihren Problemen zurück. Sie sagen, im Moment sehen Sie nur Ihre Mängel, und es ist unwahrscheinlich, dass Sie sich jemals selbst mögen werden. Und dann haben Sie sogar gesagt: «Ich bin sicher, dass niemand etwas mit einem so nervigen Kerl wie mir zu tun haben will» – stimmt doch, oder? Also: Warum mögen Sie sich nicht? Warum achten Sie nur auf Ihre Mängel, und warum haben Sie sich entschieden, sich nicht einfach zu mögen? Weil Sie übermäßige Angst davor haben, von anderen Menschen nicht gemocht und in zwischenmenschlichen Beziehungen verletzt zu werden.

JUNGER MANN: Wie meinen Sie das?

PHILOSOPH: Ganz wie die junge Frau mit der Angst vor dem Erröten, die fürchtete, von einem Mann abgewiesen zu werden, fürchten Sie, dass andere Menschen Sie ablehnen könnten. Sie haben Angst, verächtlich behandelt zu werden; zurückgewiesen zu werden und tiefe seelische Wunden davonzutragen. Sie denken, dass es besser wäre, wenn Sie einfach gar keine Beziehungen zu irgendjemandem hätten – statt in solche Situationen hineingezogen zu werden. Mit anderen Worten: Ihr Ziel ist es, in Ihren Beziehungen zu anderen Menschen nicht verletzt zu werden.

JUNGER MANN: Hmm ...

PHILOSOPH: Und wie lässt sich das erreichen? Die Antwort ist einfach: Finden Sie Ihre Mängel, beginnen Sie, sich selbst abzulehnen, und gehen Sie grundsätzlich keine zwischenmenschlichen Beziehungen ein. Wenn Sie sich in Ihre eigene Schale zurückziehen, müssen Sie mit niemandem interagieren und haben sogar eine Rechtfertigung zur Hand, wenn jemand Sie schlecht behandelt: dass dies nämlich aufgrund Ihrer Mängel passiert, und wenn das alles nicht so wäre, könnten Sie auch geliebt werden.

JUNGER MANN: (lacht) Jetzt haben Sie es mir aber gegeben!

PHILOSOPH: Weichen Sie nicht aus. Dieses «So wie ich eben bin» mit allen Fehlern ist für Sie etwas durchaus Wertvolles. Anders ausgedrückt, etwas, das einen Nutzen für Sie hat.

JUNGER MANN: Au, das tut weh. Was sind Sie für ein Sadist, geradezu teuflisch! Okay, es ist wahr: Ich habe wirklich Angst. Ich möchte nicht in zwischenmenschlichen Beziehungen verletzt werden. Ich habe Angst, schlecht behandelt zu werden, weil ich so bin, wie ich nun einmal bin. Ich gebe es nicht gern zu, aber Sie haben recht.

PHILOSOPH: Etwas zuzugeben ist eine gute Haltung. Aber vergessen Sie nicht, es ist prinzipiell unmöglich, in Ihren Beziehungen zu anderen Menschen nicht verletzt zu werden. Wenn Sie eine Beziehung eingehen, ist es unvermeidbar, dass Sie in einem gewissen Ausmaß verletzt werden, und Sie werden auch andere verletzen. Adler sagt: «Um seine Probleme loszuwerden, ist alles, was man tun kann, in diesem Universum völlig allein zu leben.» Aber das kann man nicht.

ALLE PROBLEME SIND ZWISCHENMENSCHLICHE BEZIEHUNGSPROBLEME

JUNGER MANN: Moment mal! Ich soll das einfach so durchgehen lassen? «Um seine Probleme loszuwerden, ist alles, was man tun kann, in diesem Universum völlig allein zu leben?» Was meinen Sie damit? Wenn Sie völlig allein auf der Welt wären – wären Sie dann nicht schrecklich einsam?

PHILOSOPH: Oh, es ist nicht das Alleinsein, was das Gefühl der Einsamkeit hervorruft. Einsamkeit heißt, andere Menschen, Gemeinschaften und eine ganze Gesellschaft um sich herum zu haben und tief im Innern zu fühlen, dass man von ihnen ausgeschlossen ist. Um uns einsam zu fühlen, brauchen wir andere Menschen. Das heißt, nur in einem sozialen Kontext wird eine Person zu einem «Individuum».

JUNGER MANN: Wenn Sie wirklich allein wären, also wenn Sie völlig allein im Universum existieren würden, dann wären Sie kein Individuum, und Sie würden sich auch nicht einsam fühlen?

PHILOSOPH: Ich vermute, die eigentliche Vorstellung von Einsamkeit als solcher würde nicht einmal auftreten. Man würde keine Sprache brauchen, und es gäbe auch keine Verwendung für Logik oder Vernunft. Aber so etwas ist unmöglich. Selbst wenn man auf einer unbewohnten Insel lebte, würde man an jemanden auf der anderen Seite des Ozeans denken. Auch wenn man seine Nächte allein verbringt, so spitzt man doch seine Ohren, um jemand anderen atmen zu hören. Solange es da draußen andere Menschen gibt, wird man von der Einsamkeit heimgesucht werden.

JUNGER MANN: Aber dann könnte man es einfach so formulieren: «Wenn man ganz allein im Universum leben könnte, würden alle Probleme verschwinden». Oder?

PHILOSOPH: In der Theorie ja. Wobei Adler so weit geht zu behaupten: «Alle Probleme sind zwischenmenschliche Beziehungsprobleme.»

JUNGER MANN: Können Sie das noch einmal sagen?

PHILOSOPH: Wir können das so oft wiederholen, wie Sie wollen: Alle Probleme sind zwischenmenschliche Beziehungsprobleme. Das ist eine Vorstellung, die die Grundlage der Adler'schen Psychologie bildet. Wenn alle zwischenmenschlichen Beziehungen aus dieser Welt verschwunden wären, was heißt, wenn man allein im Universum wäre und alle anderen Menschen nicht mehr da, würden alle Arten von Problemen verschwinden.

JUNGER MANN: Das ist doch nicht wahr! Nichts als akademische Haarspalterei!

PHILOSOPH: Natürlich können wir auf zwischenmenschliche Beziehungen nicht verzichten. Das menschliche Dasein setzt von seinem Wesen her die Existenz anderer menschlicher Wesen voraus. Vollständig isoliert von anderen zu leben ist im Grunde unmöglich. Wie Sie schon sagen, die Voraussetzung, «wenn man völlig allein im Universum leben könnte», ist wenig stichhaltig.

JUNGER MANN: Das ist nicht mein Streitpunkt. Sicher, zwischenmenschliche Beziehungen sind wahrscheinlich ein großes Problem. So viel gebe ich zu. Aber zu sagen, dass alles auf sie zurückzuführen sei, das ist wirklich extrem. Was ist mit der

Sorge, von menschlichen Beziehungen abgeschnitten zu sein? Was ist mit den Problemen, mit denen man sich als einzelner Mensch herumschlägt? Was ist mit den Problemen, die man mit sich selbst hat? Bestreiten Sie all das?

PHILOSOPH: So etwas wie eine Sorge, die ausschließlich durch das Individuum definiert ist, die nur von innen kommt, gibt es nicht. Welche Art von Sorge auch entstehen mag, der Schatten der anderen ist dabei immer präsent.

JUNGER MANN: Trotzdem – Sie sind ein Philosoph. Die Menschen haben doch erhabenere, größere Probleme als zwischenmenschliche Beziehungen. Was ist Glück, was ist Freiheit? Und was ist der Sinn des Lebens? Sind nicht das die Themen, mit denen sich die Philosophen seit den alten Griechen beschäftigt haben? Und Sie sagen: Na und? Es geht nur um zwischenmenschliche Beziehungen? Das scheint mir irgendwie banal. Kaum zu glauben, dass ein Philosoph so etwas sagt.

PHILOSOPH: Nun, dann scheint es wohl nötig zu sein, die Dinge ein bisschen konkreter zu erläutern.

JUNGER MANN: Ja, bitte tun Sie das! Wenn Sie mir sagen wollen, dass Sie ein Philosoph sind, dann müssen Sie die Dinge wirklich erklären, sonst ergibt das keinen Sinn.

PHILOSOPH: Sie hatten so viel Angst vor zwischenmenschlichen Beziehungen, dass Sie sich am Ende selbst abgelehnt haben. Sie sind zwischenmenschlichen Beziehungen ausgewichen, indem Sie sich selbst nicht mochten.

Diese Behauptungen erschütterten den jungen Mann bis ins Mark. Die Worte enthielten eine nicht zu leugnende Wahrheit, die ihn wie Pfeile ins Herz traf. Trotzdem musste er etwas finden, was die Behauptung widerlegte, dass alle Probleme, die die Menschen durchmachten, Probleme mit zwischenmenschlichen Beziehungen seien. Adlers Ansicht der Probleme der Menschen war einfach oberflächlich. *Die Probleme, unter denen ich leide, sind nicht so banal!*

MINDERWERTIGKEITSGEFÜHLE SIND SUBJEKTIVE ANNAHMEN

PHILOSOPH: Wir wollen zwischenmenschliche Beziehungen nun einmal aus einer etwas anderen Perspektive betrachten. Sind Sie mit dem Begriff «Minderwertigkeitsgefühl» vertraut?

JUNGER MANN: Dumme Frage. Wie Sie sicher aus unserer bisherigen Diskussion erkennen können, bin ich ein einziger Haufen von Minderwertigkeitsgefühlen.

PHILOSOPH: Was sind das für Gefühle, im Einzelnen?

JUNGER MANN: Na ja, zum Beispiel, wenn ich etwas in einer Zeitung über jemanden lese, der etwa in meinem Alter und richtig erfolgreich ist, überkommen mich diese Gefühle der Minderwertigkeit. Wenn jemand anderes, der genauso lange lebt wie ich, so erfolgreich ist, was um Himmels willen mache ich dann falsch? Oder wenn ich einen Freund sehe, der glücklich wirkt: Statt mich mit ihm zu freuen, bin ich von Neid und Frustration erfüllt. Natürlich ist dieses pickelige Gesicht nicht gerade hilfreich, und ich habe starke Minderwertigkeitsgefühle, wenn es um meine Bildung und meine Arbeit geht. Und dann sind da noch mein Einkommen und mein sozialer Status. Ich glaube, ich bin einfach von Minderwertigkeitsgefühlen zerfressen.

PHILOSOPH: Verstehe. Übrigens, Adler soll der Erste gewesen sein, der den Begriff «Minderwertigkeitsgefühl» in dem Zusammenhang gebraucht hat, in dem wir ihn heute benutzen.

JUNGER MANN: Oh, das habe ich nicht gewusst.

PHILOSOPH: Schauen Sie sich das Wort «Minderwertigkeitsgefühl» einmal genauer an. Es ist ein Ausdruck, der ein Werturteil über einen selbst enthält.

JUNGER MANN: Ein Werturteil?

PHILOSOPH: Es ist das Gefühl, keinen Wert zu haben oder nur einen geringen.

JUNGER MANN: Ah, das Gefühl kenne ich gut. Das bin ich, auf den Punkt gebracht. Es vergeht kein Tag, an dem ich mich nicht mit dem Gedanken quäle, dass es sich nicht lohnt zu leben.

PHILOSOPH: Nun, dann lassen Sie uns mal einen Blick auf meine eigenen Minderwertigkeitsgefühle werfen. Was war Ihr Eindruck, als Sie mich zum ersten Mal gesehen haben? In Bezug auf meine körperliche Erscheinung.

JUNGER MANN: Hmm, na ja …

PHILOSOPH: Tun Sie sich keinen Zwang an. Sagen Sie es unverblümt.

JUNGER MANN: In Ordnung, ich glaube, Sie waren kleiner, als ich Sie mir vorgestellt hatte.

PHILOSOPH: Danke. Ich bin eins fünfundfünfzig groß. Adler war offensichtlich etwa gleich groß. Es gab eine Zeit – tatsächlich bis ich ungefähr in Ihrem Alter war –, zu der ich mir Sorgen wegen meiner Körpergröße machte. Ich war sicher, dass alles anders wäre, wenn ich eine normale Größe hätte, zwanzig oder auch nur zehn Zentimeter mehr. Als würde dann ein angenehmeres Leben auf mich warten. Ich habe einem Freund davon erzählt, als ich das gerade so empfand, und er sagte, das wäre «kompletter Unsinn», und nahm es einfach gar nicht ernst.

JUNGER MANN: Das ist ja furchtbar! Schöner Freund.

PHILOSOPH: Und dann sagte er: «Was würdest du tun, wenn du größer wärst? Du weißt, du hast einfach die Gabe, dass andere sich in deiner Gegenwart entspannen.» Wenn jemand groß und stark ist, das ist wahr, schüchtert er womöglich die Leute nur durch seine Größe ein. Bei jemandem, der so klein ist wie ich, lassen sie auf der anderen Seite ihr Ständig-auf-der-Hut-Sein fallen. Dadurch wurde mir klar, dass meine kleine Körpergröße sowohl für mich als auch für die Menschen um mich herum etwas Positives hatte. Anders gesagt, es gab eine Veränderung der Werte. Ich mache mir keine Gedanken mehr um meine Größe.

JUNGER MANN: Gut, aber das ist …

PHILOSOPH: Warten Sie, ich bin noch nicht fertig. Das Wesentliche hierbei ist, dass meine Größe von eins fünfundfünfzig keine Benachteiligung darstellte.

JUNGER MANN: Sie war keine Benachteiligung?

PHILOSOPH: Sie stellte nicht wirklich einen Mangel dar, sie war nicht schlechter als etwas anderes. Sicher, meine eins fünfundfünfzig sind weniger als die durchschnittliche Größe, und sie sind eine objektiv gemessene Zahl. Auf den ersten Blick mögen sie als ein Nachteil erscheinen, aber im Grunde geht es darum, welche Art von Bedeutung ich dieser Größe beimesse, welchen Wert ich ihr gebe.

JUNGER MANN: Was heißt das?

PHILOSOPH: Was ich in Bezug auf meine Größe empfand, waren Minderwertigkeitsgefühle, die nur durch meinen Vergleich mit anderen entstanden waren. Und das heißt: in meinen zwischenmenschlichen Beziehungen. Denn wenn da niemand gewesen wäre, mit dem ich mich hätte vergleichen können, hätte ich überhaupt keine Gelegenheit gehabt, auf die Idee zu kommen, dass ich klein wäre. Und Sie leiden jetzt ebenfalls an verschiedenen Gefühlen der Unterlegenheit. Aber verstehen Sie bitte, dass diese Gefühle sich nicht auf eine objektive Minderwertigkeit, sondern auf subjektive Gefühle der Unterlegenheit gründen. Selbst bei einem Thema wie dem der Körpergröße lässt sich am Ende alles auf eine subjektive Sichtweise zurückführen.

JUNGER MANN: Anders ausgedrückt, unsere Minderwertigkeitsgefühle sind eher subjektive Interpretationen als objektive Fakten?

PHILOSOPH: Genau. Wenn man es aus der Perspektive meines Freundes sieht, nach der ich es den Menschen ermögliche, sich zu entspannen oder sie zumindest nicht einschüchtere, können diese Eigenschaften zu großen Stärken werden. Natürlich ist das eine subjektive Interpretation. Man könnte sogar sagen, es ist eine willkürliche Annahme. Allerdings liegt in der Subjektivität etwas Gutes: Sie ermöglicht eine eigene Wahl. Denn nun kann ich entscheiden, ob ich meine Körpergröße als Vorteil oder als Nachteil betrachte.

JUNGER MANN: Das Argument dafür, dass man einen neuen Lebensstil wählen kann?

PHILOSOPH: Richtig. Wir können objektive Tatsachen nicht ändern. Aber subjektive Interpretationen können wir verändern, sooft wir wollen. Und wir leben in einer subjektiven Welt. Wir haben ganz am Anfang darüber gesprochen, stimmt's?

JUNGER MANN: Ja – das Brunnenwasser mit den 18 Grad.

PHILOSOPH: Erinnern Sie sich jetzt noch einmal daran, was ich zu dem Begriff «Minderwertigkeitsgefühl» gesagt habe: Er hängt mit dem eigenen Werturteil über einen selbst zusammen. Was um alles in der Welt könnte das denn für ein Wert sein? Gut, nehmen wir zum Beispiel Diamanten, die zu einem hohen Preis gehandelt werden. Oder eine Währung. Wir legen für diese Dinge einen bestimmten Wert fest und sagen, dass ein Karat so und so viel wert ist, dass der Preis so und so hoch ist. Doch wenn man einmal die Perspektive wechselt, ist ein Diamant nichts weiter als ein kleiner Stein.

JUNGER MANN: Ja, vom Verstand aus betrachtet ist das so.

PHILOSOPH: Das heißt, der Wert ist etwas, das auf einem gesellschaftlichen Zusammenhang beruht. Der Wert, den man einem Ein-Dollar-Schein verleiht, ist kein objektiv gegebener Wert, auch wenn das allgemein so gesehen wird. Betrachtet man seinen realen Wert als bedrucktes Papier, ist sein Wert von einem Dollar weit entfernt. Wäre ich der einzige Mensch auf dieser Welt und es gäbe niemanden sonst, würde ich diese Dollarscheine wahrscheinlich im Winter in den Kamin stecken. Vielleicht würde ich mir mit ihnen auch die Nase putzen. Folgt man nun genau dieser Logik, hätte es für mich überhaupt keinen Grund geben sollen, mir über meine Größe Gedanken zu machen.

JUNGER MANN: Wenn Sie der einzige Mensch auf der Welt wären und es niemand anderen gäbe?

PHILOSOPH: Ja. Das Problem der Bewertung bringt uns am Ende wieder zu den zwischenmenschlichen Beziehungen.

JUNGER MANN: Das hier führt also wieder auf Ihre Behauptung zurück, alle Probleme wären zwischenmenschliche Probleme?

PHILOSOPH: Ja, genau so ist es.

JUNGER MANN: Aber kann man mit Sicherheit sagen, dass Minderwertigkeitsgefühle wirklich ein Problem zwischenmenschlicher Beziehungen sind? Selbst jemand, der in der Gesellschaft als erfolgreich angesehen wird, der sich in Beziehungen mit anderen nicht kleinmacht, hat Gefühle der Minderwertigkeit? Selbst der Geschäftsmann, der enormen Reichtum anhäuft, die unvergleichliche Schönheit, die von allen beneidet wird, und der olympische Goldmedaillengewinner – sie alle würden von Minderwertigkeitsgefühlen geplagt? Tja, so erscheint mir das. Ich weiß nicht, was ich darüber denken soll.

PHILOSOPH: Adler gibt zu, dass Minderwertigkeitsgefühle etwas sind, was jeder hat. An den Gefühlen selbst ist nichts Schlechtes.

JUNGER MANN: Und warum haben sie die Menschen dann überhaupt?

PHILOSOPH: Das muss man wahrscheinlich in einer bestimmten zeitlichen Abfolge sehen. Zuerst einmal kommen die Menschen als hilflose Wesen auf die Welt. Und sie alle haben den Wunsch, diesem hilflosen Zustand zu entkommen. Adler nannte dies das «Streben nach Überlegenheit».

JUNGER MANN: «Streben nach Überlegenheit»?

PHILOSOPH: Man könnte sich das einfach als «Hoffnung auf Verbesserung» vorstellen oder als «das Streben nach einem idealen Zustand». Zum Beispiel lernt ein kleines Kind, fest auf seinen beiden Beinen zu stehen. Es hat das ständige Bestreben, die Sprache zu lernen und sich zu verbessern. Und auch all die Errungenschaften der Wissenschaft in der Geschichte der Menschheit sind auf dieses «Streben nach Überlegenheit» zurückzuführen.

JUNGER MANN: Okay. Und dann?

PHILOSOPH: Das Gegenstück dazu ist das Minderwertigkeitsgefühl. Jeder befindet sich in diesem Zustand, besser werden zu wollen, der das Streben nach Überlegenheit ausmacht. Man setzt sich verschiedene Ideale oder Ziele und steuert darauf zu. Doch wenn man eines seiner Ideale nicht erreichen kann, entwickelt sich ein Gefühl, weniger wert zu sein. Zum Beispiel gibt es Köche, die, je inspirierter und versierter sie werden, ewig von dieser Art Minderwertigkeitsgefühl geplagt werden, und sie sagen sich: Ich bin immer noch nicht gut genug, oder: Ich muss meine Kochkunst auf eine höhere Stufe bringen und Ähnliches.

JUNGER MANN: Das stimmt.

PHILOSOPH: Adler sagt, dass das Streben nach Überlegenheit und das Minderwertigkeitsgefühl keine krankhaften Zustände sind, sondern Anreize für ein normales, gesundes Streben und Wachstum. Wenn es nicht falsch genutzt wird, kann auch das Minderwertigkeitsgefühl das Streben nach Verbesserung und Wachstum voranbringen.

JUNGER MANN: Das Minderwertigkeitsgefühl ist eine Art Sprungbrett?

PHILOSOPH: Genau. Man versucht, seine Minderwertigkeitsgefühle loszuwerden und voranzukommen. Man ist nie zufrieden mit der gegenwärtigen Situation – selbst wenn es nur ein einziger Schritt ist, so will man doch vorankommen. Man möchte glücklicher sein. Es ist absolut nichts Falsches an dieser Art von Minderwertigkeitsgefühl. Es gibt allerdings Menschen, die den Mut verlieren, den sie bräuchten, um auch nur einen Schritt nach vorn zu machen, und die es nicht akzeptieren können, dass sich die Situation verändern ließe, wenn man sich auf realistische Weise darum bemühte. Menschen, die, bevor sie irgendetwas tun, einfach aufgeben und Dinge sagen wie: «Ich bin sowieso nicht gut genug», oder: «Selbst wenn ich es versuchen würde, ich hätte ja gar keine Chance.»

JUNGER MANN: Tja, das stimmt. Da besteht kein Zweifel – wenn das Minderwertigkeitsgefühl stark ist, tendieren die meisten Menschen zu Negativität und sagen: «Ich bin sowieso nicht gut genug.» Denn genau das ist es, was das Minderwertigkeitsgefühl ausmacht.

PHILOSOPH: Nein, das ist kein Minderwertigkeitsgefühl, das ist ein Minderwertigkeitskomplex.

JUNGER MANN: Ein Komplex? Das ist doch das Minderwertigkeitsgefühl, oder?

PHILOSOPH: Vorsicht. So wie das Wort «Komplex» heutzutage benutzt wird, scheint es die gleiche Bedeutung zu haben wie «Minderwertigkeitsgefühl». Man hört Leute sagen: «Ich habe einen Komplex wegen meiner Figur», oder: «Er hat einen Komplex wegen seiner Bildung» – so etwas in der Art. Das ist ein völlig falscher Gebrauch des Begriffs. Im ursprünglichen Sinne bezeichnet «Komplex» einen abnormen psychischen Zustand, der sich aus einer komplizierten Mischung aus Emotionen und Überzeugungen zusammensetzt und nichts mit dem Gefühl der Minderwertigkeit zu tun hat. Da ist zum Beispiel der Ödipuskomplex von Freud, der im Zusammenhang mit dem abnormen Hingezogensein des Kindes zum gegengeschlechtlichen Elternteil benutzt wird.

JUNGER MANN: Ja. Die Spielarten des Anormalen sind besonders stark, wenn es um den Mutterkomplex und den Vaterkomplex geht.

PHILOSOPH: Aus demselben Grund ist es deshalb von entscheidender Bedeutung, «Minderwertigkeitsgefühl» und «Minderwertigkeitskomplex» nicht zu verwechseln und sie als vollkommen voneinander getrennt zu betrachten.

JUNGER MANN: Ganz konkret: Wie unterscheiden sie sich?

PHILOSOPH: An dem Gefühl der Minderwertigkeit selbst ist nichts wirklich Falsches. Diesen Punkt verstehen Sie jetzt, oder? Wie Adler sagt, kann das Minderwertigkeitsgefühl ein Ansporn für Streben und Wachstum sein. Zum Beispiel, wenn jemand sich minderwertig wegen seiner mangelhaften Bildung fühlt und sich entschließt zu sagen: «Ich habe keine gute Bildung, also muss ich mich einfach mehr anstrengen als alle anderen», dann kann das in eine wünschenswerte Richtung gehen. Der Minderwertigkeitskomplex dagegen bezieht sich auf einen Zustand, in dem man begonnen hat, seine Minderwertigkeitsgefühle als eine Art Entschuldigung zu benutzen. Man denkt sich also: «Ich bin nicht gebildet, deshalb kann ich nicht erfolgreich sein», oder: «Ich sehe nicht gut aus, deshalb will mich niemand heiraten.» Wenn jemand im Alltag auf der Logik von «A ist die Situation, deshalb kann es kein B geben» beharrt, gehört das nicht mehr in die Kategorie der Minderwertigkeitsgefühle. Dann ist diese Haltung ein Anzeichen für einen Minderwertigkeitskomplex.

JUNGER MANN: Nein, es ist eine gerechtfertigte Kausalbeziehung. Wenn man keine gute Ausbildung hat, verringert sich die Chance, Arbeit zu finden oder sich in der Welt zu behaupten. Man wird auf der gesellschaftlichen Skala als weit unten eingestuft und kann keinen Erfolg haben. Das ist überhaupt keine Entschuldigung, sondern das sind einfach nur nackte Tatsachen, oder?

PHILOSOPH: Nein, da haben Sie unrecht.

JUNGER MANN: Wieso? Wo habe ich unrecht?

PHILOSOPH: Was Sie für eine Kausalbeziehung halten, nennt Adler eine «scheinbare Ursache und Wirkung». Das soll heißen, Sie überzeugen sich selbst davon, dass es wirklich eine Kausalbeziehung gibt, wo überhaupt keine existiert. Neulich hat mir jemand gesagt: «Der Grund dafür, dass ich nicht einfach heiraten kann, liegt darin, dass sich meine Eltern haben scheiden lassen, als ich klein war.» Vom Standpunkt der Freud'schen Psychoanalyse betrachtet verursachte die Scheidung der Eltern ein großes Trauma, das die negative Einschätzung der Ehe verursacht hat. Adler hingegen lehnt eine solche Argumentation ab, da er das Ziel eines Verhaltens herausfinden will, und nennt deswegen die als Erklärung vorgebrachten Traumata «scheinbare Ursache und Wirkung».

JUNGER MANN: Aber selbst dann ist es Realität, dass eine gute Bildung eine bessere Voraussetzung für den gesellschaftlichen Erfolg darstellt. Ich dachte, Sie wüssten darüber Bescheid, wie es in der Welt zugeht.

PHILOSOPH: In Wirklichkeit geht es darum, wie man sich dieser Realität stellt. Wenn Sie denken: «Ich habe keine gute Ausbildung, deshalb kann ich keinen Erfolg haben», dann sollten Sie statt «Ich kann keinen Erfolg haben» denken: «Ich will keinen Erfolg haben.»

JUNGER MANN: Ich will keinen Erfolg haben? Wie kommen Sie denn darauf?

PHILOSOPH: Sie haben einfach Angst, auch nur einen Schritt nach vorn zu machen, und Sie wollen keine wirklichen Anstrengungen machen. Es ist Ihnen so wichtig, sich nicht zu ändern, dass Sie nicht bereit sind, die Vergnügungen, die Sie jetzt genießen – zum Beispiel die Zeit, die Sie mit Spielen und der Beschäftigung mit Ihren Hobbys verbringen – zu opfern. Anders gesagt, Sie verfügen nicht über den *Mut*, um Ihren Lebensstil zu ändern. Es ist einfacher so, wie es jetzt gerade ist, selbst wenn Sie mit einigen Dingen unzufrieden sind oder dadurch Einschränkungen erfahren.

JUNGER MANN: Kann schon sein, aber …

PHILOSOPH: Außerdem sitzt tief in Ihrem Innern ein Minderwertigkeitskomplex in Bezug auf die Bildung, und Sie denken: «Ich habe keine gute Ausbildung, deshalb kann ich nicht erfolgreich sein.» Umgekehrt kann man schlussfolgern: «Wenn ich nur gebildet genug wäre, könnte ich wirklich Erfolg haben.»

JUNGER MANN: Hmm, stimmt.

PHILOSOPH: Das ist die Kehrseite des Minderwertigkeitskomplexes. Wer seinen Minderwertigkeitskomplex in Worten oder Haltungen zeigt, wer sagt: «Wenn A der Fall ist, kann B nicht geschehen», lässt durchblicken, dass er, wenn es nur A nicht gäbe, fähig wäre und Wert hätte.

JUNGER MANN: Wenn nur dies oder jenes nicht wäre, könnte ich es auch.

PHILOSOPH: Ja, und Adler macht deutlich, dass sich niemand auf Dauer mit seinen Minderwertigkeitsgefühlen abfinden kann. Jeder hat sie, aber in diesem Zustand zu verbleiben lässt sich auf die Dauer nicht ertragen.

JUNGER MANN: Wie? Das wird jetzt ziemlich verwirrend.

PHILOSOPH: Gut, dann gehen wir die Sache einmal Schritt für Schritt durch. Minderwertigkeitsgefühle zu haben ist ein Zustand, in dem man in der momentanen Situation eine Art von Mangel an sich selbst empfindet. Die Frage ist also –

 JUNGER MANN: ... wie man dieses Loch füllt, oder?

PHILOSOPH: Genau. Wie man den fehlenden Teil kompensiert. Am gesündesten geschieht dies durch Streben und Wachstum. Zum Beispiel könnte man sein Studium intensivieren, sich ständig weiterbilden oder bei der Arbeit besonders tüchtig sein. Doch wenn man nicht diesen Mut besitzt, gerät man schließlich in diesen Minderwertigkeitskomplex. Wieder ist es das Denken: «Ich bin nicht ausgebildet genug, also kann ich keinen Erfolg haben.» Und unterschwellig sagt man, ich habe zwar eigentlich die Fähigkeit, Erfolg zu haben, aber mir fehlt eben die bessere Ausbildung. Man lässt durchblicken, dass «das wahre Ich», das nur gerade zufällig durch die Frage der Bildung verdeckt wird, überlegen ist.

JUNGER MANN: Nein, das ergibt keinen Sinn – bei dem Zweiten, was Sie gesagt haben, geht es doch über das Minderwertigkeitsgefühl hinaus. Das ist eher Angeberei als irgendetwas anderes, oder?

PHILOSOPH: Allerdings. Der Minderwertigkeitskomplex kann sich auch zu einem speziellen mentalen Zustand entwickeln.

JUNGER MANN: Und wie wäre der?

PHILOSOPH: Ich bezweifle, dass Sie schon viel darüber gehört haben. Es ist der «Überlegenheitskomplex».

JUNGER MANN: Überlegenheitskomplex?

PHILOSOPH: Man leidet unter starken Minderwertigkeitsgefühlen, und dazu kommt noch, dass man nicht den Mut hat, sie auf einem gesunden Weg, etwa durch Anstrengung und Wachstum, zu kompensieren. Wenn es so ist, kann man den Minderwertigkeitskomplex nicht mehr tolerieren, der einen denken lässt: «Wenn A der Fall ist, kann B nicht geschehen.» Man kann sein «unfähiges Selbst» nicht akzeptieren. An diesem Punkt versucht man auf eine andere Art zu kompensieren und sucht nach einem einfacheren Ausweg.

JUNGER MANN: Und was für ein Weg ist das?

PHILOSOPH: Man tut so, als ob man tatsächlich überlegen wäre, und gibt sich einem konstruierten Überlegenheitsgefühl hin.

JUNGER MANN: Einem konstruierten Überlegenheitsgefühl?

PHILOSOPH: Ein bekanntes Beispiel wäre die «Stellvertretung».

JUNGER MANN: Was bedeutet das?

PHILOSOPH: Man macht eine Show daraus, dass man eine gute Beziehung zu einer einflussreichen Person hat (das könnte jeder vom Schulleiter bis hin zu einer berühmten Persönlichkeit sein). Und dadurch zeigt man, dass man etwas Besonderes ist. Ein Verhalten, wie die eigenen Arbeitserfahrungen in glühenden Farben zu schildern oder nur Kleidung bestimmter Marken zu tragen, ist eine Form der Stellvertretung, und dies sind wahrscheinlich auch Aspekte des Überlegenheitskomplexes. In jedem dieser Fälle ist es nicht so, dass das «Ich» tatsächlich überlegen oder etwas Besonderes wäre. Es geht nur darum, dass man das «Ich» durch die Verbindung zu einer Autorität überlegen erscheinen lässt. Kurz, es ist ein konstruiertes Gefühl der Überlegenheit.

JUNGER MANN: Und dem zugrunde liegt ein starkes Minderwertigkeitsgefühl?

PHILOSOPH: Natürlich. Ich verstehe nicht viel von Mode, aber ich glaube, man kann getrost davon ausgehen, dass Menschen, die Rubin- und Smaragdringe an jedem Finger tragen, eher ein Problem mit Minderwertigkeitsgefühlen haben, als dass sie einen besonderen Sinn für Ästhetik besitzen würden. Anders gesagt, darin drückt sich ihr Minderwertigkeitskomplex aus.

JUNGER MANN: Stimmt.

PHILOSOPH: Aber wer sich selbst auf solch geborgte Macht hin größer aussehen lässt, lebt im Grunde nach dem Wertesystem anderer Menschen – er lebt das Leben eines anderen. Diesen Punkt möchte ich besonders hervorheben.

JUNGER MANN: Also ein Überlegenheitskomplex. Das ist eine sehr interessante Psychologie. Können Sie mir noch ein anderes Beispiel geben?

PHILOSOPH: Es gibt diese Art von Leuten, die sich gerne mit ihren Erfolgen brüsten. Die an ihrem vergangenen Ruhm kleben und ständig Erinnerungen an die Zeit hervorholen, als ihr Licht am hellsten strahlte. Vielleicht kennen Sie solche Menschen. Von ihnen allen kann man behaupten, dass sie einen Überlegenheitskomplex haben.

JUNGER MANN: Die Menschen, die mit ihren Erfolgen protzen? Ja, das ist zwar eine arrogante Haltung, aber sie können nur deshalb damit angeben, weil sie wirklich überlegen sind. Das können Sie nicht als ein konstruiertes Überlegenheitsgefühl bezeichnen.

PHILOSOPH: Oh, da liegen Sie falsch. Wer so weit geht, mit etwas groß anzugeben, hat tatsächlich kein Selbstvertrauen. Wie Adler ganz deutlich macht: «Wer prahlt, tut das nur aus einem Minderwertigkeitsgefühl heraus.»

JUNGER MANN: Sie wollen sagen, dass Angeberei die Umkehrung eines Minderwertigkeitsgefühls ist?

PHILOSOPH: So ist es. Wenn man wirklich selbstbewusst ist, hat man nicht das Bedürfnis, sich in Szene zu setzen. Man tut dies nur, weil das Minderwertigkeitsgefühl so stark ist. Umso mehr hat man das Bedürfnis, seine Überlegenheit zu demonstrieren. Man hat Angst, wenn man das nicht tut, wird niemand einen akzeptieren, so wie man ist. Das ist ein ausgewachsener Überlegenheitskomplex.

JUNGER MANN: Obwohl man also denken würde, wenn man nur von den Wörtern selbst ausgeht, dass Minderwertigkeitskomplex und Überlegenheitskomplex völlige Gegenteile wären, liegen sie eigentlich dicht beieinander?

PHILOSOPH: Ja, sie stehen in klarem Zusammenhang miteinander. Jetzt möchte ich Ihnen noch ein letztes Beispiel erzählen, ein komplexes Beispiel, das mit Angeberei zu tun hat. Es handelt sich um ein Muster, das zu einem besonderen Überlegenheitsgefühl gehört; dieses zeigt sich, weil das Minderwertigkeitsgefühl selbst stärker geworden ist. Konkret ausgedrückt, es geht um das Angeben mit seinem eigenen Unglück.

JUNGER MANN: Das Angeben mit seinem eigenen Unglück?

PHILOSOPH: Jemand, der eine angeberische Haltung einnimmt, wenn er erzählt, unter welchen schrecklichen Bedingungen er aufgewachsen ist; all die Missgeschicke, die auf ihn niedergeprasselt sind. Wenn jemand versuchen sollte, diesen Menschen zu trösten, oder Vorschläge zur Veränderung macht, schlägt er die helfende Hand aus und sagt: «Du verstehst nicht, wie ich mich fühle.»

 JUNGER MANN: Ja, es gibt solche Leute, aber …

PHILOSOPH: Solche Leute wollen sich durch ihre schlimme Erfahrung zu etwas «Besonderem» machen und benutzen ihr Unglück, um sich über andere zu erheben. Nehmen Sie etwa den Umstand, dass ich körperlich klein bin. Stellen wir uns vor, dass gutherzige Menschen zu mir kommen und sagen: «Mach dir darüber keinen Kummer», oder: «Solche Dinge bestimmen nicht den Wert eines Menschen.» Wenn ich darauf ablehnend reagieren und sagen würde: «Du hast doch gar keine Ahnung, was kleine Menschen durchmachen, oder?» – dann würde niemand mehr etwas zu mir sagen. Ich bin sicher, alle um mich herum würden mich wie eine tickende Zeitbombe behandeln und sehr vorsichtig mit mir umgehen – oder, sagen wir: ausweichend.

JUNGER MANN: Völlig richtig.

PHILOSOPH: Dadurch werde ich in meiner Position den anderen gegenüber erhoben und zu etwas Besonderem. Eine ganze Reihe von Leuten versucht, «jemand Besonderes» zu sein, indem sie diese Haltung einnehmen, wenn sie krank oder verletzt sind oder etwa unter quälendem Liebeskummer leiden.

JUNGER MANN: Sie zeigen also offen ihr Minderwertigkeitsgefühl und nutzen es zu ihrem Vorteil?

PHILOSOPH: Ja. Sie nutzen ihr Unglück zu ihrem Vorteil und beherrschen die anderen damit. Indem sie herausstellen, wie bedauernswert sie sind und wie sehr sie gelitten haben, versuchen sie, die Menschen um sich herum (ihre Freunde und ihre Familie zum Beispiel) in Sorge zu versetzen, schränken so deren Worte und Verhalten ein und beherrschen sie dadurch. Die Menschen, von denen ich ganz am Anfang sprach, die sich in ihrem Zimmer einschließen, schwelgen häufig in Überlegenheitsgefühlen und nutzen so ihr Unglück zu ihrem Vorteil. Das ist so deutlich, dass Adler selbst darauf hingewiesen hat: «In unserer Kultur kann Schwäche etwas ziemlich Starkes und Machtvolles sein.»

JUNGER MANN: Dann besitzt also Schwäche eine Macht?

PHILOSOPH: Adler sagt: «Wenn wir uns fragen würden, wer in unserer Kultur am stärksten ist, wäre die logische Antwort: das Baby. Das Baby herrscht und kann nicht beherrscht werden.» Das Baby herrscht mit seiner Schwäche über die Erwachsenen. Und wegen dieser Schwäche kann niemand das Baby beherrschen.

JUNGER MANN: Diesem Standpunkt bin ich noch nie begegnet.

PHILOSOPH: Natürlich haben die Worte von jemandem, der verletzt wurde – «Du weißt nicht, wie ich mich fühle» –, sicher auch einen gewissen Wahrheitsgehalt. Niemand ist in der Lage, die Gefühle eines leidenden Menschen völlig zu verstehen. Doch solange man versucht, sein Unglück zu seinem Vorteil zu nutzen, um etwas «Besonderes» zu sein, wird man dieses Unglück auch nötig haben.

Der junge Mann und der Philosoph hatten nun eine ganze Reihe von Diskussionsthemen besprochen: das Minderwertigkeitsgefühl, den Minderwertigkeitskomplex und den Überlegenheitskomplex. Und obwohl diese ganz klar zu den Schlüsselwörtern der Psychologie gehörten, unterschied sich ihr Wahrheitsgehalt doch sehr von der Bedeutung, die der junge Mann sich vorstellte. Irgendetwas fühlte sich dabei immer noch nicht richtig an. *Was ist es, womit ich mich bei alldem so schwertue, es zu akzeptieren? Nun, es muss der erste Teil sein, die Voraussetzung, die mich zweifeln lässt.* Der junge Mann atmete durch, um ganz ruhig zu sprechen.

JUNGER MANN: Ich glaube, ich verstehe es noch nicht wirklich.

PHILOSOPH: Okay, fragen Sie mich, was immer Sie wollen.

JUNGER MANN: Adler hat erkannt, dass das Streben nach Überlegenheit – man versucht, anderen überlegen zu sein – ein universeller Wunsch ist, oder? Auf der anderen Seite warnt er vor übermäßigen Minderwertigkeits- und Überlegenheitsgefühlen. Das wäre einfach zu verstehen, wenn er das Überlegenheitsstreben verwerfen würde – dann könnte ich das akzeptieren. Was sollen wir denn tun?

PHILOSOPH: Stellen Sie es sich folgendermaßen vor: Wenn wir von dem Streben nach Überlegenheit sprechen, tendieren wir dazu, uns dies als ein Verlangen vorzustellen, anderen Menschen überlegen zu sein; als einen Wunsch, höher aufzusteigen, selbst wenn wir dabei andere zu Fall bringen – stellen Sie sich vor, dass Sie eine Treppe hochsteigen und andere Leute aus dem Weg stoßen, um nach oben zu gelangen. Adler meint so etwas natürlich nicht. Er spricht eher von einem Spielfeld, das auf einer Ebene liegt und auf dem manche Leute sich nach vorn bewegen, und dann gibt es andere, die sich hinter ihnen nach vorn bewegen. Behalten Sie dieses Bild im Kopf. Auch wenn die zurückgelegte Entfernung und das Lauftempo sich unterscheiden, bewegen sich doch alle gleichermaßen auf derselben Ebene. Das Streben nach Überlegenheit ist die Geisteshaltung, auf eigenen Füßen einen Schritt nach vorn zu machen, und es geht nicht um einen Wettbewerb, dessen Ziel es ist, größer als andere Menschen zu sein.

JUNGER MANN: Das Leben ist also kein Wettbewerb?

PHILOSOPH: Richtig. Es genügt, sich einfach nur immer weiter vorwärtszubewegen, ohne im Wettstreit mit jemand anderem zu liegen. Und natürlich gibt es keinen Grund, sich mit anderen zu vergleichen.

JUNGER MANN: Nein, das ist unmöglich. Wir werden uns immer mit anderen vergleichen, auf jeden Fall. Genau daher kommt ja unser Minderwertigkeitsgefühl, oder?

PHILOSOPH: Ein gesundes Minderwertigkeitsgefühl entsteht nicht aus dem Vergleich mit anderen, sondern aus dem Vergleich mit seinem eigenen Ideal von einem selbst.

JUNGER MANN: Aber …

PHILOSOPH: Sehen Sie, jeder Mensch ist anders: Geschlecht, Alter, Kenntnisse, Erfahrung, Aussehen – keine zwei Menschen sind genau gleich. Lassen Sie uns auf eine positive Weise anerkennen, dass andere Menschen anders sind als wir. Wir sind nicht alle gleich, sondern gleichwertig.

JUNGER MANN: Wir sind nicht gleich, aber gleichwertig?

PHILOSOPH: Genau. Jeder ist anders. Verwechseln Sie diesen Unterschied nicht mit gut und schlecht oder mit überlegen und unterlegen. Wie verschieden wir auch sind, wir sind alle gleichwertig.

JUNGER MANN: Also keine Rangunterschiede. Wenn man es idealistisch sieht. Aber versuchen wir nicht gerade, ein aufrichtiges Gespräch über die Realität zu führen? Würden Sie zum Beispiel sagen, dass ich, ein Erwachsener, und ein Kind, das sich noch mit dem Rechnen abmüht, gleichwertig sind?

PHILOSOPH: Was den Grad des Wissens und der Erfahrung angeht und dann den Grad der Verantwortung, die übernommen werden kann, gibt es sicherlich Unterschiede. Das Kind ist vielleicht noch nicht in der Lage, seine Schnürsenkel richtig zu binden, komplizierte mathematische Gleichungen zu lösen oder, wenn Probleme auftreten, die gleiche Verantwortung zu übernehmen wie ein Erwachsener. Doch dies sollte nichts mit dem menschlichen Wert zu tun haben. Meine Antwort bleibt die gleiche. Die Menschen sind alle gleichwertig, aber nicht gleich.

JUNGER MANN: Dann sagen Sie also, dass ein Kind wie ein Erwachsener behandelt werden sollte?

PHILOSOPH: Nein, statt das Kind wie einen Erwachsenen zu behandeln oder wie ein Kind, muss man es als Menschen behandeln. Man geht auf aufrichtige Weise mit dem Kind um, als einem menschlichen Wesen, wie man selbst eins ist.

JUNGER MANN: Nehmen wir eine andere Frage. Alle Menschen sind gleich. Sie sind auf diesem Spielfeld auf der gleichen Ebene. Doch in der Realität klafft das hier auseinander, oder? Diejenigen, die weiter vorn sind, sind überlegen, und diejenigen, die hinter ihnen gehen, sind minderwertig. Also haben wir am Ende doch wieder das Problem von Überlegenheit und Minderwertigkeit – oder nicht?

PHILOSOPH: Nein, das haben wir nicht. Es spielt keine Rolle, ob man versucht, vor oder hinter den anderen zu gehen. Es ist, als ob wir über eine Fläche gingen, die keine vertikale Achse hat. Wir gehen nicht, um schneller zu sein als die anderen, sondern wir versuchen, über das hinauszugehen, was wir jetzt sind, und das macht den Wert des Einzelnen aus.

JUNGER MANN: Haben Sie sich von allen Formen des Wettbewerbs befreit?

PHILOSOPH: Natürlich. Ich denke nicht daran, einen höheren Status und große Ehren zu erlangen, und ich lebe mein Leben als Außenseiter in der Philosophie ohne Verbindung, welcher Art auch immer, zu weltlichem Wettbewerb.

JUNGER MANN: Heißt das, dass Sie bei einem Wettbewerb nicht mehr mitmachen? Dass Sie irgendwie ihre Niederlage akzeptiert haben?

PHILOSOPH: Nein. Ich habe mich von den Orten zurückgezogen, wo es um Gewinnen oder Verlieren geht. Wenn man versucht, man selbst zu sein, wird einen der Gedanke an Wettbewerb unweigerlich behindern.

JUNGER MANN: Auf gar keinen Fall! Das ist das Argument eines völlig erschöpften alten Mannes. Junge Leute wie ich finden in der Spannung eines Wettkampfes erst ihre Kraft. Wenn ich keinen Rivalen neben mir habe, kann ich mich nicht selbst übertreffen. Was ist falsch daran, zwischenmenschliche Beziehungen im Sinne einer Konkurrenz zu verstehen?

PHILOSOPH: Wenn dieser Rivale jemand ist, den man als Gefährten ansieht, kann es möglicherweise dazu führen, dass man sich selbst verbessert. Aber in vielen Fällen ist ein Konkurrent kein Gefährte.

JUNGER MANN: Und was heißt das genau?

PHILOSOPH: Wir wollen einmal klarstellen: Zu Beginn waren Sie unzufrieden mit Adlers Definition, dass alle Probleme zwischenmenschlicher Natur seien, stimmt's? Das war die Grundlage für unsere Diskussion über Minderwertigkeitsgefühle.

JUNGER MANN: Ja, das ist richtig. Das Thema der Minderwertigkeitsgefühle war zu sehr im Vordergrund, und ich war schon fast so weit, diesen Punkt zu vergessen. Warum haben Sie das Thema überhaupt aufgebracht?

PHILOSOPH: Es hat mit dem Wettbewerbsaspekt zu tun. Bitte vergessen Sie das nicht. Wenn im Kern einer persönlichen Beziehung eine Konkurrenz steht, wird es nicht gelingen, zwischenmenschlichen Problemen oder unglücklichen Situationen zu entgehen.

JUNGER MANN: Warum nicht?

PHILOSOPH: Weil es am Ende eines Wettbewerbs Gewinner und Verlierer gibt.

JUNGER MANN: Es ist doch vollkommen in Ordnung, Gewinner und Verlierer zu haben!

PHILOSOPH: Dann denken Sie einmal genauer darüber nach: Wie wäre es, wenn Sie sich darüber bewusst wären, mit den Menschen um Sie herum in Konkurrenz zu stehen. In Ihren Beziehungen zu ihnen gibt es dann nur Sieg oder Niederlage. A ist an diese berühmte Universität gekommen, B hat einen Job in diesem großen Unternehmen gefunden, und C ist mit einer so gut aussehenden Frau liiert – und Sie vergleichen sich mit ihnen und denken: *Und was habe ich?*

JUNGER MANN: (lacht) Das trifft die Sache ziemlich genau.

PHILOSOPH: Wenn man Konkurrenzdenken, also Sieg und Niederlage, im Kopf hat, treten unvermeidlich Minderwertigkeitsgefühle auf. Denn man vergleicht sich ständig mit anderen und denkt: «Ich habe diese Person geschlagen», oder: «Ich habe gegen diese Person verloren.» Der Überlegenheits- und der Minderwertigkeitskomplex entstehen daraus. Nun, was denken Sie, welche Art von Mensch ist diese Person für Sie in diesem Fall?

JUNGER MANN: Ich weiß nicht – ein Rivale vermutlich?

PHILOSOPH: Nein, nicht einfach nur ein Rivale. Bevor Sie sich versehen, beginnen Sie jeden Menschen, jeden auf der ganzen Welt, als Ihren Feind zu betrachten.

JUNGER MANN: Meinen Feind?

PHILOSOPH: Sie fangen an zu denken, dass alle immer auf Sie herabsehen und Sie verächtlich behandeln; dass alle Feinde sind, die man ja nicht unterschätzen darf und die nur auf eine Schwäche lauern, um dann blitzschnell anzugreifen. Kurz gesagt, die Welt macht Ihnen Angst.

JUNGER MANN: Feinde, die nicht zu unterschätzen sind … Das sind diejenigen, mit denen ich in Konkurrenz stehe?

PHILOSOPH: Genau das ist so erschreckend am Konkurrenzdenken. Selbst wenn man nicht auf der Seite der Verlierer ist, selbst wenn man jemand ist, der immer wieder gewinnt, der sich im

 Wettbewerb eine Position errungen hat, wird man nie einen Augenblick Frieden finden. Man will kein Verlierer sein. Und man muss immer weiter gewinnen, wenn man kein Verlierer sein will. Man kann anderen Menschen nicht vertrauen. Der Grund, warum so viele Menschen nicht glücklich dabei sind, wenn sie in der Gesellschaft an ihrem Erfolg basteln, liegt darin, dass sie in einem ständigen Wettbewerb leben – denn für sie ist die Welt ein gefährlicher Ort, übervoll mit Feinden.

JUNGER MANN: Das kann schon sein, aber …

PHILOSOPH: Aber achten die anderen Leute wirklich so sehr auf einen? Beobachten sie einen rund um die Uhr, und lauern sie auf den richtigen Moment, um anzugreifen? Das erscheint ziemlich unwahrscheinlich. Einer meiner jungen Freunde verbrachte sehr viel Zeit vor dem Spiegel, um seine Haare zu arrangieren, als er noch ein Teenager war. Und einmal, als er das tat, sagte seine Großmutter: «Du bist der Einzige, der sich darum Sorgen macht, wie du aussiehst.» Er sagt, daraufhin wurde es ein bisschen einfacher, mit dem Leben umzugehen.

JUNGER MANN: Hey, das ist ein Seitenhieb auf mich, oder? Sicher, ich sehe die Leute um mich herum wirklich als Feinde. Ich lebe in ständiger Angst, dass ich angegriffen werden könnte, fürchte mich vor den Pfeilen, die in jedem Moment auf mich zufliegen könnten. Ich denke immer, dass ich von anderen beobachtet, verurteilt und attackiert werde. Und es stimmt wahrscheinlich auch, dass dies eine Reaktion aus meiner Unsicherheit heraus ist, wie bei dem spiegelverliebten Teenager. Die Welt da draußen achtet gar nicht auf mich. Selbst wenn ich auf meinen Händen die Straßen entlangliefe, würde sie das nicht kümmern! Aber ich weiß nicht. Sagen Sie trotz allem, dass mein Minderwertigkeitsgefühl etwas ist, das ich selbst gewählt habe, dass es ein bestimmtes Ziel verfolgt? Das ergibt einfach keinen Sinn für mich.

PHILOSOPH: Und warum nicht?

JUNGER MANN: Ich habe einen drei Jahre älteren Bruder. Er entspricht dem klassischen Bild des großen Bruders – er macht immer, was unsere Eltern sagen, er ist unschlagbar in seinem Wissen und in Sport, und er ist geradezu der Inbegriff von Tüchtigkeit. Und von der Zeit an, als ich klein war, wurde ich immer mit ihm verglichen. Er ist älter und weiter, natürlich konnte ich ihn niemals bei irgendetwas schlagen. Unsere Eltern kümmerten sich überhaupt nicht um diesen Umstand und zeigten mir nie ihre Anerkennung. Was ich auch tat, ich wurde wie ein Kind behandelt, bei jeder Gelegenheit ausgeschimpft und sollte still sein. Ich habe gelernt, meine Gefühle für mich zu behalten. Mein Leben war vollkommen durchdrungen von Minderwertigkeitsgefühlen, und ich konnte gar nicht anders, als mich in einem Wettbewerb mit meinem Bruder zu sehen!

PHILOSOPH: Aha.

JUNGER MANN: Manchmal stelle ich es mir so vor: Ich bin wie ein Kürbisgewächs, das nicht genügend Sonne bekommen hat. So ist es nur natürlich, dass ich vor lauter Minderwertigkeitsgefühlen ganz verbogen bin. Wenn es jemanden gibt, der in dieser Situation gerade nach oben gewachsen ist, tja, dann würde ich ihn gern treffen!

PHILOSOPH: Ich verstehe. Ich verstehe wirklich, wie Sie sich fühlen. Jetzt lassen Sie uns einmal das Konkurrenzdenken ansehen und dabei Ihre Beziehung zu Ihrem Bruder betrachten. Wenn Sie nicht aus der Perspektive der Konkurrenz auf Ihren Bruder und andere Menschen in Ihrer Umgebung blicken würden, wie würden Ihnen die Menschen dann erscheinen?

JUNGER MANN: Nun ja, mein Bruder ist mein Bruder, und ich denke, mit den anderen ist es eine andere Sache.

PHILOSOPH: Nein, sie sollten positivere Mitmenschen werden.

JUNGER MANN: Mitmenschen?

PHILOSOPH: Sagten Sie nicht vorhin: «Ich kann mich nicht aus ganzem Herzen für andere freuen?» Sie stellen sich zwischenmenschliche Beziehungen als Wettstreit vor; Sie empfinden das Glück anderer Menschen als Ihre «Niederlage», und deshalb können Sie sich nicht darüber freuen. Wenn man aber einmal von dem Konkurrenzdenken frei ist, verschwindet das Bedürfnis, über jemanden zu triumphieren. Man wird auch von der Angst befreit, die sagt: *Vielleicht werde ich verlieren.* Und man wird das Glück anderer Menschen aus ganzem Herzen mitempfinden, man wird vielleicht auch aktiv zu ihrem Glück beitragen können. Jemand, der immer anderen in Zeiten beistehen will, in denen sie Hilfe brauchen – das ist jemand, den man wirklich einen Mitmenschen nennen kann.

JUNGER MANN: Hmm.

PHILOSOPH: Jetzt kommen wir zu dem wichtigen Teil. Wenn Sie in der Lage sind, wirklich so zu empfinden, dass die Leute Ihre Mitmenschen sind, wird sich Ihr Blick auf die Welt entscheidend verändern. Sie werden die Welt nicht mehr als einen gefährlichen Ort ansehen oder von unnötigen Zweifeln geplagt werden; die Welt wird sich Ihnen als ein sicherer und angenehmer Ort zeigen. Und Ihre zwischenmenschlichen Probleme werden sich erheblich verringern.

JUNGER MANN: Was für ein glücklicher Mensch Sie sind! Aber wissen Sie, das klingt alles nach einer Sonnenblume. Das ist die Logik einer Sonnenblume, die jeden Tag im vollen Sonnenschein badet und mit ausreichend Wasser versorgt wird. Ein Kürbis, der im dunklen Schatten wächst, entwickelt sich nicht so gut!

PHILOSOPH: Sie kehren wieder zu den Ursachen in der Vergangenheit zurück.

JUNGER MANN: Oh ja, natürlich!

Erzogen von strengen Eltern, war der junge Mann seit seiner Kindheit immer niedergehalten und mit seinem älteren Bruder verglichen worden. Nach seiner Meinung fragte niemand, und er musste sich die brutalen Worte anhören, dass er ein armseliges Beispiel für einen kleinen Bruder war. Er konnte keine Freunde finden, nicht einmal in der Schule, und verbrachte all seine Pausen allein in der Bibliothek, die zu seinem einzigen Zufluchtsort wurde. Dieser junge Mann, der seine jungen Jahre auf solche Weise zugebracht hatte, war wirklich ein Opfer seiner Vergangenheit. Wenn er nicht von solchen Eltern erzogen worden wäre, wenn es seinen älteren Bruder nie gegeben und er nicht diese Schule besucht hätte, dann hätte er ein angenehmeres Leben gehabt. Der junge Mann hatte versucht, sich so besonnen wie möglich an der Diskussion zu beteiligen, aber jetzt brachen seine aufgestauten Gefühle hervor.

JUNGER MANN: Okay, dieses ganze Gerede über Ziele von Verhalten und all das ist reines Philosophengewäsch, und ein Trauma existiert auf jeden Fall. Und die Menschen können sich nicht von der Vergangenheit befreien. Das können Sie doch nicht leugnen? Wir können uns nicht in einer Zeitmaschine in die Vergangenheit zurücktransportieren. Solange wie die Vergangenheit als Vergangenheit existiert, leben wir in Zusammenhängen, die durch sie bestimmt wurden. Wenn man die Vergangenheit als etwas behandelt, das nicht existiert, dann wäre das genauso, als ob man das ganze Leben, das man bis jetzt geführt hat, negieren würde. Wollen Sie andeuten, ich hätte so ein Leben ohne Verantwortung gewählt?

PHILOSOPH: Es ist richtig, dass man sich in keine Zeitmaschine setzen oder die Uhr zurückdrehen kann. Aber welche Bedeutung misst man den vergangenen Ereignissen bei? Das ist die Aufgabe, die Sie jetzt haben.

JUNGER MANN: Gut, dann reden wir über «jetzt». Letztes Mal sagten Sie, dass der Mensch das Gefühl der Wut erzeugt, richtig? Und dass dies der Standpunkt sei, auf das Ziel zu schauen. Ich kann diese Aussage immer noch nicht akzeptieren. Wie würden Sie es erklären, wenn man Zorn gegenüber der Gesellschaft empfindet oder gegenüber der Regierung? Würden Sie sagen, dass dies auch Emotionen sind, die nur erzeugt werden, um seiner Meinung Nachdruck zu verleihen?

PHILOSOPH: Sicher, manchmal bin ich auch empört, wenn es um soziale Probleme geht. Aber ich würde sagen, dass es sich dabei eher um Empörung handelt, die auf einer Analyse basiert, als um einen plötzlichen Ausbruch von Emotionen. Es gibt einen Unterschied zwischen persönlichem Zorn (persönlichem Groll) und Empörung in Hinblick auf die Widersprüche der Gesellschaft und ihre Ungerechtigkeiten (gerechtfertigte Empörung). Persönlicher Zorn ebbt schnell ab. Gerechtfertigte Empörung oder gerechter Zorn andererseits dauert eine ganze Weile. Wut als Ausdruck persönlichen Grolls ist lediglich ein Mittel, andere zu beherrschen.

JUNGER MANN: Sie sagen, dass persönlicher Groll und gerechter Zorn zwei verschiedene Dinge sind?

PHILOSOPH: Sie sind grundverschieden. Denn gerechter Zorn geht über die eigenen Interessen hinaus.

JUNGER MANN: Dann frage ich Sie einmal nach persönlicher Wut. Ich bin sicher, selbst Sie werden manchmal wütend – zum Beispiel, wenn Ihnen jemand ohne Grund Beleidigungen ins Gesicht schleudert.

PHILOSOPH: Nein, das werde ich nicht.

JUNGER MANN: Kommen Sie schon, seien Sie ehrlich.

PHILOSOPH: Wenn mir jemand eine Beleidigung ins Gesicht schleudern würde, würde ich mir Gedanken über das verborgene Ziel dieser Person machen. Selbst wenn man jemanden nicht direkt beschimpft – wenn man wirklich verärgert auf die Worte oder das Verhalten von jemand anderem reagiert, sollte man daran denken, dass dieses einen zu einem Machtkampf herausfordert.

JUNGER MANN: Einem Machtkampf?

PHILOSOPH: Zum Beispiel ärgert ein Kind einen Erwachsenen mit seinen Streichen und Ungezogenheiten. In vielen Fällen geschieht dies mit dem Ziel, Aufmerksamkeit zu erhalten, und das Kind hört damit auf, gerade kurz bevor der Erwachsene richtig ärgerlich wird. Wenn es jedoch nicht vorher aufhört, dann ist es tatsächlich sein Ziel, einen Kampf auszufechten.

JUNGER MANN: Warum sollte es einen Kampf wollen?

PHILOSOPH: Es will gewinnen und dadurch seine Macht beweisen.

JUNGER MANN: Ich kann das nicht richtig verstehen. Können Sie mir einige konkrete Beispiele geben?

PHILOSOPH: Sagen wir, Sie haben sich mit einem Freund über die aktuelle politische Lage unterhalten. Schnell entwickelt sich die Diskussion zu einem hitzigen Streit, und beide wollen Sie eigentlich keine andere Meinung tolerieren, bis es an den Punkt kommt, dass er Sie persönlich angreift – Sie seien dumm und wegen solcher Leute wie Ihnen könne sich dieses Land nicht verändern und so weiter.

JUNGER MANN: Aber wenn jemand das zu mir sagen würde, könnte ich das nicht hinnehmen.

PHILOSOPH: Was ist in diesem Fall das Ziel des anderen? Nur dass er über Politik diskutieren möchte? Nein, das ist es nicht. Er findet Sie unerträglich, und er möchte Sie kritisieren und provozieren und Sie in einem Machtkampf besiegen. Wenn Sie an diesem Punkt wütend werden, ist der Moment gekommen, den er sich herbeigesehnt hat, und die Beziehung wird plötzlich zu einem Machtkampf. Egal, wie sehr er Sie provoziert, Sie dürfen sich da nicht hineinziehen lassen.

JUNGER MANN: Nein, es gibt keinen Grund davonzulaufen. Wenn jemand einen Streit beginnen will, sollte man nicht kneifen. Denn der andere ist schließlich im Unrecht. Man sollte ihm die Nase einschlagen, dem dummen Idioten. Nur mit Worten natürlich.

PHILOSOPH: Wir nehmen jetzt einmal an, Sie sind der Stärkere in diesem Streit, und der andere, der Sie eigentlich besiegen wollte, zieht sich in sportlicher Weise zurück. Doch der Machtkampf endet hier nicht. Er hat die Auseinandersetzung verloren und begibt sich geradewegs in die nächste Phase.

JUNGER MANN: In die nächste Phase?

PHILOSOPH: Ja. Die der Rache. Obwohl er sich zunächst einmal zurückgezogen hat, wird er auf Rache an einem anderen Ort und in anderer Form sinnen und eines Tages Vergeltung üben.

JUNGER MANN: Wie zum Beispiel?

PHILOSOPH: Das Kind, das von seinen Eltern unterdrückt wird, wird zu bestimmten Vergehen neigen. Es wird die Schule schwänzen. Es wird sich ritzen oder sich in anderer Form selbst verletzen. In der Freud'schen Psychoanalyse wird dies als simples Prinzip von Ursache und Wirkung betrachtet: Die Eltern haben das Kind auf diese Weise erzogen, und deshalb hat es diese Verhaltensweisen entwickelt. Wie man sagen würde, dass eine Pflanze kein Wasser bekommen hat und sie deshalb vertrocknet ist. Diese Erklärung ist natürlich leicht zu verstehen. Aber die Adler'sche Psychologie verliert nicht das Ziel aus den Augen, das hinter dem Verhalten des Kindes liegt – das heißt das Ziel der Rache an seinen Eltern. Wenn es straffällig wird, nicht mehr zur Schule geht, sich ritzt oder Ähnliches, werden die Eltern sehr aufgebracht sein. Sie werden in

Panik geraten und sich verrückt machen vor Sorge. In diesem Wissen geschieht es, dass das Kind zu problematischem Verhalten greift: damit das aktuelle Ziel (Rache an den Eltern) erreicht werden kann, nicht weil es durch vergangene Ursachen (das häusliche Milieu) dazu getrieben wurde.

JUNGER MANN: Es verhält sich aufsässig, um seine Eltern aufzubringen?

PHILOSOPH: Richtig. Ich weiß, dass ein Kind, das sich selbst Verletzungen zufügt, viele Menschen aus der Fassung bringt. Sie denken: *Warum sollte jemand so etwas tun?* Aber versuchen Sie nachzuempfinden, wie die Menschen im Umfeld des Kindes – die Eltern zum Beispiel – sich aufgrund dieses Verhaltens fühlen. Wenn Sie dies tun, sollte das Ziel hinter dem Verhalten ganz von selbst erscheinen.

JUNGER MANN: Das Ziel ist Rache?

PHILOSOPH: Ja. Und haben die zwischenmenschlichen Beziehungen erst einmal das Rachestadium erreicht, ist es für beide Seiten nahezu unmöglich, eine Lösung zu finden. Um dies zu verhindern, darf man sich niemals darauf einlassen, wenn man zu einem Machtkampf herausgefordert wird.

JUNGER MANN: Gut, was sollte man also tun, wenn man ganz direkt persönlich angegriffen wird? Einfach lächeln und es ertragen?

PHILOSOPH: Nein, allein die Vorstellung, dass es um «ertragen» ginge, ist ein Zeichen dafür, dass Sie immer noch im Machtkampf stecken. Wenn Sie herausgefordert werden und merken, dass es um einen Machtkampf geht, ziehen Sie sich so schnell wie möglich aus dem Konflikt heraus. Antworten Sie nicht auf eine Handlung des anderen mit einer Gegenreaktion. Das ist alles, was wir tun können.

JUNGER MANN: Aber ist es wirklich so einfach, nicht auf eine Provokation zu reagieren? Vor allem: Was würden Sie mir raten, wie ich meine Wut beherrschen sollte?

PHILOSOPH: Wenn Sie Ihre Wut beherrschen, «ertragen» Sie es, richtig? Stattdessen könnten wir einen Weg finden, die Dinge zu klären, ohne die Emotion der Wut einzusetzen. Denn schließlich ist Wut ein Werkzeug. Ein Mittel, um ein Ziel zu erreichen.

JUNGER MANN: Das ist ein harter Brocken.

PHILOSOPH: Ich möchte, dass Sie als Erstes eins verstehen: Wut ist eine Form der Kommunikation, aber Kommunikation ist möglich ohne Wut. Wir können unsere Gedanken und Absichten vermitteln und akzeptiert werden, ohne dass Wut notwendig wäre. Wenn Sie dies durch Erfahrung lernen, wird Ihre Wut ganz von selbst nicht mehr auftauchen.

JUNGER MANN: Aber was, wenn Leute Sie falscher Dinge beschuldigen oder beleidigende Bemerkungen machen? Nicht mal dann sollte ich wütend werden?

PHILOSOPH: Anscheinend verstehen Sie immer noch nicht. Es ist nicht so, dass Sie nicht wütend werden dürfen, sondern es gibt keine Notwendigkeit, auf das Instrument der Wut zu setzen. Es ist nicht so, dass jähzornige Menschen einfach die Geduld verlieren – sie wissen nur nicht, dass es andere wirkungsvolle Kommunikationsmittel als Wut gibt. Deshalb sagt man schließlich so etwas wie: «Ich bin einfach geplatzt», oder: «Er bekam einen Wutanfall.» Wir verlassen uns am Ende auf die Wut, um uns mitzuteilen.

JUNGER MANN: Andere wirkungsvolle Kommunikationsmittel als Wut …

PHILOSOPH: Wir haben die Sprache. Wir können durch Sprache kommunizieren. Glauben Sie an die Macht der Sprache und die Sprache der Vernunft.

JUNGER MANN: Natürlich; wenn ich daran nicht glauben würde, hätten wir jetzt nicht dieses Gespräch.

PHILOSOPH: Noch etwas zu Machtkämpfen: Egal, wie sehr Sie glauben, im Recht zu sein, versuchen Sie in jedem Fall, die andere Seite nicht zu kritisieren. Das ist eine Falle in zwischenmenschlichen Beziehungen, in die viele Leute gehen.

JUNGER MANN: Warum ist das so?

PHILOSOPH: In dem Moment, in dem man überzeugt ist, in einer zwischenmenschlichen Beziehung recht zu haben, steckt man bereits in einem Machtkampf.

JUNGER MANN: Nur weil man denkt, dass man recht hat? Also wirklich, das ist einfach völlig übertrieben.

PHILOSOPH: Ich habe recht. Das soll heißen, die andere Seite hat unrecht. An diesem Punkt verlagert sich der Fokus der Diskussion von der «Richtigkeit der Behauptungen» zum «Zustand der zwischenmenschlichen Beziehung». Mit anderen Worten, die Überzeugung, dass «ich recht habe», führt zu der Annahme, dass «diese Person unrecht hat», und das führt schließlich dazu, dass Sie denken: *Ich muss gewinnen.* Es ist ein Machtkampf durch und durch.

JUNGER MANN: Hmm.

PHILOSOPH: Zuerst einmal hat die Richtigkeit der eigenen Behauptungen nichts mit Gewinnen oder Verlieren zu tun. Wenn Sie glauben, recht zu haben, unabhängig davon, was andere Leute denken mögen, sollte der Fall hier und jetzt abgeschlossen sein. Trotzdem geraten viele Menschen schnell in einen Machtkampf und versuchen, die anderen dazu zu bringen, ihren Irrtum einzuräumen. Und deshalb denken sie, «einen Fehler zugeben» bedeutet «eine Niederlage eingestehen».

JUNGER MANN: Ja, diesen Aspekt gibt es ganz bestimmt.

PHILOSOPH: Wegen dieser Einstellung, nicht verlieren zu wollen, ist man nicht in der Lage, seinen Fehler einzugestehen, und als Folge dessen wählt man schließlich den falschen Weg. Fehler zuzugeben, Worte der Entschuldigung zu äußern und sich aus Machtkämpfen zurückzuziehen – all dies ist keine Niederlage. Das Streben nach Überlegenheit wird nicht durch die Konkurrenz mit anderen Menschen ausgetragen.

JUNGER MANN: Das heißt, wenn man also vom Gewinnen und Verlieren besessen ist, verliert man die Fähigkeit, die richtigen Entscheidungen zu treffen?

PHILOSOPH: Ja. Es trübt die Urteilsfähigkeit: Alles, was man sehen kann, ist der bevorstehende Sieg oder die drohende Niederlage. Dann gerät man auf den falschen Weg. Erst wenn wir die Brille der Konkurrenz und des Gewinnens und Verlierens abnehmen, können wir beginnen, uns zu verbessern und zu verändern.

JUNGER MANN: Okay, aber es gibt da noch ein Problem, und zwar die Aussage: «Alle Probleme sind zwischenmenschliche Probleme.» Ich kann verstehen, dass das Minderwertigkeitsgefühl aus den Ängsten in zwischenmenschlichen Beziehungen erwächst und dass es einen gewissen Einfluss auf uns hat. Und ich finde auch die Vorstellung plausibel, dass das Leben kein Wettkampf ist. Ich kann andere Menschen nicht als Mitmenschen ansehen, und irgendwo in mir empfinde ich sie als Feinde. Das ist definitiv der Fall. Was ich aber verwirrend finde, ist: Warum misst Adler den zwischenmenschlichen Beziehungen so viel Bedeutung bei? Wieso geht er so weit, von «allen» Problemen zu sprechen?

PHILOSOPH: Das Thema der Beziehungen zwischen den Menschen ist so wichtig, dass es, egal, wie umfassend man es behandelt, offenbar nie ausreicht. Letztes Mal sagte ich Ihnen: «Was Ihnen fehlt, ist der Mut, glücklich zu sein.» Sie erinnern sich, oder?

JUNGER MANN: Das könnte ich nicht vergessen, auch wenn ich es versuchte.

PHILOSOPH: Warum sehen Sie also andere Menschen als Feinde, und warum können Sie sie sich nicht als Ihre Mitmenschen vorstellen? Weil Sie Ihren Mut verloren haben und vor den «Lebensaufgaben» davonlaufen.

JUNGER MANN: Meinen Lebensaufgaben?

PHILOSOPH: Richtig. Das ist ein entscheidender Punkt. In der Psychologie Adlers existieren für Menschen und für die Psychologie klare Ziele.

JUNGER MANN: Was für Ziele?

PHILOSOPH: Zuerst einmal gibt es zwei Ziele für das Verhalten: unabhängig zu sein und in Harmonie mit der Gesellschaft zu leben. Daraus ergeben sich für eine Psychologie, die dieses Verhalten unterstützt, folgende Ziele: das Bewusstsein, *dass ich die Fähigkeit habe*, und das Bewusstsein, *dass die Leute meine Mitmenschen sind.*

JUNGER MANN: Einen Moment. Ich schreibe das auf ... Es gibt die folgenden Ziele für das Verhalten: unabhängig zu sein und in Harmonie mit der Gesellschaft zu leben. Und dies sind die beiden Ziele für die Psychologie zur Unterstützung dieses Verhaltens: das Bewusstsein, dass *ich die Fähigkeit habe* und dass *die Leute meine Mitmenschen sind* ... Okay, ich kann verstehen, dass das ein schwieriges Thema ist: als Individuum selbständig zu sein und gleichzeitig mit den anderen Menschen und der Gesellschaft in Harmonie zu leben. Das scheint mir an all das anzuknüpfen, worüber wir diskutiert haben.

PHILOSOPH: Und diese Ziele können erreicht werden, indem man sich dem stellt, was Adler «Lebensaufgaben» nennt.

JUNGER MANN: Was sind Lebensaufgaben?

PHILOSOPH: Gehen wir im Leben einmal bis in unsere Kindheit zurück. Als Kinder stehen wir unter der Obhut unserer Eltern und brauchen für unsere Existenz nichts zu tun. Doch irgendwann kommt die Zeit der Selbständigkeit. Man kann nicht ewig von seinen Eltern abhängig sein, und man muss natürlich selbständig denken und auch selbständig in einem gesellschaftlichen Sinne sein und irgendeine Form der Arbeit aufnehmen – was nicht auf die enge Definition von Arbeit bei einer Firma begrenzt ist. Darüber hinaus beginnt man, während man aufwächst, alle möglichen Arten von freundschaftlichen Beziehungen. Natürlich geht man vielleicht auch eine Liebesbeziehung ein, die womöglich sogar zur Heirat führt. Wenn dies geschieht, beginnt man eine eheliche Beziehung, und wenn man Kinder hat, eine Eltern-Kind-Beziehung. Adler schuf drei Kategorien von zwischenmenschlichen Beziehungen, die aus diesen Prozessen heraus entstehen. Er nannte sie «Aufgaben der Arbeit», «Aufgaben der Freundschaft» und «Aufgaben der Liebe» und alle zusammen die «Lebensaufgaben».

JUNGER MANN: Sind diese Aufgaben die Verpflichtungen, die man als Mitglied der Gesellschaft hat? Wie zum Beispiel Arbeit und Steuernzahlen?

PHILOSOPH: Nein, denken Sie sich diese Aufgaben bitte nur in Bezug auf zwischenmenschliche Beziehungen. Es geht um den Abstand und die Tiefe in den eigenen zwischenmenschlichen Beziehungen. Adler benutzte manchmal den Ausdruck «drei Bindungen an die Gesellschaft», um das deutlich zu machen.

JUNGER MANN: Die Distanz und die Tiefe in den zwischenmenschlichen Beziehungen?

PHILOSOPH: Die zwischenmenschlichen Beziehungen, mit denen der Einzelne zwangsläufig konfrontiert ist, wenn er als soziales Wesen leben will – das sind unsere Lebensaufgaben. Bei diesen Aufgaben hat man keine Wahl, man muss sich ihnen stellen.

JUNGER MANN: Könnten Sie mir das etwas näher erklären?

PHILOSOPH: Sehen wir zuerst einmal die Aufgaben im Bereich der Arbeit an. Egal, um welche Art von Arbeit es sich handelt, es gibt keine, die man völlig alleine machen kann. Ich, zum Beispiel, sitze normalerweise hier in meinem Arbeitszimmer und schreibe das Manuskript für ein Buch. Das Schreiben ist eine vollkommen autonome Tätigkeit, die niemand anderes für mich erledigen kann. Aber dann gibt es noch den Lektor und viele andere, ohne deren Hilfe die Arbeit nicht umgesetzt würde, von den Leuten, die das Design des Buches und den Druck übernehmen, bis zum Vertrieb und den Angestellten in der Buchhandlung. Eine Arbeit, die ohne die Mithilfe anderer Menschen realisiert werden könnte, ist im Prinzip undenkbar.

JUNGER MANN: Im Großen und Ganzen stimmt das wohl.

PHILOSOPH: Was die Nähe und Tiefe der Beziehungen angeht, könnte man sagen, dass Arbeitsbeziehungen die niedrigsten Hürden haben. Zwischenmenschliche Beziehungen am Arbeitsplatz haben das offensichtliche gemeinsame Ziel, gute Ergebnisse zu erreichen, daher können die Menschen auch dann zusammenarbeiten, wenn sie nicht immer gut miteinander zurechtkommen. Sie haben gewissermaßen keine andere Wahl. Und solange eine Beziehung rein auf der Arbeit basiert, wird sie sich zu einer Beziehung mit einem Außenstehenden zurückentwickeln, wenn die Arbeitszeit vorbei ist oder man den Job wechselt.

JUNGER MANN: Ja, wohl wahr.

PHILOSOPH: Und diejenigen, die in diesem Stadium der menschlichen Beziehungen ins Stolpern geraten, sind die jungen Leute, die sich nicht in Ausbildung, Beruf oder Weiterbildung befinden, oder «shut-ins», also Leute, die nicht das Haus verlassen.

JUNGER MANN: Wie bitte? Moment mal! Wollen Sie damit sagen, dass diese Menschen sich nicht um Arbeit bemühen, einfach nur weil sie die zwischenmenschlichen Beziehungen vermeiden wollen, die Arbeit mit sich bringt – nicht weil sie nicht arbeiten wollen oder körperliche Tätigkeiten ablehnen?

PHILOSOPH: Wenn man einmal die Frage beiseitelässt, ob diese Menschen sich dessen bewusst sind oder nicht, sind zwischenmenschliche Beziehungen der Grund ihres Verhaltens. Jemand verschickt zum Beispiel Bewerbungen, um Arbeit zu finden, und bekommt Angebote zu Vorstellungsgesprächen, nur um dann von einer Firma nach der anderen abgelehnt zu werden. Das verletzt seinen Stolz. Er beginnt sich zu fragen, wozu er überhaupt arbeiten soll, wenn er dafür all das durchmachen muss. Oder er macht bei der Arbeit einen großen Fehler. Durch ihn verliert die Firma viel Geld. In seinem Zustand äußerster Hoffnungslosigkeit, wie in tiefe Finsternis gefallen, kann er den Gedanken nicht ertragen, am nächsten Tag zur Arbeit zu gehen. Bei diesen Beispielen ist nicht die Arbeit selbst unerträglich geworden. Das Unangenehme sind die Kritik oder die Zurechtweisungen durch andere während der Arbeit, dass man den Stempel der Unfähigkeit oder Inkompetenz aufgedrückt bekommt oder dass einem mitgeteilt wird, man sei für die Arbeit nicht geeignet. Das verletzt die Würde des eigenen unersetzlichen Selbst. Mit anderen Worten: Alles ist eine Sache zwischenmenschlicher Beziehungen.

JUNGER MANN: Nun, ich hebe mir meine Einwände für später auf. Als Nächstes: Was ist mit der Aufgabe der Freundschaft?

PHILOSOPH: Es geht um eine Beziehung in einem weiteren Sinn, nicht am Arbeitsplatz, wo nicht dessen Zwänge herrschen. Das ist eine Beziehung, die nicht so einfach entsteht oder sich vertiefen lässt.

JUNGER MANN: Ah, das ist wohl wahr. In der Schule oder am Arbeitsplatz kann man zwar auch eine Beziehung aufbauen, doch die ist dann eher oberflächlich und auf diesen Ort beschränkt. Doch allein der Versuch, außerhalb der Schule oder der Arbeit eine freundschaftliche Beziehung aufzubauen oder Freunde zu finden, ist außerordentlich schwierig.

PHILOSOPH: Haben Sie jemanden, den Sie einen engen Freund nennen würden?

JUNGER MANN: Ich habe einen Freund. Aber ich weiß nicht, ob ich ihn als einen engen Freund bezeichnen würde …

PHILOSOPH: Das war früher bei mir genauso. Als ich in der höheren Schule war, habe ich nicht einmal versucht, Freunde zu finden, und habe meine Tage mit dem Studium von Griechisch und Deutsch verbracht, ganz vertieft in die Lektüre philosophischer Bücher. Meine Mutter machte sich Sorgen um mich und ging ratsuchend zu meinem Klassenlehrer. Er sagte ihr: «Es gibt keinen Grund, sich Sorgen zu machen. Er ist jemand, der keine Freunde braucht.» Diese Worte haben meine Mutter sehr beruhigt und mich auch.

JUNGER MANN: Jemand, der keine Freunde braucht? Sie hatten also in der Oberschule keinen einzigen Freund?

PHILOSOPH: Doch, ich hatte einen. Er sagte: «An der Universität gibt es nichts, was sich wirklich zu lernen lohnt», und am Ende ging er nicht dorthin. Er lebte mehrere Jahre lang abgeschieden in den Bergen, und ich habe gehört, dass er heute als Journalist in Südostasien arbeitet. Ich habe ihn jahrzehntelang nicht gesehen, aber ich habe das Gefühl, wenn wir uns wieder begegnen, können wir wieder genauso entspannt zusammen sein wie damals. Viele Menschen glauben, je mehr Freunde man hat, desto besser, aber da bin ich nicht so sicher. Die Zahl der Freunde oder Bekannten ist völlig bedeutungslos. Dieses Thema hat auch eine Verbindung zu der Aufgabe der Liebe, doch worüber wir nachdenken sollten, sind die Nähe und Tiefe der Beziehung.

JUNGER MANN: Wird es mir irgendwann möglich sein, enge Freundschaften zu schließen?

PHILOSOPH: Aber natürlich! Wenn Sie sich verändern, werden sich auch die Menschen um Sie herum verändern. Sie können gar nicht anders. In der Psychologie Adlers geht es um die eigene Veränderung, nicht darum, andere zu verändern. Statt darauf zu warten, dass sich die anderen ändern oder die Situation sich ändert, machen Sie den ersten Schritt nach vorne.

JUNGER MANN: Hmm …

PHILOSOPH: Tatsache ist, Sie sind einfach zu mir gekommen, um mich hier zu besuchen. Und ich habe in Ihnen einen jungen Freund gefunden.

JUNGER MANN: Ich bin Ihr Freund?

PHILOSOPH: Ja, sind Sie. Das Gespräch hier ist keine Beratung, und wir haben keine Arbeitsbeziehung. Für mich sind Sie ein unersetzlicher Freund. Finden Sie nicht?

JUNGER MANN: Ich bin Ihr … unersetzlicher Freund? Nein, darüber will ich jetzt nicht nachdenken. Machen wir einfach weiter. Was ist mit der letzten Aufgabe, der Aufgabe der Liebe?

PHILOSOPH: Stellen Sie sich diese auf zwei Ebenen vor: erstens das, was wir als Liebesbeziehung kennen, und zweitens Beziehungen innerhalb der Familie, insbesondere Eltern-Kind-Beziehungen. Wir haben über Arbeit und Freundschaft gesprochen, aber von den drei Aufgaben ist es höchstwahrscheinlich die Aufgabe der Liebe, die die meisten Schwierigkeiten bereitet. Wenn aus einer Freundschaftsbeziehung Liebe geworden ist, verändert sich die Art und Weise des Redens und Verhaltens, die unter Freunden üblich waren, in dem Moment, in dem sie zu Liebenden geworden sind. Das betrifft besonders den lockeren Umgang mit Freunden des anderen Geschlechts, und in manchen Fällen genügt schon ein Telefonat mit jemandem, um Eifersucht zu erregen. Die Distanz ist geringer und die Beziehung tiefer.

JUNGER MANN: Ja, ich denke, das ist einfach so.

PHILOSOPH: Aber Adler akzeptiert es nicht, den Partner einzuschränken. Wenn er oder sie glücklich ist, kann man sich offen über diesen Umstand freuen. Das ist Liebe. Beziehungen, in denen man die andere Person einschränkt, werden am Ende zerbrechen.

JUNGER MANN: Warten Sie, das ist doch ein Argument, das nur dazu führen kann, Untreue abzusegnen. Denn das heißt doch, wenn der Partner glücklich ist, weil er eine Affäre hat, sollte man sich selbst darüber freuen.

PHILOSOPH: Nein, ich bin nicht für außereheliche Affären. Denken Sie es sich so: Eine Beziehung, in der Zwang und Beschränkung herrschen, wenn die beiden zusammen sind, kann man nicht Liebe nennen, selbst wenn es Leidenschaft gibt. Wenn man dagegen denkt: *Immer wenn ich mit diesem Menschen zusammen bin, kann ich mich ganz frei verhalten,* empfindet man wirklich Liebe. Man ist in einem entspannten und ganz natürlichen Zustand, ohne Minderwertigkeitsgefühle zu haben oder seine Überlegenheit herauskehren zu müssen. So sieht wahre Liebe aus. Einschränkungen dagegen offenbaren eine innere Haltung, die den Partner zu kontrollieren versucht, und auch das Gefühl von Misstrauen. Mit jemandem zusammen zu sein, der einem misstraut, ist keine normale Situation, mit der man sich abfinden kann, oder? Wie Adler sagt: «Wenn zwei Menschen auf einer guten Basis zusammenleben wollen, müssen sie sich gegenseitig als gleichwertige Persönlichkeiten behandeln.»

JUNGER MANN: Okay.

PHILOSOPH: Trotzdem, in Liebesbeziehungen und in der Ehe gibt es die Option, sich zu trennen. Selbst wenn ein Mann und eine Frau viele Jahre lang zusammen waren, können sie sich trennen, wenn die Weiterführung der Beziehung großes Leid bedeuten würde. In einer Eltern-Kind-Beziehung dagegen kann dies im Prinzip nicht geschehen. Wenn romantische Liebe eine Beziehung ist, die von einem roten Band zusammengehalten wird, dann ist die Verbindung zwischen Eltern und Kindern eine aus eisernen Ketten. Und man hat nur eine kleine Schere. Das ist die Schwierigkeit der Eltern-Kind-Beziehung.

JUNGER MANN: Was kann man also tun?

PHILOSOPH: Was ich in diesem Stadium sagen kann, ist: Man darf nicht weglaufen. Wie qualvoll die Beziehung auch sein mag, man darf der Auseinandersetzung mit ihr nicht ausweichen oder sie auf Eis legen. Selbst wenn man sie am Ende mit der Schere durchschneidet, muss man sich zuerst mit ihr konfrontiert haben. Das Schlimmste, was man tun kann, ist, einfach in ihr zu verharren. Es ist im Grunde unmöglich für einen Menschen, völlig allein zu leben, und nur in einem sozialen Umfeld wird man ein «Individuum». Deshalb werden in der Adler'schen Psychologie Eigenverantwortlichkeit als Individuum und Zusammenarbeit in der Gesellschaft als übergreifende Ziele hingestellt. Wie kann man diese Ziele aber erreichen? An diesem Punkt spricht Adler von den drei Aufgaben, die man bewältigen muss: die der Arbeit, der Freundschaft und der Liebe; mit diesen Aufgaben der zwischenmenschlichen Beziehungen muss man sich als Mensch zwangsläufig auseinandersetzen.

Der junge Mann kämpfte noch damit, den wahren Sinn dieser Worte zu verstehen.

JUNGER MANN: Ah, das verwirrt mich jetzt wieder. Sie sagen, ich sehe andere Menschen als Feinde und kann sie mir nicht als Mitmenschen vorstellen, weil ich vor meinen Lebensaufgaben davonlaufe. Was heißt das überhaupt?

PHILOSOPH: Nehmen wir einmal an, da gäbe es einen gewissen Herrn A, den Sie nicht mögen. Denn er hat ein paar Fehler, die man nur schwer verzeihen kann.

JUNGER MANN: (lacht) Wenn wir nach Leuten suchen, die ich nicht mag, gibt es eine Menge Kandidaten.

PHILOSOPH: Aber Sie finden Herrn A nicht deshalb grässlich, weil Sie ihm seine Fehler nicht vergeben können. Sie hatten schon von vornherein das Ziel, ihn nicht zu mögen, und haben dann erst begonnen, Fehler zu suchen, um Ihr Ziel zu erreichen.

JUNGER MANN: Das ist ja lächerlich. Warum sollte ich das tun?

PHILOSOPH: Damit Sie eine zwischenmenschliche Beziehung zu Herrn A vermeiden können.

JUNGER MANN: Nie im Leben, das ist vollkommen absurd. Es ist genau umgekehrt. Er hat etwas getan, was mir nicht gefallen hat, deshalb. Wenn er das nicht getan hätte, hätte ich keinen Grund, eine Abneigung gegen ihn zu entwickeln.

PHILOSOPH: Nein, Sie irren sich. Es ist einfach zu verstehen, wenn Sie an ein Beispiel denken, bei dem es um die Trennung von einer Person geht, mit der man einmal eine Liebesbeziehung hatte. In der Beziehung zwischen Liebenden und in der Ehe gibt es Zeiten, zu denen einen alles, ab einem gewissen Punkt, auf die Palme bringt, was der Partner sagt oder tut. Zum Beispiel mag sie nicht, wie er isst, sein schlampiges Äußeres, wenn er zu Hause ist, widert sie an, und selbst sein Schnarchen regt sie auf, obwohl nichts davon sie noch vor ein paar Monaten gestört hat.

JUNGER MANN: Ja, das kommt mir bekannt vor.

PHILOSOPH: Diese Person fühlt sich so, weil sie an einem gewissen Punkt für sich selbst beschlossen hat: *Ich möchte diese Beziehung beenden*, und sie hat sich nach etwas umgesehen, was ihr den Stoff dazu liefern könnte. Die andere Person hat sich überhaupt nicht verändert. Es ist das eigene Ziel, das sich verändert hat. Sehen Sie, die Menschen sind extrem egoistische Wesen, die in der Lage sind, jede beliebige Zahl von Fehlern und Unzulänglichkeiten in anderen zu finden, wann immer ihnen danach zumute ist. Es könnte jemand mit perfektem Charakter auftauchen, und man hätte doch keine Schwierigkeiten, einen Grund auszugraben, um ihn nicht zu mögen. Genau deswegen kann die Welt zu jeder Zeit zu einem gefährlichen Ort werden, und es ist immer möglich, jeden als Feind zu betrachten.

JUNGER MANN: Ich denke mir also bei anderen Leuten Fehler aus, damit ich meiner Lebensaufgabe ausweichen kann, mehr noch, damit ich zwischenmenschlichen Beziehungen entgehen kann? Und ich laufe davon, weil ich andere Menschen als meine Feinde betrachte?

PHILOSOPH: So ist es. Adler hat darauf aufmerksam gemacht, dass man alle möglichen Vorwände benutzt, um den Lebensaufgaben auszuweichen, und nannte dies die «Lebenslüge».

JUNGER MANN: Okay …

PHILOSOPH: Ja, das ist ein drastischer Begriff. Man schiebt die eigene Verantwortung für die Situation, in der man sich gerade befindet, auf jemand anderen. Man läuft vor seinen Lebensaufgaben davon, indem man sagt, die anderen sind schuld oder die Umstände. Es ist genau das Gleiche wie in der Geschichte über die Studentin mit der Angst vor dem Erröten, von der ich erzählt habe. Man belügt sich selbst, und man belügt auch die Menschen um sich herum. Wenn man wirklich darüber nachdenkt, ist es ein wirklich drastisches Wort.

JUNGER MANN: Aber wie kommen Sie darauf, dass ich lüge? Sie wissen doch gar nichts darüber, was für Menschen ich um mich habe oder was für ein Leben ich führe, oder?

PHILOSOPH: Stimmt, ich weiß gar nichts über Ihre Vergangenheit. Nichts über Ihre Eltern und auch nichts über Ihren älteren Bruder. Ich weiß nur eines.

JUNGER MANN: Und was?

PHILOSOPH: Dass Sie derjenige sind, der seinen Lebensstil gewählt hat, und niemand sonst.

JUNGER MANN: Verdammt!

PHILOSOPH: Wenn Ihr Lebensstil von anderen Menschen oder von Ihrer Umgebung bestimmt würde, wäre es sicherlich möglich, die Verantwortung wegzuschieben. Aber wir wählen unseren Lebensstil selbst. Es ist also klar, wo die Verantwortung liegt.

JUNGER MANN: Sie wollen mich also verurteilen. Aber Sie nennen die Menschen Lügner und Feiglinge. Und sagen, dass alles meine Verantwortung ist.

PHILOSOPH: Sie dürfen die Kraft der Wut nicht nutzen, um wegsehen zu können. Das ist ein sehr wichtiger Punkt. Adler spricht nie in Begriffen von Gut und Böse über die Lebensaufgaben oder die Lebenslügen. Wir sollten nicht über Moral oder über Gut und Böse diskutieren, sondern über die Frage des Mutes.

JUNGER MANN: Schon wieder Mut!

PHILOSOPH: Ja. Selbst wenn Sie Ihren Lebensaufgaben ausweichen und an Ihren Lebenslügen festhalten, liegt das nicht daran, dass Sie abgrundtief böse sind. Es ist nichts, was von einem moralischen Standpunkt aus zu verurteilen wäre. Es ist eine Frage des Mutes.

VON DER PSYCHOLOGIE DES BESITZES ZUR PSYCHOLOGE DER ANWENDUNG

JUNGER MANN: Ist es also am Ende Mut, worüber wir hier sprechen? Das erinnert mich daran, dass Sie letztes Mal sagten, die Psychologie Adlers sei eine «Psychologie des Mutes».

PHILOSOPH: Ich möchte hinzufügen, dass die Psychologie Adlers keine «Psychologie des Besitzes» ist, sondern eine «Psychologie der Anwendung».

JUNGER MANN: Es geht also um die Aussage: «Es kommt nicht darauf an, womit man geboren wird, sondern welchen Gebrauch man von diesen Anlagen macht.»

PHILOSOPH: Richtig. Danke, dass Sie sich daran erinnert haben. Die Freud'sche Psychoanalyse ist eine Psychologie des Besitzes und mündet schließlich in den Determinismus. Die Adler'sche Psychologie andererseits ist eine Psychologie der Anwendung, und Sie sind es, der darüber entscheidet.

JUNGER MANN: Die Adler'sche Psychologie ist eine Psychologie des Mutes, und gleichzeitig ist sie eine Psychologie der Anwendung …

PHILOSOPH: Wir Menschen sind nicht so schwach, dass wir dem erfahrenen Trauma einfach ausgeliefert wären. Vom Standpunkt der Zielgerichtetheit aus gesehen wählen wir unser Leben und unseren Lebensstil selbst. Wir haben die Macht dazu.

JUNGER MANN: Aber ehrlich gesagt, ich habe nicht das Selbstvertrauen, um meinen Minderwertigkeitskomplex zu überwinden. Und Sie mögen sagen, das sei eine Lebenslüge, aber ich werde wahrscheinlich nie fähig sein, mich von diesem Komplex zu befreien.

PHILOSOPH: Warum glauben Sie das?

JUNGER MANN: Vielleicht ist es richtig, was Sie sagen. Ich bin sogar sicher, dass es so ist, und mir fehlt es wirklich an Mut. Ich kann auch die Lebenslüge akzeptieren. Ich habe Angst davor, mit Menschen in Kontakt zu treten. Ich möchte nicht in zwischenmenschlichen Beziehungen verletzt werden, und ich möchte meine Lebensaufgaben von mir wegschieben. Deshalb bringe ich all diese Ausreden. Ja, es ist genau, wie Sie sagen. Aber ist das, worüber Sie sprechen, nicht ziemlich esoterisch? Alles, was Sie wirklich sagen, ist: «Sie haben Ihren Mut verloren, Sie müssen wieder Mut fassen.» Das ist nicht anders als bei diesem albernen Mental-Trainer, der denkt, er gibt einen guten Rat, wenn er zu dir kommt, dir auf die Schulter klopft und sagt: «Kopf hoch!» Der Grund dafür, dass es bei mir nicht gut läuft, liegt doch darin, dass ich eben keinen Mut aufbringen kann.

PHILOSOPH: Damit wollen Sie mir wohl sagen, dass Sie von mir gerne konkrete Schritte hören möchten?

JUNGER MANN: Ja, bitte. Ich bin ein Mensch, ich bin keine Maschine. Ich habe nun gehört, ich hätte überhaupt keinen Mut, aber ich kann nicht einfach Mut nachfüllen, wie man ein Auto mit Benzin auftankt.

PHILOSOPH: In Ordnung. Aber es ist heute Abend wieder ziemlich spät geworden, lassen Sie uns nächstes Mal weitermachen.

JUNGER MANN: Sie wollen sich nicht davor drücken, oder?

PHILOSOPH: Natürlich nicht. Nächstes Mal werden wir wahrscheinlich über Freiheit sprechen.

JUNGER MANN: Nicht über Mut?

PHILOSOPH: Es wird ein Gespräch über Freiheit sein, was wesentlich ist, wenn man über Mut spricht. Vielleicht denken Sie einmal darüber nach, was Freiheit ist.

JUNGER MANN: Was Freiheit ist … Gut. Ich freue mich auf das nächste Mal.

DER DRITTE ABEND

DIE AUFGABEN DER ANDEREN ABWEISEN

Zwei qualvolle Wochen später stattete der junge Mann dem Philosophen einen weiteren Besuch ab. Was ist Freiheit? Warum können die Menschen nicht frei sein? Warum kann ich nicht frei sein? Was liegt dem, was mich einengt, wirklich zugrunde? *Die Aufgabe, die er bekommen hatte, lastete schwer auf ihm, doch es schien unmöglich, eine überzeugende Antwort zu finden. Je länger er darüber nachdachte, desto mehr begann der junge Mann zu erkennen, dass er nicht wirklich frei war.*

JUNGER MANN: So, Sie haben gesagt, wir würden heute über Freiheit sprechen.

PHILOSOPH: Ja. Hatten Sie ein bisschen Zeit, um darüber nachzudenken, was Freiheit ist?

JUNGER MANN: Ja, tatsächlich habe ich recht ausführlich darüber nachgedacht.

PHILOSOPH: Und sind Sie zu irgendeinem Schluss gekommen?

JUNGER MANN: Tja, ich konnte keine Antworten finden. Aber ich habe etwas gefunden – es ist nicht meine eigene Idee, sondern ich bin in der Bibliothek darauf gestoßen, eine Zeile aus einem Roman von Dostojewksi: «Geld ist Freiheit in Münzen.» Was denken Sie? Ist «Freiheit in Münzen» nicht ein recht interessanter Ausdruck? Aber im Ernst, ich war fasziniert von dieser einen Zeile, die direkt zum Kern dessen führt, was wir unter Geld verstehen.

PHILOSOPH: Ich verstehe. Sicher, wenn man in einem sehr generellen Sinne darüber spricht, was durch Geld ermöglicht wird, könnte man sagen, das ist Freiheit. Es ist eine scharfsinnige Beobachtung, auf jeden Fall. Aber Sie würden nicht so weit gehen zu sagen, dass Freiheit deshalb Geld bedeutet, oder?

JUNGER MANN: Sie bringen es auf den Punkt. Es gibt wahrscheinlich eine Art von Freiheit, die man durch Geld erreichen kann. Und ich bin mir auch sicher, dass Freiheit mehr ist, als wir uns normalerweise vorstellen. Doch in der Realität läuft alles, was man zum Leben braucht, über finanzielle Transaktionen. Folgt daraus, dass man frei sein kann, wenn man großen Wohlstand besitzt? Ich glaube nicht, dass es so ist; vor allem würde ich sehr gern glauben, dass es nicht so ist und dass sich menschliche Werte und das Glück nicht mit Geld erkaufen lassen.

PHILOSOPH: Na ja, nehmen wir jetzt einmal an, Sie hätten finanzielle Freiheit erreicht. Und Sie haben, obwohl Sie großen Wohlstand erzielt haben, das Glück trotzdem nicht gefunden. Was für Probleme und Schwierigkeiten würden bleiben?

JUNGER MANN: Das wären die zwischenmenschlichen Beziehungen, von denen Sie schon gesprochen haben. Ich habe viel darüber nachgedacht. Da mag man zum Beispiel mit großem Reichtum gesegnet sein, aber man hat niemanden, der einen liebt; man hat keine Gefährten, die man Freunde nennen könnte, und niemand mag einen. Das ist ein großes Unglück. Eine andere Sache, die ich nicht aus dem Kopf bekommen kann, ist das Wort «Bindungen». Jeder von uns ist irgendwie verstrickt und windet sich in den Schnüren, die wir Bindungen nennen. Etwa an einen Menschen gebunden zu sein, den wir nicht einmal mögen, oder auf der Hut zu sein vor den Stimmungswechseln unseres schrecklichen Chefs. Stellen Sie sich vor, wenn Sie aus solch kleinkarierten zwischenmenschlichen Beziehungen befreit werden könnten – wie einfach wäre alles! Aber niemand kann so etwas wirklich tun. Wo immer wir auch hingehen, wir sind soziale Wesen, die in Beziehungen zu anderen Menschen leben. Was wir auch tun, wir können dem starken Band unserer zwischenmenschlichen Beziehungen nicht entkommen. Ich verstehe jetzt, dass Adlers Behauptung, alle Probleme seien zwischenmenschliche Probleme, eine tiefe Erkenntnis darstellt.

PHILOSOPH: Es ist ein entscheidender Punkt. Gehen wir noch ein wenig tiefer. Was ist es denn an unseren zwischenmenschlichen Beziehungen, das uns unsere Freiheit nimmt?

JUNGER MANN: Letztes Mal haben Sie darüber gesprochen, ob man die anderen als Feinde oder als Mitmenschen ansieht. Sie sagten, wenn man es schafft, die anderen als Mitmenschen zu betrachten, würde sich auch die Art und Weise ändern, in der man die Welt sieht. Das leuchtet natürlich ein. Ich war davon ziemlich überzeugt, als ich neulich hier wegging. Aber was passierte dann? Ich habe sorgfältig über die Sache nachgedacht und festgestellt, dass es in zwischenmenschlichen Beziehungen Aspekte gibt, die nicht vollständig erklärt werden können.

PHILOSOPH: Welche zum Beispiel?

JUNGER MANN: Der offensichtlichste ist die Rolle von Eltern. Ich könnte mir Eltern niemals als Feinde vorstellen. Besonders in meiner Kindheit waren sie meine stärksten Beschützer, die mich aufgezogen und behütet haben. Was das betrifft, bin ich ehrlich dankbar. Aber meine Eltern waren auch streng. Ich habe Ihnen letztes Mal davon erzählt, dass sie mich immer mit meinem älteren Bruder verglichen und mir ihre Anerkennung versagt haben. Und sie haben ständig mein Leben kommentiert, gesagt, ich sollte mehr lernen, mich nicht mit diesen oder jenen Leuten anfreunden, zu allermindestens auf diese Universität gehen, diese Art von Job suchen und so weiter. Ihre Forderungen haben mich sehr unter Druck gesetzt und waren zweifellos eine Art Fessel.

PHILOSOPH: Und was haben Sie dann schließlich gemacht?

JUNGER MANN: Mir scheint, dass ich nie die Wünsche meiner Eltern ignorieren konnte, bis ich zur Universität ging. Ich war immer voller Unsicherheit, und das war unangenehm, aber Tatsache ist, dass am Ende meine Wünsche sich immer denen meiner Eltern fügten. Meinen Arbeitsplatz habe ich allerdings selbst ausgewählt.

PHILOSOPH: Jetzt, wo Sie es erwähnen: Darüber weiß ich noch gar nichts. Was für eine Arbeit machen Sie?

JUNGER MANN: Ich arbeite jetzt als Bibliothekar in einer Universitätsbibliothek. Meine Eltern wollten, dass ich die Druckerei meines Vaters übernehme, wie mein Bruder. Deshalb ist unsere Beziehung ein wenig angespannt, seit ich meine jetzige Arbeit begonnen habe. Wenn es nicht meine Eltern wären, sondern nur feindselige Leute in meinem Leben, hätte es mir wahrscheinlich überhaupt nichts ausgemacht. Denn egal, wie sehr sie versucht hätten, sich einzumischen, ich hätte sie einfach ignorieren können. Aber, wie gesagt, Eltern sind für mich nicht Feinde. Ob sie wirklich Gefährten sind oder nicht, ist etwas anderes, aber zumindest würde ich sie nicht als Feinde betrachten. Es ist eine Beziehung, die viel zu eng ist, um ihre Wünsche einfach zu ignorieren.

PHILOSOPH: Als Sie sich entschieden haben, zu der Universität zu gehen, die sich Ihre Eltern wünschten, was für Gefühle hatten Sie da ihnen gegenüber?

JUNGER MANN: Das ist kompliziert. Ich verspürte tatsächlich einen Groll, aber andererseits war da auch dieses Gefühl der Erleichterung. Wissen Sie, weil ich sie dazu bringen konnte, mich zu akzeptieren, wenn ich dorthin ging.

PHILOSOPH: Sie könnten sie dazu bringen, Sie zu akzeptieren?

JUNGER MANN: Kommen Sie, lassen Sie die Fragen, die wie die Katze um den heißen Brei gehen. Ich bin sicher, Sie wissen, was ich meine. Das sogenannte «Bedürfnis nach Anerkennung». Das sind zwischenmenschliche Beziehungsprobleme auf den Punkt gebracht. Wir Menschen leben in dem ständigen Bedürfnis nach Anerkennung von anderen. Und genau weil die andere Person kein verabscheuungswürdiger Feind ist, möchte man ihre Anerkennung, oder? So – ja, es stimmt; ich wollte Anerkennung von meinen Eltern.

PHILOSOPH: Verstehe. Sprechen wir einmal über einen der wichtigsten Grundsätze der Adler'schen Psychologie in Bezug auf dieses Thema. Sie leugnet die Notwendigkeit, die Anerkennung von anderen zu suchen.

JUNGER MANN: Sie leugnet das Bedürfnis nach Anerkennung?

PHILOSOPH: Es gibt keine Notwendigkeit, von anderen anerkannt zu werden. Genau genommen darf man auch keine Anerkennung suchen. Dieser Punkt kann gar nicht genug betont werden.

JUNGER MANN: Das kann doch nicht wahr sein! Ist nicht das Bedürfnis nach Anerkennung ein ganz universelles Verlangen, das alle Menschen antreibt?

PHILOSOPH: Wenn man von anderen anerkannt wird, kann man darüber sicherlich glücklich sein. Aber es wäre falsch zu sagen, dass Anerkennung absolut notwendig ist. Denn wozu sucht man vor allem Anerkennung? Oder um es eindeutiger zu formulieren: Warum möchte man von anderen gelobt werden?

JUNGER MANN: Das ist einfach. Durch die Anerkennung von anderen können wir wahrhaft empfinden, dass wir einen Wert haben. Durch Anerkennung von anderen wird es uns möglich, unsere Minderwertigkeitsgefühle loszuwerden. Man lernt, Vertrauen in sich selbst zu haben. Ja, es ist eine Frage des Wertes. Ich glaube, Sie haben es letztes Mal erwähnt: dass das Minderwertigkeitsgefühl mit einem Werturteil zu tun hat. Weil ich niemals Anerkennung von meinen Eltern bekommen habe, ist mein Leben durch Minderwertigkeitsgefühle belastet.

PHILOSOPH: Stellen wir uns einmal eine alltägliche Situation vor. Sagen wir zum Beispiel, Sie haben den um Ihren Arbeitsplatz herumliegenden Müll aufgesammelt. Nur – niemand scheint das überhaupt zu bemerken. Oder wenn es jemand tut, spricht niemand seine Anerkennung dafür aus oder verliert auch nur ein einziges Wort des Dankes. Und, werden Sie von nun an weiterhin Müll aufsammeln?

JUNGER MANN: Das ist eine schwierige Situation. Ich glaube, wenn niemand anerkennt, was ich tue, höre ich vielleicht damit auf.

PHILOSOPH: Warum?

JUNGER MANN: Den herumliegenden Müll aufsammeln sollte eigentlich jeder. Wenn ich die Ärmel hochkremple und es auf mich nehme, aber kein Wort des Dankes erhalte? Ich denke, dann würde ich wohl meine Motivation verlieren.

PHILOSOPH: Das ist die Gefahr in dem Verlangen nach Anerkennung. Warum suchen die Menschen Bestätigung von anderen? In vielen Fällen lässt sich das auf den Einfluss einer Erziehung durch Belohnung und Strafe zurückführen.

JUNGER MANN: Erziehung durch Belohnung und Strafe?

PHILOSOPH: Wenn man sich richtig verhält, wird man gelobt. Wenn man sich nicht richtig verhält, wird man bestraft. Adler sah die Erziehung durch Belohnung und Strafe sehr kritisch. Sie führt zu einem falsch verstandenen Lebensstil, bei dem die Menschen denken: «Wenn mich niemand lobt, werde ich mich nicht korrekt verhalten», und: «Wenn mich niemand bestraft, brauche ich mich auch nicht korrekt zu verhalten.» Sie haben bereits das Ziel, gelobt zu werden, wenn Sie den Müll aufheben. Und wenn Sie von niemandem gelobt werden, sind Sie entweder empört, oder Sie beschließen, so etwas nie wieder zu tun. An dieser Situation ist eindeutig etwas falsch.

JUNGER MANN: Nein! Ich wünschte, Sie würden die Dinge nicht so vereinfachen. Ich streite nicht über Erziehung. Von den Menschen, die man mag, anerkannt, von denen, die einem nahestehen, akzeptiert zu werden ist ein normales Bedürfnis.

PHILOSOPH: Da irren Sie sich sehr! Sehen Sie, wir sind nicht auf der Welt, um die Erwartungen der anderen zu erfüllen.

JUNGER MANN: Was meinen Sie?

PHILOSOPH: Sie sind nicht auf der Welt, um die Erwartungen anderer Menschen zu erfüllen, und ich ebenso wenig. Es ist nicht nötig, die Erwartungen anderer zu erfüllen.

JUNGER MANN: Das ist so ein eigennütziges Argument! Wollen Sie wirklich sagen, man sollte nur an sich selbst denken und selbstgerecht leben?

PHILOSOPH: In den Lehren des Judentums findet sich eine Ansicht, die ungefähr so lautet: Wenn man sein Leben nicht für sich selbst lebt, wer sollte es dann für einen leben? Man lebt nur sein eigenes Leben. Wenn es darum geht, für wen man es lebt, dann ist man das natürlich selbst. Und dann – wenn du dein Leben nicht für dich selbst lebst, wer könnte da sein, um es an deiner Stelle zu leben? Schließlich leben wir, um an das Ich zu denken. Es gibt keinen Grund, warum wir nicht so denken dürften.

JUNGER MANN: Sie sind also doch vom Gift des Nihilismus infiziert. Sie sagen, dass wir am Ende nur noch an das Ich denken? Und dass das in Ordnung ist? Was für eine erbärmliche Art zu denken!

PHILOSOPH: Das ist überhaupt kein Nihilismus. Eher das Gegenteil. Wenn man Bestätigung von anderen sucht und nur darum besorgt ist, wie die anderen einen bewerten, lebt man am Ende das Leben anderer Menschen.

JUNGER MANN: Was heißt denn das?

PHILOSOPH: Sich so sehr zu wünschen, bestätigt zu werden, wird zu einem Leben führen, in dem man sich nach den Erwartungen anderer Leute richtet, die wollen, dass man eine bestimmte Art von Mensch ist. Mit anderen Worten, man wirft das weg, was man wirklich ist, und lebt das Leben anderer. Und bitte vergessen Sie nicht: Wenn Sie nicht auf der Welt sind, um die Erwartungen anderer zu befriedigen, folgt daraus, dass die anderen nicht dazu da sind, Ihre Erwartungen zu befriedigen. Da tut jemand vielleicht nicht das, was man von ihm möchte, aber das ist kein Grund, um wütend zu werden. Es ist nur natürlich.

JUNGER MANN: Nein, ist es nicht! Das ist ein Argument, das unsere Gesellschaft in ihren Grundfesten erschüttert. Sehen Sie, wir haben den Wunsch nach Anerkennung. Aber um Anerkennung von anderen zu bekommen, müssen wir zuerst selbst die anderen anerkennen. Man wird von anderen anerkannt, weil man selbst andere Menschen und andere Wertesysteme anerkennt. Auf dieser Beziehung gegenseitiger Akzeptanz ist unsere Gesellschaft ja gerade aufgebaut. Ihr Argument zeigt eine abstoßende, gefährliche Art zu denken, die die Menschen in die Isolation treiben und zu Konflikten führen wird. Es ist eine teuflische Anstiftung zu unnötigem Aufruhr, Misstrauen und Zweifeln.

PHILOSOPH: (lacht) Sie haben ja wirklich einen interessanten Wortschatz. Es gibt keinen Grund, laut zu werden – lassen Sie uns gemeinsam darüber nachdenken. Man muss Anerkennung bekommen, oder man leidet. Wenn man von anderen und von seinen Eltern keine Anerkennung erhält, wird man kein Selbstvertrauen bekommen. Kann so ein Leben gesund sein? Man könnte also denken: *Gott sieht dich, also häufe gute Taten an.* Doch dies und die nihilistische Sicht, die besagt, *«es gibt keinen Gott, alle bösen Taten sind erlaubt»,* sind zwei Seiten derselben Medaille. Selbst wenn man annimmt, dass es keinen Gott gibt und wir so keine Anerkennung von ihm erfahren können, müssten wir trotzdem dieses Leben leben. Um den Nihilismus einer gottlosen Welt zu überwinden, ist es im Grunde notwendig, auf Anerkennung von anderen Menschen zu verzichten.

JUNGER MANN: Ich mache mir nichts aus all diesem Gerede über Gott. Denken Sie doch geradliniger und einfacher über die innere Einstellung der echten, ganz normalen Menschen. Was ist zum Beispiel mit dem Wunsch nach gesellschaftlicher Anerkennung? Warum möchte man in der Firma aufsteigen? Warum strebt man nach Status und Berühmtheit? Aus dem Wunsch heraus, von der ganzen Gesellschaft anerkannt zu werden, als jemand, der wichtig ist – es ist das Bedürfnis nach Anerkennung.

PHILOSOPH: Würden Sie denn sagen, wenn Sie diese Anerkennung bekommen, haben Sie wirklich das Glück gefunden? Sind Menschen, die ihren sozialen Status etabliert haben, wirklich glücklich?

JUNGER MANN: Nein, aber das ist …

PHILOSOPH: Wenn es darum geht, von anderen Anerkennung zu bekommen, betrachtet fast jeder die Erfüllung der Erwartungen anderer als Mittel zu diesem Zweck. Das stimmt mit der Art der Erziehung durch Belohnung und Strafe überein, bei der man gelobt wird, wenn man sich richtig verhält. Wenn sich zum Beispiel herausstellt, dass deine Arbeit hauptsächlich darin besteht, andere Leute zufriedenzustellen, wird sie sehr schwer für dich werden. Denn man wird sich immer darum sorgen, was andere über einen denken, und ihr Urteil fürchten, und man unterdrückt das «Ichsein». Es mag Sie überraschen, aber fast niemand meiner Klienten, die zur Beratung kommen, hat das Problem, egoistisch zu sein. Es geht vielmehr darum, dass sie darunter leiden, die Erwartungen anderer Menschen erfüllen zu müssen, die Erwartungen ihrer Eltern und ihrer Lehrer. Sie können sich also nicht auf eine positive Weise selbstbezogen verhalten.

JUNGER MANN: Ich sollte also egoistisch sein?

PHILOSOPH: Verhalten Sie sich nicht ohne Rücksicht auf andere. Um das zu verstehen, muss man die Vorstellung kennen, die in der Adler'schen Psychologie «Trennung der Aufgaben» genannt wird.

JUNGER MANN: Trennung der Aufgaben? Das ist ein neuer Begriff. Erklären Sie mir das näher.

Die Verärgerung des jungen Mannes hatte ihren Höhepunkt erreicht. Das Bedürfnis nach Anerkennung ablegen? Nicht die Erwartungen anderer Menschen erfüllen? Ein selbstbezogenes Leben führen? Was um alles in der Welt sagte dieser Philosoph da? Ist nicht der Wunsch nach Anerkennung selbst der stärkste Antrieb für die Menschen, sich miteinander zu verbinden und den Aufbau der Gesellschaft voranzutreiben? Der junge Mann fragte sich: Was, wenn mich dieses Konzept der «Aufgabentrennung» nicht überzeugt? Ich werde diesen Mann, oder eigentlich Adler, nie im Leben akzeptieren können.

PHILOSOPH: Sagen wir, da ist ein Kind, das Probleme mit dem Lernen hat. Es passt im Unterricht nicht auf, macht keine Hausaufgaben und vergisst sogar seine Bücher in der Schule. Was würden Sie denn tun, wenn Sie sein Vater wären?

JUNGER MANN: Na ja, ich würde natürlich alles tun, was mir einfallen würde, damit es sich anstrengt. Ich würde Nachhilfelehrer anheuern und es zu einem guten Lehrinstitut schicken, selbst wenn ich es an den Ohren dorthin zerren müsste. Ich würde sagen, das ist eine elterliche Pflicht. Und so bin ich tatsächlich auch selbst erzogen worden. Bevor die Hausaufgaben nicht fertig waren, bekam ich kein Abendbrot.

PHILOSOPH: Dann lassen Sie mich eine andere Frage stellen. Haben Sie durch diese drakonische Erziehung gelernt, dass Studieren Spaß macht?

JUNGER MANN: Leider nicht. Ich habe mich nur routinemäßig um meine Aufgaben für die Schule und für die Prüfungen gekümmert.

PHILOSOPH: Verstehe. Gut, ich betrachte das einmal von den Grundvoraussetzungen der Adler'schen Psychologie aus. Wenn man zum Beispiel mit der Aufgabe des Lernens konfrontiert ist, fragen wir aus der Perspektive Adlers: Wessen Aufgabe ist das?

JUNGER MANN: Wessen Aufgabe?

PHILOSOPH: Ob das Kind lernt oder nicht. Ob es rausgeht und mit seinen Freunden spielt oder nicht. Eigentlich ist das die Aufgabe des Kindes, nicht die der Eltern.

JUNGER MANN: Meinen Sie, es ist etwas, was das Kind machen sollte?

PHILOSOPH: Ganz einfach ausgedrückt, ja. Es hätte keinen Sinn, wenn die Eltern lernten und nicht das Kind, oder?

JUNGER MANN: Hmm – nein, natürlich nicht.

PHILOSOPH: Das Lernen ist die Aufgabe des Kindes. Wenn die Eltern so vorgehen, dass sie dem Kind befehlen zu lernen, ist das im Grunde ein Akt der Einmischung. Man kann auf diese Weise kaum einen Konflikt vermeiden. Wir müssen immer im Blick haben, um wessen Aufgabe es geht, und ständig die eigenen Aufgaben von denen der anderen trennen.

JUNGER MANN: Und wie stellt man es an, die Aufgaben zu trennen?

PHILOSOPH: Man mischt sich nicht in die Aufgaben anderer Menschen ein. Das ist alles.

JUNGER MANN: Das ist alles?

PHILOSOPH: Im Allgemeinen werden alle Beziehungsprobleme dadurch verursacht, dass man sich in fremde Aufgaben einmischt oder zulässt, dass sich andere in die eigenen einmischen. Eine Aufgabentrennung durchzuführen genügt, um die zwischenmenschlichen Beziehungen dramatisch zu verändern.

JUNGER MANN: Hmm. Ich verstehe das noch nicht ganz. Zuerst einmal: Wie kann man entscheiden, um wessen Aufgabe es sich handelt? Aus meiner Sicht ist es realistischerweise die Pflicht der Eltern, ein Kind zum Lernen zu bewegen. Denn kaum ein Kind lernt aus Vergnügen, und letztendlich sind die Eltern gesetzlich verantwortlich für das Kind.

PHILOSOPH: Es gibt einen einfachen Weg, wie man bestimmen kann, wessen Aufgabe es ist. Fragen Sie sich: *Wer erhält am Ende das Resultat, das sich aus der Entscheidung ergibt?* Wenn das Kind sich entschieden hat, nicht zu lernen, wird das Endresultat – im Unterricht nicht mitzukommen oder nicht auf die gewünschte Schule gehen zu können zum Beispiel – schließlich nicht die Eltern treffen. Es ist ganz klar das Kind, das die Konsequenzen tragen muss. Mit anderen Worten: Das Lernen ist die Aufgabe des Kindes.

JUNGER MANN: Nein, nein. Sie liegen völlig falsch! Die Eltern, die mehr Lebenserfahrung haben und außerdem juristisch verantwortlich sind, müssen das Kind zum Lernen anhalten, damit solche Situationen nicht entstehen. Das geschieht zum Wohle des Kindes und ist keine Einmischung. Wenn auch das Lernen selbst Aufgabe des Kindes sein mag, so ist es die Aufgabe der Eltern, es dazu zu bringen.

PHILOSOPH: Es stimmt, dass man Eltern heutzutage oft sagen hört: «Das ist zu deinem eigenen Besten.» Doch sie handeln ganz klar, um ihre eigenen Ziele zu erreichen, die etwa darin bestehen mögen, in den Augen der Gesellschaft gut dazustehen, sich wichtig zu machen, Kontrolle auszuüben zum Beispiel. Mit anderen Worten: Es geht nicht um das Wohl des Kindes, sondern um das der Eltern. Und weil das Kind diesen Betrug riecht, rebelliert es.

JUNGER MANN: Meinen Sie damit, selbst wenn das Kind überhaupt nicht lernt, soll ich es einfach in Ruhe lassen, weil es um seine Aufgabe geht?

PHILOSOPH: Man muss achtgeben. In der Psychologie Adlers wird nicht empfohlen, sich nicht einzumischen. Nichteinmischung entspricht der Haltung, nicht wissen zu wollen und sich nicht einmal dafür zu interessieren, was das Kind tut. Stattdessen hilft man dem Kind gerade durch das Wissen darüber, was es tut. Wenn es ums Lernen geht, sagt man ihm, dass dies seine Aufgabe ist, und macht ihm klar, dass man es unterstützt, wann immer es selbst lernen möchte. Aber man darf sich nicht aufdrängen. Wenn keine Bitten kommen, wäre es nicht richtig, sich ungefragt in die Aufgaben des Kindes hineinzudrängen.

JUNGER MANN: Gilt das auch über die Eltern-Kind-Beziehung hinaus?

PHILOSOPH: Ja, natürlich. In der Beratung nach der Psychologie Adlers zum Beispiel glauben wir nicht, dass es in der Verantwortung des Beraters liegt, ob der Klient sich verändert oder nicht.

JUNGER MANN: Was sagen Sie da?

PHILOSOPH: Was für einen Entschluss fasst der Klient, nachdem er die Beratung in Anspruch genommen hat – seinen Lebensstil zu ändern oder nicht? Das ist die Aufgabe des Klienten, und der Berater darf dort nicht eingreifen.

JUNGER MANN: Ausgeschlossen, so eine verantwortungslose Haltung kann ich nicht akzeptieren!

PHILOSOPH: Natürlich gibt man Unterstützung, wo man nur kann. Aber darüber hinaus greift man nicht ein. Es gibt den Spruch: «Man kann ein Pferd zur Tränke führen, aber saufen muss es selbst.» Bitte denken Sie daran, dass die Beratung und alle anderen Hilfestellungen in der Adler'schen Psychologie diesen Grundsatz befolgen. Eine Veränderung zu erzwingen, während die Intentionen desjenigen, um den es geht, missachtet werden, kann nur zu einer heftigen Reaktion führen.

JUNGER MANN: Der Berater verändert nicht das Leben des Klienten?

PHILOSOPH: Sie selbst sind der Einzige, der Sie verändern kann.

JUNGER MANN: Was ist denn dann zum Beispiel mit den Leuten, die nicht ihr Zimmer verlassen können? Ich meine damit jemanden wie meinen Freund. Würden Sie selbst in einem solchen Fall auf die Trennung der Aufgaben verweisen und sagen, man solle sich nicht einmischen und das habe keine Verbindung zu den Eltern?

PHILOSOPH: Kann er aus dieser Situation der Isolation ausbrechen oder nicht? Oder – auf welche Weise kann er ausbrechen? Das ist grundsätzlich eine Aufgabe, mit der sich derjenige selbst befassen muss. Es ist nicht die Aufgabe der Eltern, sich einzumischen. Trotzdem ist, da sie keine völlig Fremden sind, eine gewisse Form der Unterstützung sicherlich hilfreich. An diesem Punkt kommt es darauf an, ob das Kind das Gefühl hat, es kann offen mit seinen Eltern reden, wenn es sich in einer schwierigen Situation befindet, und ob sie eine ausreichende stabile Vertrauensbasis aufgebaut haben.

JUNGER MANN: Dann nehmen wir doch einmal an, Ihr eigener Sohn hat sich in seinem Zimmer eingeschlossen, was würden Sie dann tun? Bitte, antworten Sie nicht als Philosoph, sondern als Vater.

PHILOSOPH: Zuerst würde ich denken: Das ist die Aufgabe meines Sohns. Ich würde versuchen, nicht in die Situation einzugreifen, und ich würde mich zurückhalten, der Situation zu viel Aufmerksamkeit zu schenken. Dann würde ich ihm zu verstehen geben, dass ich ihn unterstütze, wann immer er Hilfe braucht. Dadurch wird er eine Veränderung in seinem Vater wahrnehmen und so keine andere Wahl haben, als es als seine eigene Aufgabe anzusehen, darüber nachzudenken, was er tun soll. Er wird wahrscheinlich zu mir kommen und um Hilfe bitten, und er wird wahrscheinlich auch einiges selbst regeln.

JUNGER MANN: Könnten Sie es wirklich schaffen, so klar zu sein, wenn es Ihr eigener Sohn wäre, der sich so abkapselt?

PHILOSOPH: Ein Elternteil, der an der Beziehung zum eigenen Kind leidet, wird wahrscheinlich denken: *Mein Kind ist mein Leben.* Anders ausgedrückt, er empfindet die Aufgabe des Kindes als eigene und wird bald an nichts anderes mehr denken können als an das Kind. Wenn er das schließlich bemerkt, ist das «Ich» bereits aus seinem Leben verschwunden. Dennoch ist das Kind, wie viel man von der Last seiner Aufgaben auch trägt, immer noch ein unabhängiger Mensch. Kinder werden nicht so, wie die Eltern sie gerne hätten. In ihrer Wahl der Universität, der Arbeitsstelle und der Ehepartner und selbst in der Art und Weise, wie sie im Alltag reden und sich verhalten, entsprechen sie nicht dem, was die Eltern sich von ihnen wünschen. Natürlich werden die Eltern sich Sorgen um sie machen und sich wahrscheinlich auch immer wieder einmischen wollen. Aber wie ich früher schon gesagt habe, sind andere Menschen nicht dazu da, um unsere Erwartungen zu befriedigen. Auch wenn es das eigene Kind ist, so lebt es doch nicht, um unsere Erwartungen als Eltern zu erfüllen.

JUNGER MANN: Man muss sich also sogar von seiner Familie abgrenzen?

PHILOSOPH: Tatsächlich gibt es in der Familie mehr Nähe, deshalb ist es umso notwendiger, die Aufgaben bewusst zu trennen.

JUNGER MANN: Das ergibt keinen Sinn. Auf der einen Seite sprechen Sie über Liebe, und auf der anderen Seite leugnen Sie sie. Wenn Sie sich auf diese Weise von anderen abgrenzen, werden Sie an niemanden mehr glauben können!

PHILOSOPH: Sehen Sie, der Glaube ist selbst Teil einer Aufgabentrennung. Sie glauben an Ihren Partner; das ist Ihre Aufgabe. Aber wie sich diese Person in Bezug auf Ihre Erwartungen und Ihr Vertrauen verhält, ist deren Aufgabe. Wenn Sie Ihre Wünsche durchsetzen wollen, bevor Sie diese Grenze gezogen haben, werden Sie, ohne es zu merken, zu einer Art Stalker geworden sein. Angenommen, Ihr Partner verhält sich nicht so, wie Sie es wollen. Würden Sie diesen Menschen immer noch lieben können? Die Aufgabe der Liebe, von der Adler spricht, enthält solche Fragen.

JUNGER MANN: Das ist schwierig! Das ist sehr schwierig.

PHILOSOPH: Natürlich ist es das. Aber stellen Sie es sich folgendermaßen vor: Sich in die Aufgaben anderer einzumischen und diese zu übernehmen verwandelt das eigene Leben in etwas Schweres und Mühsames. Wenn Sie ein Leben voller Sorgen und Leid führen – die von zwischenmenschlichen Beziehungen herrühren –, lernen Sie zuerst die Grenze zu ziehen, die deutlich macht: Von hier an ist es nicht mehr meine Aufgabe. Und weisen Sie die Aufgaben der anderen zurück. Das ist der erste Schritt dazu, die Last zu reduzieren und das Leben einfacher zu machen.

JUNGER MANN: Ich weiß nicht, aber das kommt mir einfach nicht richtig vor.

PHILOSOPH: Dann stellen wir uns einmal eine Szene vor, in der Ihre Eltern heftig gegen die Wahl Ihres Arbeitsplatzes protestieren. Sie waren tatsächlich dagegen, oder?

JUNGER MANN: Ja, waren sie. Ich würde nicht so weit gehen zu sagen, dass sie sich heftig dagegenstellten, aber sie machten einige abfällige Bemerkungen.

PHILOSOPH: Nun, wir übertreiben das jetzt einfach und sagen, sie stellten sich heftig dagegen. Ihr Vater machte einen fürchterlichen Aufstand, und Ihre Mutter protestierte mit Tränen in den Augen gegen Ihre Entscheidung. Sie sind überhaupt nicht einverstanden damit, dass Sie Bibliothekar werden, und wenn Sie nicht das Familienunternehmen übernehmen wie Ihr Bruder, könnten sie Sie sogar verstoßen. Doch wie man mit den Emotionen des «Nichteinverstandenseins» zurechtkommt, ist Aufgabe Ihrer Eltern, nicht Ihre. Darüber brauchen Sie sich keine Gedanken zu machen.

JUNGER MANN: Moment, warten Sie. Wollen Sie damit sagen, es spielt keine Rolle, wie traurig ich meine Eltern mache?

PHILOSOPH: Richtig. Es spielt keine Rolle.

JUNGER MANN: Das ist nicht Ihr Ernst! Kann es wirklich eine Philosophie geben, die zu respektlosem Benehmen ermuntert?

PHILOSOPH: Alles, was man in Hinsicht auf sein eigenes Leben tun kann, ist, den besten Weg zu wählen, an den man glaubt. Welches Urteil andere Menschen über diese Wahl fällen, steht auf einem anderen Blatt. Das ist deren Aufgabe – und Sie haben keinen Einfluss darauf.

JUNGER MANN: Was andere über mich denken – ob sie mich mögen oder nicht –, das ist ihre Aufgabe, nicht meine. Ist es das, was Sie sagen wollen?

PHILOSOPH: Genau das ist Trennen. Sie machen sich Sorgen darüber, dass andere Sie beobachten. Sie machen sich Sorgen darüber, von anderen beurteilt zu werden. Deshalb gieren Sie ständig nach Anerkennung von anderen. Nun, warum machen Sie sich überhaupt Gedanken darüber, dass andere Sie beobachten? Die Psychologie Adlers hat eine einfache Antwort. Sie haben die Trennung der Aufgaben noch nicht vollzogen. Sie gehen davon aus, dass selbst Dinge, die zu den Aufgaben anderer gehören sollten, Ihre eigenen seien. Denken Sie an die Worte der Großmutter: «Du bist der Einzige, der sich darum sorgt, wie du aussiehst.» Dieser Satz trifft genau den Kern der Aufgabentrennung. Was andere denken, wenn sie Ihr Gesicht sehen – das ist deren Aufgabe und nichts, was Sie irgendwie kontrollieren könnten.

JUNGER MANN: Theoretisch verstehe ich das ja. Für meinen Verstand ist das plausibel. Aber meine Gefühle kommen mit so einem abgehobenen Argument nicht mit.

PHILOSOPH: Dann probieren wir einen anderen Weg. Nehmen wir an, da gibt es einen Mann, der ganz verzweifelt ist über die zwischenmenschlichen Beziehungen in seiner Firma. Er hat einen völlig irrationalen Chef, der ihn bei jeder Gelegenheit anschreit. Egal, wie sehr er sich anstrengt, sein Chef erkennt seine Bemühungen nicht an und hört ihm nie richtig zu.

JUNGER MANN: Das klingt ganz nach meinem Chef.

PHILOSOPH: Aber ist die Anerkennung durch Ihren Chef eine «Arbeit», an die Sie mit höchster Priorität denken sollten? Es ist nicht Ihr Job, von den Leuten an Ihrem Arbeitsplatz gemocht zu werden. Ihr Chef mag Sie nicht. Und seine Gründe dafür sind eindeutig unlogisch. Aber deshalb gibt es noch lange keinen Grund, sich mit ihm auf Kuschelkurs zu begeben.

JUNGER MANN: Das klingt richtig, aber es geht um meinen Chef, oder? Ich kann meine Arbeit nicht erledigen, wenn mein direkter Vorgesetzter mir aus dem Weg geht.

PHILOSOPH: Das ist wieder die Lebenslüge von Adler. Ich kann meine Arbeit nicht erledigen, weil mein Chef mir aus dem Weg geht. Es ist seine Schuld, dass es mit meiner Arbeit nicht gut läuft. Wer so etwas sagt, benutzt den Chef als Ausrede für das, was bei der Arbeit nicht gut läuft. Ganz wie die Studentin mit der Angst vor dem Erröten brauchen Sie eigentlich den schrecklichen Chef. Denn dann können Sie sagen: Wenn ich nur nicht diesen Chef hätte, könnte ich meine Arbeit besser erledigen.

JUNGER MANN: Nein, Sie kennen doch meine Beziehung zu meinem Chef gar nicht! Ich wünschte, Sie würden damit aufhören, so willkürliche Vermutungen anzustellen!

PHILOSOPH: In dieser Diskussion geht es um die Grundlagen der Adler'schen Psychologie. Wenn Sie wütend werden, werden

Sie nichts wirklich aufnehmen können. Sie denken: Ich habe diesen Chef, deshalb kann ich nicht arbeiten. Das ist durch und durch die Ursachenperspektive. Aber eigentlich heißt es: Ich möchte nicht arbeiten, deshalb erschaffe ich mir einen schrecklichen Chef, oder: Ich möchte meine Unzulänglichkeit nicht zugeben, deshalb erschaffe ich einen schrecklichen Chef. So würde man aus der Perspektive der Zielgerichtetheit auf die Sache blicken.

JUNGER MANN: So würde es wahrscheinlich in Ihrer klischeehaften Standarderklärung dargestellt. Aber in meinem Fall ist es anders.

PHILOSOPH: Nehmen wir einmal an, Sie haben die Aufgaben getrennt. Wie lägen die Dinge dann? Anders gesagt, egal, wie sehr Ihr Chef versucht, seinen unangemessenen Ärger an Ihnen auszulassen, das ist nicht Ihre Sache. Die unangemessenen Emotionen sind Aufgaben für Ihren Chef, mit denen er sich selbst auseinandersetzen muss. Es gibt keinen Grund, sich bei ihm lieb Kind zu machen oder sich ihm bis zur Unterwürfigkeit zu ergeben. Sie sollten denken: *Was ich tun sollte, ist, mich ehrlich meinen eigenen Aufgaben zu stellen.*

JUNGER MANN: Aber, das ist …

PHILOSOPH: Wir leiden alle in zwischenmenschlichen Beziehungen. Das mag die Beziehung zu den Eltern sein oder zum älteren Bruder oder auch die zwischenmenschlichen Beziehungen am Arbeitsplatz. Letztes Mal sagten Sie, dass Sie von mir ein paar genaue Schritte hören wollten. Ich habe folgenden Vorschlag: Zuerst sollte man fragen: «Wessen Aufgabe ist das?» Dann nimmt man die Aufgabentrennung vor. Markieren Sie in aller Ruhe eine Grenze, bis zu welchem Punkt die eigenen Aufgaben gehen und von wo an es die Aufgaben von jemand anderem werden. Greifen Sie einerseits nicht in die Aufgaben anderer ein und erlauben Sie es andererseits auch wirklich niemandem, in Ihre eigenen einzugreifen. Das ist ein besonderer und revolutionärer Standpunkt, der nur in der Psychologie Adlers vorkommt und das Potenzial enthält, die Probleme in den eigenen zwischenmenschlichen Beziehungen vollkommen zu verändern.

JUNGER MANN: Aha. Ich beginne zu verstehen, was Sie meinten, als Sie sagten, das Thema der heutigen Diskussion sei Freiheit.

PHILOSOPH: Das stimmt. Wir wollen jetzt einmal über Freiheit sprechen.

JUNGER MANN: Ich bin sicher, wenn man die Aufgabentrennung richtig verstehen und auch umsetzen könnte, würden die zwischenmenschlichen Beziehungen ganz plötzlich frei werden. Aber ich kann das immer noch nicht akzeptieren.

PHILOSOPH: Fahren Sie fort. Ich höre.

JUNGER MANN: Ich denke, in der Theorie ist die Aufgabentrennung völlig richtig. Was andere von mir denken oder welches Urteil sie über mich fällen, ist ihre Aufgabe, und ich kann nichts daran ändern. Und ich sollte einfach tun, was ich in meinem Leben tun muss, ohne mich zu verstellen. Ich hätte kein Problem, wenn Sie sagen würden, dies sei eine Lebensweisheit – ich denke, genau das ist es. Aber bedenken Sie: Kann man dies von einem ethischen oder moralischen Standpunkt aus als das Richtige ansehen? Ich meine damit, eine Lebensweise, die Grenzen zwischen sich und den anderen errichtet. Würden Sie dann die anderen nicht vor den Kopf stoßen und sagen: «Das ist eine Einmischung!», wann immer sie sich um Sie Sorgen machen und fragen, wie es Ihnen geht? Mir scheint, das ist etwas, das den guten Willen der anderen mit Füßen tritt.

PHILOSOPH: Haben Sie von dem Mann gehört, den man Alexander den Großen nennt?

JUNGER MANN: Alexander der Große? Ja, ich habe in Geschichte etwas über ihn gelernt.

PHILOSOPH: Er war ein makedonischer König, der im vierten Jahrhundert vor Christus lebte. Als er in das persische Königreich Lydien vordrang, hörte er von einem Streitwagen, der in der Akropolis eingeschlossen war. Der Wagen war von Gordios, dem früheren König, fest an eine Säule im Tempel gebunden worden, und eine Legende in dieser Gegend besagte, dass derjenige, der den Knoten lösen konnte, Asien beherrschen würde. Es war ein sehr komplizierter Knoten; viele fähige Männer dachten, sie könnten ihn lösen, aber niemand von ihnen schaffte es. Nun, was, denken Sie, tat Alexander der Große, als er vor dem Knoten stand?

JUNGER MANN: Hat er den legendären Knoten nicht mühelos entwirrt und ist zum Herrscher Asiens geworden?

PHILOSOPH: Nein, so war es nicht. Als Alexander der Große sah, wie kompliziert der Knoten war, zog er sein Schwert und schlug ihn mit einem Schlag entzwei.

JUNGER MANN: Wow!

PHILOSOPH: Es heißt, dass er daraufhin verkündet hat: «Schicksal ist nichts, was durch Legenden bestimmt wird, sondern durch das Auflösen mit dem eigenen Schwert.» Er hatte keinen Sinn für die Macht von Legenden und schuf sein Schicksal mit seinem Schwert. Wie Sie wissen, wurde er dann zum großen Eroberer all der Regionen, die heute zum Nahen Osten und Westasien gehören. Das ist die berühmte Anekdote über den Gordischen Knoten. Und so sind solch komplizierte Knoten – die Bindungen in unseren zwischenmenschlichen Beziehungen – nicht mit herkömmlichen Methoden zu lösen, sondern müssen durch eine völlig neue Herangehensweise getrennt werden. Immer wenn ich die Aufgabentrennung erkläre, denke ich an den Gordischen Knoten.

JUNGER MANN: Nun, ich möchte Ihnen nicht widersprechen, aber nicht jeder kann zu Alexander dem Großen werden. Ist es nicht genau deshalb, weil niemand anderes den Knoten zerschlagen konnte, dass die Anekdote, die dies als heroische Tat darstellt, bis heute erzählt wird? Genau das Gleiche ist es mit der Aufgabentrennung. Obwohl man weiß, dass man etwas mit dem Schwert einfach durchschlagen kann, findet man es doch ziemlich schwierig. Denn wenn man die Aufgabentrennung forciert, wird man am Ende die Bindungen zu anderen Menschen abschneiden. Man treibt die Menschen in die Isolation. Die Aufgabentrennung, von der Sie sprechen, übersieht völlig die menschlichen Gefühle! Wie kann man damit überhaupt gute zwischenmenschliche Beziehungen aufbauen?

PHILOSOPH: Man kann sie aufbauen. Die Aufgabentrennung ist nicht das Endziel für zwischenmenschliche Beziehungen. Sie ist eher das Tor dorthin.

JUNGER MANN: Das Tor?

PHILOSOPH: Wenn man zum Beispiel ein Buch liest und es sich zu nahe vors Gesicht hält, kann man nichts erkennen. Genauso verlangen gute zwischenmenschliche Beziehungen einen gewissen Grad an Abstand. Wenn der Abstand zu klein wird und die Menschen zusammenkleben, wird es unmöglich, überhaupt noch miteinander zu reden. Aber der Abstand darf natürlich auch nicht zu groß werden. Eltern, die zu sehr mit ihren Kindern schimpfen, entfernen sich innerlich sehr weit. Wenn dies passiert, kann das Kind seine Eltern auch nicht mehr um Rat fragen, und die Eltern können keine angemessene Unterstützung geben. Man sollte bereit sein, eine Hand zu reichen, wenn sie gebraucht wird, aber nicht auf das Territorium der anderen Person übergreifen. Es ist wichtig, diese Art angemessenen Abstand zu wahren.

JUNGER MANN: Ist Abstand auch in Beziehungen notwendig, wie sie zwischen Eltern und Kindern bestehen?

PHILOSOPH: Natürlich. Sie haben früher gesagt, dass die Aufgabentrennung die Fürsorge oder die guten Absichten der anderen mit Füßen tritt. Das ist eine Vorstellung, die mit «Belohnung» verbunden ist, damit, dass man etwas zurückgeben muss, wenn jemand etwas für einen getan hat – selbst wenn dieser andere gar nichts will. Es handelt sich dabei weniger um die Reaktion auf die gute Absicht als vielmehr nur um eine Fixierung auf Belohnung. Egal, welche Art von Bitte der andere an Sie richtet: Nur Sie selbst haben die Entscheidung darüber, was Sie tun sollten.

JUNGER MANN: Belohnung liegt dem zugrunde, was ich «Bindungen» nenne?

PHILOSOPH: Ja. Wenn Belohnung die Basis der zwischenmenschlichen Beziehung ausmacht, kommt leicht ein Gefühl hoch wie: «Ich habe so viel gegeben, deshalb solltest du mir so und so viel zurückgeben.» Das ist eine Vorstellung, die sich natürlich völlig von der Aufgabentrennung unterscheidet. Wir dürfen nicht nach Belohnung streben, und wir dürfen nicht auf diese fixiert sein.

JUNGER MANN: Hmm.

PHILOSOPH: Trotzdem gibt es natürlich gewisse Situationen, in denen es einfacher wäre, sich in die Aufgaben der anderen einzumischen, statt die Aufgaben zu trennen. Zum Beispiel bei der Kindererziehung, wenn es dem Kind schwerfällt, sich die Schuhe zuzubinden. Eine vielbeschäftigte Mutter bindet sie vielleicht lieber selbst, als dass sie wartet, bis das Kind es allein schafft, einfach weil es schneller geht. Aber das ist ein Eingriff, und sie nimmt dem Kind damit seine Aufgabe ab. Und als Ergebnis wiederholter Eingriffe dieser Art wird das Kind nichts mehr lernen und den Mut verlieren, seine Lebensaufgaben anzugehen. Wie Adler sagt: «Kinder, denen nicht beigebracht wurde, Herausforderungen anzunehmen, werden versuchen, alle Herausforderungen zu umgehen.»

JUNGER MANN: Aber das ist so eine gefühllose Art zu denken.

PHILOSOPH: Als Alexander der Große den Gordischen Knoten zerschlug, gab es wahrscheinlich Menschen, die das Gleiche dachten; dass das Lösen des Knotens mit der Hand seinen Sinn hätte und dass es ein Fehler war, ihn mit dem Schwert zu zerschneiden, dass Alexander die Bedeutung der Worte des Orakels falsch verstanden hätte. In Adlers Psychologie gibt es Aspekte, die dem üblichen gesellschaftlichen Denken entgegengesetzt sind. Sie leugnet die Ursächlichkeit, leugnet das Trauma und schaut auf das Endziel. Sie behandelt die Probleme der Menschen als Beziehungsprobleme. Und auch das Nichtstreben nach Anerkennung und die Aufgabentrennung laufen wahrscheinlich dem gewohnten gesellschaftlichen Denken zuwider.

JUNGER MANN: Es ist unmöglich. Ich kann es nicht!

PHILOSOPH: Warum nicht?

Der junge Mann war über die Aufgabentrennung bestürzt, die der Philosoph beschrieben hatte. Wenn man sich vorstellte, dass alle seine Probleme in den zwischenmenschlichen Beziehungen lägen, wäre die Trennung der Aufgaben sinnvoll. Durch diese Sichtweise würde die Welt recht einfach werden. Aber sie war ohne Fleisch und Blut. Die menschliche Wärme fehlte. Konnte überhaupt jemand eine solche

Philosophie vertreten? Der junge Mann stand von seinem Stuhl auf und trug mit lauter Stimme seine Einwände vor.

JUNGER MANN: Sehen Sie, ich bin seit Ewigkeiten unzufrieden. Die Erwachsenen in der ganzen Welt sagen den jungen Leuten: «Tu etwas, das dir wirklich Spaß macht.» Und sie sagen das mit einem Lächeln, als ob sie sie wirklich gut verstehen würden; als wären sie auf ihrer Seite. Doch das sind nur Lippenbekenntnisse, die gemacht werden, weil diese jungen Menschen ihnen völlig fremd sind und die Beziehung zu ihnen völlig ohne Verantwortung ist. Eltern und Lehrer sagen uns: «Geh auf diese Schule», oder: «Such dir eine feste Arbeit», und diese direkte und wenig originelle Anweisung ist nicht einfach eine Einmischung. Sie hat tatsächlich damit zu tun, dass sie ihre Verantwortung ernst nehmen. Genau deshalb, weil sie sich eng mit uns verbunden fühlen und sich ernsthaft Gedanken um unsere Zukunft machen, sagen sie nicht so etwas Verantwortungsloses wie: «Tu etwas, das dir Spaß macht.» Ich bin sicher, Sie würden auch dieses verständnisvolle Gesicht aufsetzen und zu mir sagen: «Bitte tun Sie etwas, das Ihnen Spaß macht.» Aber ich habe kein Vertrauen zu einer solchen Äußerung! Das ist eine völlig verantwortungslose Bemerkung, als ob man sich einfach eine Raupe von der Schulter schnipst. Und wenn die Raupe zertreten wird, würden Sie sagen: «Das ist nicht meine Sache», und nonchalant davonspazieren. Eine schöne Aufgabentrennung, Sie Unmensch!

PHILOSOPH: Um Himmels willen, Sie sind ja völlig außer Fassung geraten. Was Sie sagen, heißt also, Sie möchten, dass sich jemand bis zu einem gewissen Grad einmischt? Dass jemand anderes über Ihren Weg entscheiden soll?

JUNGER MANN: Ja, vielleicht will ich das! Es ist so: Es ist nicht so schwer zu beurteilen, was andere von mir erwarten oder welche Rolle von mir verlangt wird. Zu leben, wie man möchte, ist auf der anderen Seite sehr, sehr schwierig. Was möchte man? Was möchte man werden, und was für ein Leben möchte man führen? Man hat nicht immer eine so konkrete Vorstellung von den Dingen. Es wäre ein großer Fehler zu glauben, jeder hätte ganz klare Wunschvorstellungen und Ziele. Wissen Sie das nicht?

PHILOSOPH: Vielleicht ist es wirklich einfacher, so zu leben, indem man die Erwartungen anderer erfüllt. Denn dann vertraut man ihnen sein ganzes Leben an. Man folgt den Bahnen, die die Eltern angelegt haben. Und selbst wenn es vieles gibt, womit man nicht einverstanden ist, so wird man jedoch den Weg nicht verlieren, solange man auf diesem Kurs bleibt. Wenn man aber seinen eigenen Weg wählt, ist es nur natürlich, dass man sich auch mal verirrt. Man läuft gegen die Mauer der gängigen Vorstellung davon, wie «man leben sollte».

JUNGER MANN: Aber das suche ich in der Anerkennung von anderen. Sie haben früher von Gott gesprochen, und wenn wir noch in einer Zeit leben würden, in der die Leute an Gott glaubten, würde wahrscheinlich «Gott sieht dich» als Ansporn für Selbstdisziplin gelten. Wenn Gott unser Tun gutheißt, würden wir vielleicht keine Anerkennung von anderen brauchen. Aber diese Zeiten sind schon lange vorbei. Und so hat man keine Wahl, als sich selbst dadurch zu disziplinieren, dass andere Menschen sehen, wie man sich verhält – danach zu streben, von anderen anerkannt zu werden und ein anständiges Leben zu führen. Die Augen der anderen sind ein Wegweiser für mich.

PHILOSOPH: Entscheidet man sich für Anerkennung von anderen oder für einen Weg der Freiheit ohne eine solche Anerkennung? Das ist eine wichtige Frage – lassen Sie uns zusammen darüber nachdenken. Sein Leben zu führen, indem man versucht, die Gefühle anderer Menschen einzuschätzen, und sich darum sorgt, wie sie einen sehen. So zu leben, dass die Wünsche der anderen erfüllt werden. Das mögen tatsächlich Wegweiser sein, die Sie auf diesem Weg führen, aber es ist ein sehr unfreier Weg. Also, warum wählen Sie einen so unfreien Weg für Ihr Leben? Sie benutzen den Ausdruck «Wunsch nach Anerkennung», aber eigentlich sagen Sie, Sie wollen nicht, dass irgendjemand Sie nicht mag.

JUNGER MANN: Wer will das schon? Niemand würde so weit gehen und sagen, dass er wirklich nicht gemocht werden möchte.

PHILOSOPH: Genau. Es ist richtig, dass niemand möchte, dass man ihn nicht mag. Aber sehen Sie es einmal so: Was sollte man denn tun, um zu verhindern, dass es Menschen gibt, die einen nicht mögen? Es gibt nur eine Antwort: Man muss sich ständig auf die Gefühle anderer einstellen und versuchen, es ihnen allen recht zu machen. Bei zehn Personen muss man es zehn Leuten recht machen. Tut man das, hat man es geschafft, für eine gewisse Zeit von niemandem nicht gemocht zu werden. Doch an diesem Punkt lauert bereits ein großer Widerspruch. Man will allen zehn gegenüber loyal sein, aus dem einzigen Wunsch heraus, gemocht zu werden. Das ist wie bei einem Politiker, der dem Populismus anheimfällt und nun unmögliche Versprechen macht und Aufgaben übernimmt, die jenseits dessen liegen, was er zu leisten imstande ist. Natürlich werden seine Lügen irgendwann ans Licht kommen. Er wird das Vertrauen der Menschen verlieren und von da ab ein strapaziöses Leben führen. Und natürlich hat der Stress des ständigen Lügens viele

Konsequenzen. Bitte, machen Sie sich das klar. Wenn man in einer solchen Weise lebt, um die Erwartungen der anderen zu erfüllen, und man sein Leben damit anderen überlässt, belügt man sich selbst, was am Ende dazu führt, dass man auch die anderen anlügt.

JUNGER MANN: Dann sollte man also egozentrisch sein und leben, wie es einem gefällt?

PHILOSOPH: An der Trennung der Aufgaben ist nichts Egozentrisches. Sich in die Aufgaben anderer einzumischen ist jedoch im Grunde eine egozentrische Art zu denken. Eltern zwingen ihr Kind zu lernen; sie mischen sich in sein Leben und seine Wahl des Ehepartners ein. Das ist nichts anderes als eine egozentrische Denkweise.

JUNGER MANN: Das Kind kann also einfach die Ziele seiner Eltern ignorieren und so leben, wie es ihm gefällt?

PHILOSOPH: Es gibt keinerlei Grund, sein Leben nicht so zu leben, wie es einem gefällt.

JUNGER MANN: Haha! Sie sind nicht nur ein Nihilist, Sie sind auch ein Anarchist und ein reiner Genussmensch noch dazu. Ich bin über den Punkt hinaus, mich zu wundern, und jetzt fange ich gleich an zu lachen.

PHILOSOPH: Ein Erwachsener, der einen unfreien Weg für sein Leben gewählt hat und einen jungen Menschen sieht, der hier und jetzt in diesem Moment frei lebt, wirft ihm vor, er sei vergnügungssüchtig; das ist natürlich eine Lebenslüge, zu der er greift, damit er sein eigenes unfreies Leben akzeptieren kann. Ein Erwachsener, der die wahre Freiheit für sich gewählt hat, wird solche Bemerkungen nicht machen, sondern den jungen Menschen weiter ermutigen, frei zu sein.

JUNGER MANN: Gut, Sie bleiben also dabei, dass es um Freiheit geht? Dann sehen wir uns den wichtigsten Punkt an: Sie haben das Wort «Freiheit» jetzt sehr häufig benutzt, aber was bedeutet Freiheit für Sie überhaupt? Wie können wir frei sein?

PHILOSOPH: Sie haben an früherer Stelle zugegeben, dass Sie nicht möchten, dass eine andere Person Sie nicht mag, und haben gesagt: «Niemand würde so weit gehen und sagen, dass er wirklich nicht gemocht werden möchte.»

JUNGER MANN: Stimmt.

PHILOSOPH: Ja, so geht es mir auch. Ich habe nicht den Wunsch, von anderen nicht gemocht zu werden. Ich würde sogar sagen, dass «niemand so weit gehen würde, dass er wirklich nicht gemocht werden möchte», tatsächlich eine kluge Einsicht ist.

JUNGER MANN: Das ist ein universeller Wunsch!

PHILOSOPH: Und dennoch, unabhängig von unserem Bemühen, gibt es Menschen, die mich nicht mögen, und Menschen, die Sie nicht mögen. Auch das ist eine Tatsache. Wenn Sie nicht gemocht werden oder wenn Sie das Gefühl haben, von jemandem nicht gemocht zu werden, in welchen Gemütszustand geraten Sie dann?

JUNGER MANN: Ich bin sehr niedergeschlagen, um es einfach zu sagen. Ich frage mich dann, warum es so gekommen ist, dass man mich nicht mag, und was ich gesagt oder getan habe, das jemanden vielleicht vor den Kopf gestoßen hat. Ich denke dann, ich hätte mit dieser Person anders umgehen sollen, und ich brüte ewig darüber und werde von Schuldgefühlen erdrückt.

PHILOSOPH: Nicht zu wollen, dass andere Menschen einen nicht mögen. Das ist für uns ein vollkommen natürlicher Wunsch und auch ein Antrieb. Kant, der große moderne Philosoph, nannte diesen Wunsch «Neigung».

JUNGER MANN: Neigung?

PHILOSOPH: Ja, es ist ein instinktives Verlangen, ein emotionaler Wunsch. Wenn man nun behaupten würde, es sei Freiheit, wie ein Stein, der einen Hügel hinunterrollt, zu leben und solche Neigungen, Begierden und Impulse sich ungehindert ausagieren zu lassen, dann wäre das falsch. Auf solche Art zu leben hieße lediglich, Sklave seiner Wünsche und Triebe zu sein. Wirkliche Freiheit ist eine andere Haltung; sie ähnelt eher dem Aufrichten des schon fallenden Selbst.

JUNGER MANN: Aufrichten des schon fallenden Selbst?

PHILOSOPH: Ein Stein ist machtlos. Wenn er einmal nach unten rollt, wird er immer weiterrollen, bis die Naturgesetze der Schwerkraft und der Trägheit ihn zum Stillstand bringen. Aber wir sind keine Steine. Wir sind Wesen, die der Neigung sehr wohl widerstehen können. Wir können den Weg nach unten stoppen und nach oben klettern. Der Wunsch nach Anerkennung ist wahrscheinlich ein natürlicher Wunsch. Werden Sie also weiter nach unten rollen, um Anerkennung von anderen zu bekommen? Werden Sie sich weiter abschleifen lassen wie ein hinabrollender Stein, bis Ihre Oberfläche ganz glatt und eben geworden ist? Bis alles, was übrig bleibt, ein kleiner runder Ball ist? Wäre das dann das «wahre Ich»? Das kann doch nicht sein.

JUNGER MANN: Wollen Sie damit sagen, dass die Freiheit darin liegt, seinen eigenen Instinkten und Impulsen zu widerstehen?

PHILOSOPH: Wie ich wiederholt gesagt habe, denken wir in der Psychologie Adlers, dass alle Probleme zwischenmenschliche Beziehungsprobleme sind. Das heißt, dass wir nach einer Befreiung aus diesen Beziehungen suchen. Wir streben danach, frei von zwischenmenschlichen Beziehungen zu sein. Aber es ist absolut unmöglich, im Universum allein zu leben. Im Licht dessen, worüber wir bisher gesprochen haben, sollte es klar sein, zu welcher Schlussfolgerung wir gelangen, was Freiheit betrifft.

JUNGER MANN: Wie sieht sie aus?

PHILOSOPH: Kurz gesagt, dass Freiheit darin besteht, von anderen Menschen nicht gemocht zu werden.

JUNGER MANN: Wie bitte? Was war das denn?

PHILOSOPH: Dass man von jemandem abgelehnt wird. Es beweist, dass man seine Freiheit praktiziert und in Freiheit lebt, und es zeigt, dass man in Einklang mit seinen eigenen Prinzipien lebt.

JUNGER MANN: Aber, aber …

PHILOSOPH: Es ist sicherlich unerfreulich, nicht gemocht zu werden. Wenn es möglich wäre, würde man gerne leben, ohne von irgendjemandem abgelehnt zu werden. Man möchte sein Verlangen nach Anerkennung befriedigen. Doch sich selbst so zu verhalten, dass man von allen gemocht wird, bedeutet eine extrem unfreie Lebensweise und ist auch ganz unmöglich. Es kostet etwas, wenn man seine Freiheit leben will. Und der Preis für die Freiheit in zwischenmenschlichen Beziehungen ist, von anderen Menschen vielleicht nicht gemocht zu werden.

JUNGER MANN: Nein! Das ist vollkommen falsch. Das kann man auf gar keinen Fall Freiheit nennen. Das ist eine teuflische Art, einen dazu zu verführen, Böses zu tun.

PHILOSOPH: Sie stellen sich Freiheit wahrscheinlich als «Befreiung aus festen Strukturen» vor; Sie denken, dass das Ausbrechen von zu Hause oder aus der Schule, Ihrer Firma oder Ihrem Land Freiheit bedeutet. Doch dadurch, dass Sie aus einer solchen Organisationsform ausbrechen, können Sie keine wirkliche Freiheit erreichen. Wenn einem nicht egal ist, wie andere einen beurteilen, wenn man Angst hat, von anderen nicht gemocht zu werden und nicht in Kauf nimmt, vielleicht niemals anerkannt zu werden, dann wird man nie in der Lage sein, seinen eigenen Lebensstil zu leben. Und das bedeutet, man wird niemals frei sein können.

JUNGER MANN: Von anderen Menschen nicht gemocht zu werden – wollen Sie das wirklich sagen?

PHILOSOPH: Was ich sagen will, ist: Haben Sie keine Angst davor, nicht gemocht zu werden.

JUNGER MANN: Aber das ist …

PHILOSOPH: Ich sage nicht, dass Sie so weit gehen sollen, so zu leben, dass man Sie nicht mag, und ich sage auch nicht, dass Sie unrecht tun sollen. Bitte verstehen Sie das nicht falsch.

JUNGER MANN: Nein. Dann ändern wir mal die Frage. Kann der Mensch wirklich die Last der Freiheit tragen? Sind die Menschen so stark? Dass es einem egal ist, selbst wenn einen die eigenen Eltern nicht mögen – kann man so selbstgerecht aufsässig werden?

PHILOSOPH: Man will weder selbstgerecht werden noch wird man aufsässig. Man trennt nur die Aufgaben. Da mag es jemanden geben, der nicht gut über Sie denkt, aber das ist nicht Ihre Sache. Und noch einmal: Etwas zu denken wie: *Er sollte mich* *eigentlich mögen,* oder: *Ich habe doch alles getan, also ist es doch merkwürdig, dass er mich nicht mag ist* – das ist die auf Belohnung ausgerichtete Denkweise, sich in die Aufgaben anderer einzumischen. Man macht seine Schritte einfach, ohne die Möglichkeit zu fürchten, dass jemand einen nicht mögen könnte. Man lebt nicht, als ob man einen Hügel hinunterrollen würde, sondern klettert die vor einem liegende Steigung hinauf. Das ist menschliche Freiheit. Angenommen, ich hätte zwei Wahlmöglichkeiten vor mir – ein Leben, in dem mich alle mögen, und ein Leben, in dem es Menschen gibt, die mich nicht mögen – und ich sollte mich zwischen beiden entscheiden. Ich würde, ohne zu zögern, die zweite wählen. Bevor ich mir Sorgen darum mache, was andere von mir denken, möchte ich mein eigenes Leben verwirklichen. Das soll heißen, ich möchte in Freiheit leben.

JUNGER MANN: Und sind Sie jetzt frei?

PHILOSOPH: Ja, ich bin frei.

JUNGER MANN: Sie möchten nicht abgelehnt werden, aber es kümmert Sie nicht, wenn es doch der Fall ist?

PHILOSOPH: Ja, so ist es. Dass ich nicht gerne abgelehnt werden möchte, ist wohl meine Sache, aber ob Soundso mich mag oder nicht, ist Sache der anderen Person. Selbst wenn es jemanden gibt, der nicht gut über mich denkt, kann ich dagegen gar nichts tun. Um es mit dem Sprichwort zu sagen, das ich schon einmal erwähnt habe: Natürlich macht man sich die Mühe, das Pferd zur Tränke zu führen. Doch ob es auch säuft, liegt nicht an uns.

JUNGER MANN: Das ist mir ja eine schöne Schlussfolgerung!

PHILOSOPH: Der Mut zum Glücklichsein beinhaltet auch den Mut, nicht gemocht zu werden. Wenn Sie diesen Mut erlangt haben, werden Ihre zwischenmenschlichen Beziehungen auf einmal ganz leicht werden.

JUNGER MANN: Tja, ich hätte nie gedacht, dass ich einmal einen Philosophen besuchen würde, um etwas darüber zu hören, nicht gemocht zu werden.

PHILOSOPH: Mir ist völlig bewusst, dass man das nicht so einfach schlucken kann. Es wird wahrscheinlich eine Weile dauern, bis Sie es verarbeitet und verdaut haben. Ich glaube, wenn wir heute damit noch weitermachen, können Sie nicht alles im Kopf behalten. Ich möchte mit Ihnen lieber noch über etwas anderes sprechen, eine persönliche Angelegenheit, die mit der Aufgabentrennung zusammenhängt, und dann machen wir für heute Schluss.

JUNGER MANN: Gut.

PHILOSOPH: Dabei geht es auch um die Beziehung zu den Eltern. Meine Beziehung zu meinem Vater war immer sehr schwierig, selbst als ich noch ein Kind war. Meine Mutter starb, als ich Mitte zwanzig war, und wir haben uns nie richtig miteinander unterhalten – danach wurde die Beziehung zu meinem Vater immer angespannter. Das heißt, bis ich auf die Psychologie Adlers stieß und seine Vorstellungen begriff.

JUNGER MANN: Warum hatten Sie eine schlechte Beziehung zu Ihrem Vater?

PHILOSOPH: In Erinnerung geblieben ist mir ein Bild aus einer Zeit, in der er mich geschlagen hat. Ich habe keine Ahnung mehr, was ich getan hatte, um das bei ihm auszulösen. Ich weiß nur noch, dass ich mich unter einem Schreibtisch versteckt hatte, um ihm zu entgehen, und dass er mich hervorzog und auf mich einschlug. Und nicht nur einmal, sondern viele Male.

JUNGER MANN: Aus der Angst wurde ein Trauma …

PHILOSOPH: Ich denke, dass ich es bis zu dem Zeitpunkt, als ich der Psychologie Adlers begegnete, auch so verstanden habe. Weil mein Vater ein launischer, wortkarger Mensch war. Doch zu denken, dass er mich damals geschlagen hat und dass sich unsere Beziehung deshalb schlecht entwickelt hat, ist eine Denkweise, die der Freud'schen Kausalität entspricht. Die Position Adlers verkehrt die Interpretation von Ursache und Wirkung ins Gegenteil, weil er auf das Endziel schaut. Das bedeutet: Ich habe die Erinnerung daran, geschlagen worden zu sein, in den Vordergrund gestellt, weil ich nicht möchte, dass die Beziehung zu meinem Vater besser wird.

JUNGER MANN: Zuerst hatten Sie also das Ziel, dass die Beziehung zu Ihrem Vater nicht besser werden und dass die Dinge zwischen Ihnen nicht wieder in Ordnung kommen sollten.

PHILOSOPH: Stimmt. Für mich war es bequemer, die Beziehung zu meinem Vater nicht in Ordnung zu bringen. Ich konnte die Tatsache, einen solchen Vater zu haben, als Ausrede dafür gebrauchen, dass mein eigenes Leben nicht gut lief. Das war für mich etwas Positives. Und dann war da auch der Aspekt, Rache zu nehmen an einer patriarchalischen Vaterfigur.

JUNGER MANN: Genau danach wollte ich Sie fragen! Sie konnten Ursache und Wirkung umgekehrt sehen und sich selbst analysieren und sagen: «Nicht weil er mich geschlagen hat, habe ich eine schlechte Beziehung zu meinem Vater, sondern ich habe die Erinnerung an das Geschlagenwerden hervorgeholt, weil ich nicht möchte, dass meine Beziehung zu meinem Vater besser wird.» Aber was ändert sich dadurch? Es ändert sich nichts an der Tatsache, dass Sie in der Kindheit geschlagen wurden, oder?

PHILOSOPH: Sie können das so betrachten, als wäre es eine Beziehungskarte. Solange ich denke: *Weil er mich geschlagen hat, habe ich eine schlechte Beziehung zu meinem Vater*, ist es mir unmöglich, daran etwas zu verändern. Aber wenn ich denken kann: *Ich habe die Erinnerung an das Geschlagenwerden hervorgeholt, weil ich nicht möchte, dass meine Beziehung zu meinem Vater besser wird*, dann halte ich die Karte in der Hand, mit der man Beziehungen kitten kann. Denn wenn ich einfach das Ziel ändern kann, kommt alles in Ordnung.

JUNGER MANN: Kommt dadurch wirklich alles in Ordnung?

PHILOSOPH: Natürlich.

JUNGER MANN: Ich frage mich, ob Sie im Innersten Ihres Herzens wirklich so denken. Ich kann es in der Theorie verstehen, aber es fühlt sich für mich nicht richtig an.

PHILOSOPH: Dann kommt die Aufgabentrennung. Es ist wahr, dass mein Vater und ich eine komplizierte Beziehung hatten. Er war stur, und ich konnte mir nie vorstellen, dass sich seine Gefühle einfach verändern könnten. Außerdem hatte er wahrscheinlich sogar vergessen, dass er mich jemals geschlagen hatte. Doch als ich beschlossen hatte, die Beziehung zu kitten, spielte es keine Rolle für mich, welchen Lebensstil mein Vater hatte oder was er von mir dachte oder die Haltung, die er als Reaktion auf meine Annäherung einnehmen würde – all dies spielte überhaupt keine Rolle. Selbst wenn er nicht die Absicht hatte, von seiner Seite aus die Beziehung zu verbessern, würde es mich nicht im Geringsten kümmern. Es ging darum, ob ich für mich beschließe, es zu tun oder nicht – und ich hatte immer die Beziehungskarten in der Hand.

JUNGER MANN: Sie hatten immer die Beziehungskarten in der Hand?

PHILOSOPH: Ja. Viele Menschen denken, dass die andere Person die Beziehungskarten in der Hand hält. Deshalb fragen sie sich: *Welche Gefühle empfindet diese Person mir gegenüber?* – und am Ende leben sie nur noch danach, die Wünsche anderer Menschen zu befriedigen. Wenn sie aber die Aufgabentrennung begreifen, werden sie feststellen, dass sie alle Karten in der Hand haben. Das ist eine neue Art zu denken.

JUNGER MANN: Hat sich Ihr Vater durch Ihre Veränderung auch verändert?

PHILOSOPH: Ich habe mich nicht verändert, um meinen Vater zu ändern. Das ist eine falsche Vorstellung, die mit dem Versuch zu tun hat, andere zu manipulieren. Auch wenn ich mich verändere, bin nur «ich» es, der sich verändert. Ich weiß nicht, was mit der anderen Person daraufhin passiert, und diesen Aspekt kann ich nicht beeinflussen. Auch das gehört zur Trennung der Aufgaben. Natürlich geschieht es manchmal, dass die andere Person sich *mit* meiner Veränderung – nicht *aufgrund* meiner Veränderung – auch ändert. In vielen Fällen hat diese andere Person gar keine andere Wahl, als sich zu verändern. Aber das ist nicht das Ziel, und es ist natürlich möglich, dass sie es nicht tut. Auf alle Fälle ist die Veränderung der eigenen Kommunikation und des eigenen Verhaltens als Mittel, andere zu manipulieren, ganz klar eine irregeleitete Denkweise.

JUNGER MANN: Man darf andere nicht manipulieren, und Manipulation ist auch gar nicht möglich.

PHILOSOPH: Wenn wir von zwischenmenschlichen Beziehungen reden, dann denkt man immer an zwei-Personen-Beziehungen oder an die eigene Beziehung zu einer großen Gruppe, aber in erster Linie geht es um einen selbst. Wenn man auf den Wunsch nach Anerkennung fixiert ist, werden die Beziehungskarten immer in der Hand von anderen liegen. Vertraut man die Karten des Lebens jemand anderem an oder hält man sie selbst? Bitte nehmen Sie sich Zeit und denken Sie über diese Vorstellungen noch einmal zu Hause nach, über die Aufgabentrennung und über Freiheit. Ich warte hier auf Sie, nächstes Mal.

JUNGER MANN: Gut. Ich werde in aller Ruhe darüber nachdenken.

PHILOSOPH: Nun, dann …

JUNGER MANN: Bitte, es gibt da nur noch eine Sache, die ich Sie fragen möchte.

PHILOSOPH: Was denn?

JUNGER MANN: Konnten Sie am Ende die Beziehung zu Ihrem Vater in Ordnung bringen?

PHILOSOPH: Ja, natürlich, ich denke schon. Mein Vater wurde krank, und in den letzten Jahren seines Lebens mussten meine Familie und ich ihn betreuen. Und eines Tages, als ich mich wie immer um ihn kümmerte, sagte mein Vater: «Danke.» Ich hatte nicht gewusst, dass mein Vater über ein solches Wort in seinem Vokabular verfügte, und ich war erstaunt und dankbar für die vergangene Zeit. In all den Jahren der Fürsorge hatte ich alles getan, was ich konnte – das heißt, ich hatte mein Bestes getan, um meinen Vater zur Tränke zu führen. Und schließlich trank er. Ich glaube es jedenfalls.

JUNGER MANN: Nun, vielen Dank. Ich komme dann zur gleichen Zeit wieder.

PHILOSOPH: Es hat mir Freude gemacht. Ich danke Ihnen auch.

DER VIERTE ABEND

WO DER MITTELPUNKT DER WELT IST

Das war knapp – ich wäre beinahe darauf reingefallen!

In der folgenden Woche besuchte der junge Mann den Philosophen erneut und klopfte empört an die Tür.

Die Vorstellung von der Trennung der Aufgaben ist sicherlich nützlich. Letztes Mal hatten Sie mich davon völlig überzeugt. Aber das scheint mir doch ein sehr einsames Leben zu sein. Die Aufgaben zu trennen und die Last der zwischenmenschlichen Beziehungen zu erleichtern ist genauso, als ob man seine Verbindungen zu anderen abschneiden würde. Und zu allem Überfluss sagen Sie mir, ich soll von anderen nicht gemocht werden? Wenn es das ist, was Sie Freiheit nennen, dann entscheide ich mich dafür, nicht frei zu sein!

PHILOSOPH: Sie sehen heute recht düster aus.

JUNGER MANN: Sehen Sie, seit unserer letzten Begegnung habe ich ruhig und eingehend über die Aufgabentrennung nachgedacht und über Freiheit. Ich habe gewartet, bis sich meine Emotionen gesetzt hatten, und gebrauchte dann meinen logischen Verstand. Doch die Trennung der Aufgaben scheint einfach nicht realistisch.

PHILOSOPH: Hmm, nun gut. Fahren Sie bitte fort.

JUNGER MANN: Die Aufgaben zu trennen ist im Grunde ein Konzept, das darauf hinausläuft, eine Grenze zu ziehen und zu sagen: «Ich bin ich und du bist du.» Sicher, es gibt auf diese Weise natürlich weniger Probleme auf der zwischenmenschlichen Ebene. Aber würden Sie wirklich sagen, dass ein solches Leben richtig ist? Mir kommt es eher wie ein extrem selbstbezogener, fehlgeleiteter Individualismus vor. Bei meinem ersten Besuch hier sagten Sie mir, dass man die Psychologie Adlers ganz offiziell «Individualpsychologie» nennt. Dieser Begriff hat mir eine ganze Weile zu schaffen gemacht, und schließlich habe ich begriffen, warum: Was Sie Adler'sche Psychologie nennen oder Individualpsychologie, ist im Kern die Lehre eines Individualismus, der die Menschen in die Isolation führt.

PHILOSOPH: Es ist richtig, dass der Begriff «Individualpsychologie», den Adler geprägt hat, gewisse Elemente enthält, die leicht zu Missverständnissen führen können. Ich erkläre Ihnen jetzt, was ich meine. Zuerst einmal bedeutet das Wort «Individuum», etymologisch gesehen, «unteilbar».

 JUNGER MANN: Unteilbar?

PHILOSOPH: Ja. Mit anderen Worten, es ist die kleinstmögliche Einheit und kann daher nicht weiter geteilt werden. Nun, was ist das genau, was nicht geteilt werden kann? Adler war gegen jedes dualistische Wertesystem, das den Geist als getrennt vom Körper behandelte; den Verstand getrennt von den Gefühlen oder das Bewusste getrennt vom Unbewussten.

JUNGER MANN: Worauf wollen Sie hinaus?

PHILOSOPH: Erinnern Sie sich an die Geschichte von der Studentin, die wegen ihrer Angst vor dem Erröten zur Beratung zu mir kam? In der Psychologie Adlers werden körperliche Symptome nicht als getrennt von der Psyche betrachtet. Körper und Geist werden als Einheit gesehen, da ein Ganzes nicht in Teile zerlegt werden kann. Geistige Anspannung kann ein Zittern von Armen und Beinen bewirken oder die Wangen zum Erröten bringen, und Angst kann das Gesicht weiß werden lassen. Und so weiter.

JUNGER MANN: Nun ja, einige Bereiche des Körpers und des Geistes sind miteinander verbunden.

PHILOSOPH: Dasselbe gilt für Verstand und Gefühl und auch für das Bewusste und das Unbewusste. Ein normaler, besonnener Mensch geht nicht davon aus, einen heftigen Gefühlsausbruch zu bekommen und jemanden anzuschreien. Wir werden nicht von Gefühlen überwältigt, die irgendwie unabhängig von uns existieren würden. Jeder von uns ist ein einheitliches Ganzes.

JUNGER MANN: Nein, das ist nicht wahr. Genau deshalb, weil wir die Fähigkeit haben, Körper und Geist, Gefühl und Verstand, das Bewusste und das Unbewusste als deutlich voneinander getrennt wahrzunehmen, können wir die Menschen erst richtig verstehen. Das ist doch unbestreitbar?

PHILOSOPH: Sicher, es stimmt, dass Körper und Geist getrennte Dinge sind, dass Gefühl und Verstand sich unterscheiden und dass sowohl das Bewusste als auch das Unbewusste existieren. Nichtsdestotrotz bin ich es «als Ganzes», der die Entscheidung fällt zu schreien, wenn ich in Wut gerate und jemanden anbrülle. Man könnte sich nicht vorstellen, dass die Gefühle ganz allein – ohne Beziehung zu den Absichten sozusagen – dieses Gebrüll hervorgebracht hätten. Wenn man das «Ich» von der «Emotion» trennt und denkt: *Das war die Emotion, die mich dazu gebracht hat*, oder: *Die Emotion hat mich beherrscht, und ich konnte nichts dagegen tun*, werden solche Dinge schnell zu Lebenslügen.

JUNGER MANN: Sie spielen auf die Situation an, in der ich den Kellner angebrüllt habe, oder?

PHILOSOPH: Ja. Diese Sicht auf den Menschen als «Ich als Ganzes», als unteilbares Wesen, das nicht in einzelne Teile zerlegt werden kann, nennt man «Holismus».

JUNGER MANN: Nun gut. Aber ich habe Sie nicht nach einer wissenschaftlichen Theorie gefragt, damit Sie mir eine Definition des «Individuums» liefern. Sehen Sie, wenn Sie den logischen Schluss aus Adlers Psychologie ziehen, besagt sie im Wesentlichen: «Ich bin ich, und du bist du», und führt die Menschen auf den Weg in die Isolation. Sie sagt: «Ich werde mich nicht in deine Sachen einmischen, also misch dich auch nicht in meine ein, und wir beide werden so weiterleben, wie es uns gefällt.» Bitte sagen Sie mir geradeheraus, wie Sie diesen Punkt verstehen.

PHILOSOPH: Gut. Alle Probleme sind zwischenmenschliche Beziehungsprobleme. Sie sind sich des wichtigsten Grundsatzes der Psychologie Adlers bewusst, richtig?

JUNGER MANN: Ja, das bin ich. Das Konzept der Nichteinmischung in zwischenmenschlichen Beziehungen, das heißt, der Trennung der Aufgaben, ist wahrscheinlich entstanden, um diese Probleme zu lösen.

PHILOSOPH: Ich glaube, das habe ich letztes Mal erläutert – dass die Bildung guter zwischenmenschlicher Beziehungen ein gewisses Maß an Abstand erfordert; sind sich die Menschen zu nahe, können sie am Ende nicht einmal mehr miteinander reden, andererseits ist es nicht gut für sie, wenn der Abstand voneinander zu groß ist. Bitte stellen Sie sich die Trennung der Aufgaben nicht als etwas vor, das andere Menschen fernhalten soll. Betrachten Sie es als eine Art des Denkens, mit der wir die Fäden der komplexen Verstrickungen unserer zwischenmenschlichen Beziehungen entwirren.

JUNGER MANN: Die Fäden entwirren?

PHILOSOPH: Genau. Jetzt gerade sind Ihre Fäden und die Fäden anderer Menschen alle in einem verworrenen Durcheinander verknäuelt, und in diesem Zustand sehen Sie auf die Welt. Rot, Blau, Braun und Grün; alle Farben durcheinander – Sie stellen es sich als «Verbindung» vor. Aber das ist es nicht.

JUNGER MANN: Was ist denn Verbindung Ihrer Meinung nach?

PHILOSOPH: Letztes Mal habe ich über die Trennung der Aufgaben als Rezept zum Lösen von Problemen in zwischenmenschlichen Beziehungen gesprochen. Aber die enden ja nicht einfach, weil man die Aufgaben getrennt hat. Die Aufgabentrennung ist eigentlich eher der Ausgangspunkt für zwischenmenschliche Beziehungen. Lassen Sie uns heute die Diskussion vertiefen und darüber sprechen, wie zwischenmenschliche Beziehungen in der Adler'schen Psychologie gesehen werden und welche Art von Beziehungen wir mit anderen aufbauen sollten.

DAS ZIEL ZWISCHENMENSCHLICHER BEZIEHUNGEN IST EIN GEMEINSCHAFTSGEFÜHL

JUNGER MANN: Okay, ich habe eine Frage. Bitte geben Sie mir eine einfache Antwort, die uns direkt zum Kern der Sache führt. Sie haben gesagt, dass das Trennen der Aufgaben ein Ausgangspunkt für zwischenmenschliche Beziehungen ist. Nun, was ist denn das Ziel zwischenmenschlicher Beziehungen?

PHILOSOPH: Um gleich zum Kern der Sache zu kommen: Es ist «Gemeinschaftsgefühl».

JUNGER MANN: ... Gemeinschaftsgefühl?

PHILOSOPH: Ja. Das ist eines der wichtigsten Konzepte bei Adler, und wie man das umsetzt, war schon Gegenstand vieler Debatten. Tatsächlich hat Adlers Konzept des Gemeinschaftsgefühls bei vielen dazu geführt, dass sich ihre Wege von denen Adlers trennten.

JUNGER MANN: Nun, das klingt sehr faszinierend. Was ist das für ein Konzept?

PHILOSOPH: Es war beim vorletzten Mal, glaube ich, dass ich das Thema aufgebracht habe, wie man andere sieht – das heißt, als Feinde oder als Mitmenschen. Betrachten wir das genauer. Wenn andere Menschen unsere Gefährten sind und wir von ihnen umgeben leben, sollten wir in der Lage sein, in diesem Leben unseren eigenen «Zufluchtsort» zu finden. Und darüber hinaus sollten wir dabei auch den Wunsch entwickeln, etwas mit unseren Mitmenschen zu teilen – zur Gemeinschaft etwas beizutragen. Dieses Gefühl, die anderen als Mitmenschen zu sehen, dieses Bewusstsein, seinen Zufluchtsort zu haben, wird «Gemeinschaftsgefühl» genannt.

JUNGER MANN: Aber über welchen Aspekt dieses Konzepts kann man denn streiten? Das scheint doch alles völlig unangreifbar.

PHILOSOPH: Es geht um die Gemeinschaft. Woraus besteht sie? Wenn Sie das Wort «Gemeinschaft» hören, welche Bilder kommen Ihnen in den Sinn?

JUNGER MANN: Das sind ein paar allgemeine Situationen wie das Zuhause, die Schule oder der Arbeitsplatz oder auch die jeweilige Gesellschaft.

PHILOSOPH: Wenn Adler sich auf Gemeinschaft bezieht, geht er über die Wohnsituation, die Schule, den Arbeitsplatz und die Gesellschaft hinaus und behandelt sie als alles umfassend, nicht nur Nationen und die ganze Menschheit, sondern auch die ganze Zeitachse von der Vergangenheit bis zur Zukunft – und er schließt auch Pflanzen und Tiere und selbst unbelebte Objekte mit ein.

JUNGER MANN: Wie bitte?

PHILOSOPH: Anders ausgedrückt, er vertritt die Idee, dass Gemeinschaft sich nicht nur auf die Bereiche bezieht, die einem bei diesem Begriff in den Sinn kommen, sondern sie umfasst buchstäblich alles; das ganze Universum, von der Vergangenheit bis zur Zukunft.

JUNGER MANN: Stopp! Jetzt komme ich nicht mehr mit. Das Universum? Vergangenheit und Zukunft? Wovon reden Sie, um Himmels willen?

PHILOSOPH: Die meisten Leute, die dies hören, haben ähnliche Vorbehalte. Das kann man auch nicht sofort verstehen. Adler selbst hat zugegeben, dass die Gemeinschaft, für die er eintrat, ein «unerreichbares Ideal» darstellt.

JUNGER MANN: (lacht verächtlich) Das ist schon verwirrend, oder? Jetzt frage ich Sie: Verstehen und akzeptieren Sie wirklich dieses Gemeinschaftsgefühl oder was auch immer es ist, das das ganze Universum einschließt?

PHILOSOPH: Ich versuche es. Weil ich weiß, dass man die Adler'sche Psychologie nicht wirklich verstehen kann, wenn man diesen Punkt nicht begreift.

JUNGER MANN: Na gut!

PHILOSOPH: Wie ich schon die ganze Zeit gesagt habe, sind in der Adler'schen Psychologie alle Probleme zwischenmenschliche Beziehungsprobleme. Beziehungen sind die Quelle des Unglücks. Und das Gegenteil gilt ebenso – Beziehungen sind die Quelle des Glücks.

JUNGER MANN: Das stimmt.

PHILOSOPH: Darüber hinaus ist das Gemeinschaftsgefühl das wichtigste Indiz dafür, dass eine Beziehung glücklich ist.

JUNGER MANN: Gut. Darüber möchte ich alles wissen.

PHILOSOPH: Vom Gemeinschaftsgefühl spricht man auch als von einem «gesellschaftlichen Interesse», also einem «Interesse an der Gesellschaft». Und jetzt habe ich eine Frage an Sie: Wissen Sie, welches die kleinste Einheit der Gesellschaft ist – aus Sicht der Soziologie?

JUNGER MANN: Die kleinste Einheit der Gesellschaft? Ich würde sagen, die Familie.

PHILOSOPH: Nein, es sind «Sie und ich». Wenn zwei Menschen zusammen sind, haben wir eine Gesellschaft, und auch die Gemeinschaft entsteht dort. Wenn Sie das Gemeinschaftsgefühl begreifen wollen, von dem Adler spricht, sollten Sie «Sie und ich» als Ausgangspunkt nehmen.

JUNGER MANN: Und was machen Sie dann von diesem Ausgangspunkt aus?

PHILOSOPH: Sie wechseln von der Selbstbezogenheit (Interesse an der eigenen Person) zur Sorge um andere (gesellschaftliches Interesse).

JUNGER MANN: Selbstbezogenheit? Sorge um andere? Was soll das alles?

PHILOSOPH: Gut, wir sehen uns das ganz konkret an. Der Klarheit halber werde ich statt «Selbstbezogenheit» den Ausdruck «egozentrisch» benutzen. Was für eine Art Mensch ist jemand, der egozentrisch ist, in Ihren Augen?

JUNGER MANN: Hmm, ich glaube, das Erste, was mir in den Sinn kommt, ist jemand, der sich wie ein Tyrann benimmt. Jemand, der andere beherrscht, keine Skrupel hat, anderen auf die Nerven zu fallen und nur seinen eigenen Vorteil im Auge hat. Er denkt, dass die Welt sich nur um ihn dreht, und verhält sich wie ein Diktator, der mit absoluter Autorität und Zwang herrscht. Er verursacht für alle um ihn herum riesige Probleme. Jemand, der praktisch wie Shakespeares König Lear ist, ein typischer Tyrann.

PHILOSOPH: Verstehe.

JUNGER MANN: Auf der anderen Seite müsste es nicht unbedingt ein Tyrann sein – man könnte auch diese Art von Menschen, die die Harmonie in einer Gruppe stören, als egozentrisch bezeichnen. Jemand, der sich nicht auf eine Gruppe einstellen kann und lieber allein agiert. Er hält nie inne, um über seine Handlungen nachzudenken, selbst wenn er zu spät zu Verabredungen kommt oder seine Versprechen nicht hält. Mit einem Wort: Er ist ein Egoist.

PHILOSOPH: Sicher, das ist natürlich so ein Bild, das einem meistens in den Sinn kommt, wenn man an selbstbezogene Menschen denkt. Aber es gibt noch einen anderen Typus, den man einbeziehen muss. Menschen, die unfähig sind, ihre Aufgabentrennung durchzuführen, und die von dem Wunsch nach Anerkennung besessen sind, sind auch extrem auf sich selbst bezogen.

JUNGER MANN: Warum ist das so?

PHILOSOPH: Denken Sie einmal daran, was der Wunsch nach Anerkennung bedeutet. Wie sehr achten andere auf Sie, und wie urteilen sie über Sie? Mit anderen Worten: Wie sehr kommen sie Ihrem Verlangen nach? Menschen, die von einem solchen Wunsch nach Anerkennung besessen sind, wirken so, als würden sie sich für andere Menschen interessieren, während sie in Wahrheit nur auf sich selbst blicken. Ihnen fehlt das Interesse an anderen, sie sind tatsächlich nur um das «Ich» besorgt. Mit einem Wort: Sie sind selbstbezogen.

JUNGER MANN: Würden Sie also sagen, dass jemand wie ich, der nicht gerne von anderen beurteilt werden möchte, auch selbstbezogen ist? Obwohl ich mich so sehr bemühe, Rücksicht auf andere zu nehmen und mich an sie anzupassen?

PHILOSOPH: Ja. In dem Sinne, dass Sie nur um das «Ich» besorgt sind, sind Sie selbstbezogen. Sie wollen, dass andere positiv über Sie denken, und deshalb machen Sie sich Gedanken darum, wie sie Sie sehen. Das ist keine Sorge um andere. Es ist reine Selbstbezogenheit ...

JUNGER MANN: Aber ...

PHILOSOPH: Darüber habe ich letztes Mal gesprochen. Dass es Menschen gibt, die nicht gut über Sie denken, ist ein Beleg dafür, dass Sie in Freiheit leben. Sie mögen vielleicht denken, genau das sei eigentlich selbstbezogen. Aber ich glaube, Sie haben aus der heutigen Diskussion verstanden: Wenn man so lebt, dass man ständig darum besorgt ist, wie man von anderen gesehen wird, führt man ein selbstbezogenes Leben, in dem das Interesse nur um das «Ich» kreist.

JUNGER MANN: Nun ja, das ist eine irritierende Aussage.

PHILOSOPH: Nicht nur Sie – alle Menschen, die dem «Ich» verhaftet sind, sind selbstbezogen. Und genau darum ist es notwendig, diesen Schritt vom «Interesse an sich selbst» zur «Sorge um andere» zu machen.

JUNGER MANN: Also – ja, es stimmt schon, dass ich immer nur auf mich selbst sehe; das gebe ich zu. Ich mache mir ständig Gedanken darum, wie die anderen mich sehen, aber nicht darum, wie ich sie sehe. Wenn Sie sagen, ich sei selbstbezogen, habe ich dem nichts entgegenzusetzen. Aber stellen Sie es sich einmal so vor: Wenn mein Leben ein Spielfilm wäre, wäre dieses «Ich» darin natürlich die Hauptfigur, oder? Ist es wirklich so verwerflich, die Kamera auf den Protagonisten zu richten?

PHILOSOPH: Gehen wir mal der Reihe nach vor. Zuerst einmal ist jeder von uns ein Mitglied der Gemeinschaft, und dorthin gehören wir. Das Gefühl, dass man seinen Zufluchtsort innerhalb der Gemeinschaft hat; dass es «gut ist, hier zu sein», und ein Zugehörigkeitsgefühl zu haben – das sind grundlegende Bedürfnisse des Menschen. Ob es nun um das Studium, die Arbeit oder Freundschaften geht, um Liebe oder die Ehe – all das ist mit der Suche nach Orten und Beziehungen verbunden, in denen man das Gefühl haben kann, es ist «gut, hier zu sein». Meinen Sie nicht auch?

JUNGER MANN: Oh ja, natürlich. Genau das ist es!

PHILOSOPH: Und der Protagonist im eigenen Leben ist das «Ich». Bis zu diesem Punkt ist nichts Falsches an dem Gedankengang. Aber das «Ich» bildet nicht den Mittelpunkt der Welt. Wenn es auch der Protagonist des eigenen Lebens ist, ist es doch gleichzeitig immer nur ein Mitglied der Gemeinschaft und ein Teil des Ganzen.

JUNGER MANN: Ein Teil des Ganzen?

PHILOSOPH: Menschen, die sich nur für sich selbst interessieren, halten sich für den Mittelpunkt der Welt. Für diese Menschen sind andere bloß «Menschen, die etwas für mich tun». Sie glauben, halb im Ernst, dass jeder nur dazu da sei, um ihnen zu dienen, und dass jeder ihren Gefühlen den Vorrang geben sollte.

JUNGER MANN: Ganz wie ein Prinz oder eine Prinzessin.

PHILOSOPH: Ja, genau. Sie springen von den Protagonisten ihres Lebens in die Rolle der Protagonisten der ganzen Welt. Aus diesem Grund können sie im Kontakt mit anderen nur immer denken: *Was bringt mir diese Person?* Allerdings – und das ist etwas, was sie von Prinzen und Prinzessinnen unterscheidet – wird diese Erwartung nicht bei jeder Gelegenheit erfüllt. Denn die anderen sind nicht dazu da, unsere Erwartungen zu erfüllen.

JUNGER MANN: Allerdings.

PHILOSOPH: Dann, wenn diesen Erwartungen nicht nachgekommen wird, sind die Menschen tief enttäuscht und fühlen sich, als wären sie schrecklich verletzt worden. Und sie sind verbittert und denken: *Der hat nichts für mich getan; die hat mich im Stich gelassen; der ist nicht mehr mein Freund. Er ist mein Feind.* Menschen, die glauben, dass sie der Mittelpunkt der Welt seien, werden am Ende immer ihre Gefährten verlieren.

JUNGER MANN: Das ist merkwürdig. Haben Sie nicht gesagt, wir leben in einer subjektiven Welt? Und solange die Welt ein subjektiver Ort ist, bin ich der Einzige, der in ihrem Mittelpunkt steht. Für mich kann dort niemand anders sein.

PHILOSOPH: Ich glaube, wenn Sie von der «Welt» sprechen, haben Sie eigentlich so etwas wie eine Weltkarte im Sinn.

JUNGER MANN: Eine Weltkarte? Wie meinen Sie das?

PHILOSOPH: Zum Beispiel liegen Nord- und Südamerika auf einer Karte, die in Frankreich benutzt wird, auf der linken Seite und Asien auf der rechten. Europa und Frankreich befinden sich natürlich im Zentrum der Karte. Die Karte, die man in China benutzt, zeigt Amerika auf der rechten Seite und Europa auf der linken. Franzosen, die die chinesische Weltkarte sehen, werden höchstwahrscheinlich so ein unbestimmtes Gefühl haben, dass da etwas nicht stimmt, als seien sie ungerechtfertigterweise an den Rand gedrängt worden oder willkürlich aus der Welt herausgeschnitten.

JUNGER MANN: Ja, ich verstehe, worauf Sie hinauswollen.

PHILOSOPH: Aber wie ist es, wenn man einen Globus benutzt, um die Welt darzustellen? Auf dem Globus nämlich kann man auf die Welt mit Frankreich im Zentrum sehen oder China oder Brasilien meinetwegen. Jeder Ort ist im Zentrum – und gleichzeitig keiner. Der Globus kann mit unzähligen Zentren übersät sein, je nach Standort und Blickwinkel des Betrachters. Das hat ein Globus so an sich.

JUNGER MANN: Hmm, das stimmt.

PHILOSOPH: Stellen Sie sich das, was ich früher gesagt habe, genau so vor: Sie sind nicht der Mittelpunkt der Welt. Sie sind Teil einer Gemeinschaft, nicht ihr Zentrum.

JUNGER MANN: Ich bin nicht der Mittelpunkt der Welt. Unsere Welt ist ein Globus, keine Landkarte, die aus einer Fläche ausgeschnitten wurde. Nun, ich kann das natürlich in der Theorie verstehen. Aber warum muss ich mir der Tatsache bewusst sein, dass ich nicht der Mittelpunkt der Welt bin?

PHILOSOPH: Jetzt kommen wir zum Ausgangspunkt zurück. Wir alle suchen nach dem Zugehörigkeitsgefühl im Sinne von «Es ist gut, hier zu sein». In der Psychologie Adlers ist ein Zugehörigkeitsgefühl jedoch etwas, das nur erreicht werden kann, wenn man sich aktiv und aus eigenem Antrieb in der Gemeinschaft engagiert – es genügt nicht, einfach nur da zu sein.

JUNGER MANN: Indem man sich aktiv engagiert? Was macht man da genau?

PHILOSOPH: Man stellt sich seinen Lebensaufgaben. Anders ausgedrückt, man geht selbständig voran, ohne den Beziehungsaufgaben bei der Arbeit, in der Freundschaft und in der Liebe auszuweichen. Wenn man der «Mittelpunkt der Welt» ist, denkt man in keiner Weise an Verpflichtungen gegenüber der Gemeinschaft, denn man betrachtet jeden anderen als «jemanden, der etwas für mich tut» – und es gibt keinen Grund, die Dinge selbst zu tun. Aber Sie sind nicht der Mittelpunkt der Welt und ich auch nicht. Man muss auf eigenen Füßen stehen und seine Aufgaben in den zwischenmenschlichen Beziehungen selbst anpacken. Es geht nicht darum: *Was wird mir dieser Mensch geben?*, sondern eher darum: *Was kann ich diesem Menschen geben?* Das bedeutet Engagement für die Gemeinschaft.

JUNGER MANN: Kann man also seine Zuflucht finden, weil man etwas gibt?

PHILOSOPH: So ist es. Ein Zugehörigkeitsgefühl ist etwas, das man durch eigene Anstrengungen erreicht – nichts, was einem bei der Geburt geschenkt wurde. Gemeinschaftsgefühl ist ein vieldiskutiertes wichtiges Konzept bei Adler.

Es war auf jeden Fall ein Konzept, das der junge Mann anfangs nur schwer akzeptieren konnte. Und natürlich ärgerte es ihn, dass man ihm gesagt hatte, er sei selbstbezogen. Was er jedoch am schwierigsten zu akzeptieren fand, war das unglaubliche Ausmaß dieser Gemeinschaft, die das Universum und die unbelebten Objekte umfasste. Worüber redeten Adler und dieser Philosoph überhaupt? Er wirkte völlig durcheinander, als er langsam den Mund öffnete, um zu sprechen.

JUNGER MANN: Ich muss zugeben, ich komme langsam nicht mehr mit. Lassen Sie mich einmal versuchen, die Dinge auf die Reihe zu kriegen. Zuerst, am Tor zu zwischenmenschlichen Beziehungen haben wir die Aufgabentrennung und als Ziel das Gemeinschaftsgefühl. Und Sie sagen, Gemeinschaftsgefühl ist «ein Gefühl für die anderen als Mitmenschen» und das «Bewusstsein, einen eigenen Zufluchtsort zu haben». Bis zu diesem Punkt kann ich alles verstehen und annehmen. Doch die einzelnen Aspekte scheinen mir immer noch ein wenig weit hergeholt. Zum einen: Was für einen Sinn sollte es haben, das auszuweiten, was Sie «Gemeinschaft» nennen, und das ganze Universum einzuschließen und dann selbst die Vergangenheit und die Zukunft und alles, bei den Lebewesen angefangen bis zu den unbelebten Objekten?

PHILOSOPH: Es macht die Dinge sicherlich schwieriger verständlich, wenn man Adlers Konzept der Gemeinschaft ganz wörtlich nimmt und versucht, sich tatsächlich vorzustellen, dass es das Universum und unbelebte Objekte umfasst. Für den Moment sollte es genügen, dass das Ausmaß der Gemeinschaft unendlich ist.

JUNGER MANN: Unendlich?

PHILOSOPH: Nehmen Sie zum Beispiel einen Mann, der ins Rentenalter kommt und zu arbeiten aufhört. Er verliert schnell seine Energie und wird deprimiert. Von einem Tag zum anderen von der Firma ausgeschlossen, die seine Gemeinschaft darstellte, und eines Titels oder einer Position beraubt, wird er zu einem ganz «gewöhnlichen Niemand». Da es ihm unmöglich ist, diese «Normalität» zu akzeptieren, altert er praktisch über Nacht. Aber alles, was ihm tatsächlich passiert ist, war das Ausgeschlossenwerden aus der kleinen Gemeinschaft seiner Firma. Jeder gehört einer bestimmten Gemeinschaft an. Und letzten Endes gehören wir der Gemeinschaft der Erde und der Gemeinschaft des Universums an.

JUNGER MANN: Das ist doch reine Trickserei! Plötzlich mit einem «Du gehörst dem Universum an» zu kommen – als ob das irgendjemandem ein Gefühl von Zugehörigkeit vermitteln würde!

PHILOSOPH: Das ist schon wahr, es gibt keine Möglichkeit, sich plötzlich ein Bild des ganzen Universums zu machen. Trotzdem möchte ich gerne, dass Sie ein Bewusstsein dafür bekommen, dass Sie zu einer anderen, größeren Gemeinschaft gehören, die über die hinausgeht, die Sie in Ihrer unmittelbaren Umgebung sehen – zum Beispiel das Land oder die Gesellschaft, in der Sie leben –, und dass Sie auf irgendeine Weise etwas zu dieser beitragen.

JUNGER MANN: Was ist dann mit einer Situation wie der folgenden: Sagen wir, da ist ein junger Mann, unverheiratet, der seine Arbeit und seine Freunde verloren hat und der die Gesellschaft anderer meidet und nur von dem Geld lebt, das ihm seine Eltern hinterlassen haben. Er läuft also im Grunde vor all diesen Aufgaben der Arbeit, der Freundschaft und der Liebe davon. Würden Sie sagen, dass selbst so jemand irgendeiner Art von Gemeinschaft angehört?

PHILOSOPH: Natürlich. Sagen wir, er geht aus dem Haus und kauft ein Brot. Er bezahlt dafür mit einem Geldstück. Diese Münze geht nicht einfach auf den Bäcker über. Sie geht an die Erzeuger von Mehl und Butter, an die Menschen, die diese Zutaten ausliefern, an die Benzinversorger für das Transportfahrzeug, an die ölproduzierenden Länder, aus denen das Öl kommt, und so weiter. Es ist also alles verbunden. Man ist niemals wirklich allein oder von der Gemeinschaft getrennt und kann das auch gar nicht sein.

JUNGER MANN: Heißt das, ich soll mehr phantasieren, wenn ich Brot kaufe?

PHILOSOPH: Das ist keine Phantasiererei, das ist eine Tatsache. Die Gemeinschaft, von der Adler spricht, geht über die Dinge, die wir sehen können, hinaus, wie unsere Familie und Gesellschaften, und umfasst auch jene Beziehungen, die wir nicht sehen können.

JUNGER MANN: Entschuldigen Sie, dass ich das sage, aber Sie flüchten sich in abstrakte Theorien. Das Thema, mit dem wir uns hier auseinandersetzen sollten, ist das Gefühl der Zugehörigkeit, dass «es okay ist, hier zu sein.» Und mit Hinblick auf die Bedeutung dieses Zugehörigkeitsgefühls, da ist doch die Gemeinschaft stärker, die wir sehen können. Dem werden Sie doch zustimmen, oder? Wenn wir zum Beispiel die Gemeinschaft der Firma mit der Gemeinschaft der Erde vergleichen, würde das Gemeinschaftsgefühl von jemandem, der sagt: «Ich bin ein Mitglied dieser Firma», stärker sein. Um Ihre Terminologie zu benutzen, sind der Abstand und die Tiefe in zwischenmenschlichen Beziehungen völlig unterschiedlich. Es ist nur natürlich, wenn wir nach einem Gefühl der Zugehörigkeit suchen, dann von der kleineren Gemeinschaft angezogen werden.

PHILOSOPH: Das ist eine scharfsinnige Beobachtung. Also denken wir einmal darüber nach, warum wir uns vielfältiger und größerer Gemeinschaften bewusst sein sollten. Wie ich schon gesagt habe, gehören wir alle zu vielfältigen Gemeinschaften.

Wir gehören zu unserer Familie, unseren Schulen, unseren Arbeitsstellen und den lokalen Gesellschaften und den Ländern, in denen wir leben. So weit würden Sie mir doch zustimmen, oder?

JUNGER MANN: Ja.

PHILOSOPH: Nehmen wir mal an, dass Sie als Schüler die Gemeinschaft, die die Schule ist, als absolut betrachtet haben. In anderen Worten, Schule ist alles für Sie, Ihr «Ich» existiert wegen der Schule, und kein anderes «Ich» ist ohne sie möglich. Aber natürlich wird es innerhalb dieser Gemeinschaft Gelegenheiten geben, wo Sie auf Schwierigkeiten treffen. Sie könnten gemobbt werden oder keine Freunde finden oder Ihre Aufgaben nicht schaffen oder sich von vornherein nicht in dieses Schulsystem einfügen. Es ist also möglich, dass Sie in dieser Gemeinschaft, die Ihre Schule ist, nicht dieses «Es ist okay, hier zu sein»-Gefühl der Zugehörigkeit haben.

JUNGER MANN: Ja, absolut. Das ist sehr gut möglich.

PHILOSOPH: Wenn das geschieht und Sie denken, Schule ist alles für Sie, dann werden Sie schließlich nicht das Gefühl haben, irgendwo hinzugehören. Und dann flüchten Sie sich in eine kleinere Gemeinschaft wie Ihr Zuhause. Sie schließen sich ein und werden vielleicht sogar aggressiv zu Mitgliedern Ihrer Familie. Und Sie tun das, um zu versuchen, irgendwie ein Gefühl der Zugehörigkeit zu bekommen. Ich möchte, dass Sie Ihre Aufmerksamkeit darauf richten, dass es eine andere Gemeinschaft und mehr noch eine «größere Gemeinschaft» gibt.

JUNGER MANN: Was heißt das?

PHILOSOPH: Dass es eine größere Welt gibt, die weit über die Grenzen der Schule hinausgeht. Und jeder von uns ist ein Mitglied dieser Welt. Wenn für Sie kein Zufluchtsort in der Schule existiert, sollten Sie einen anderen Zufluchtsort außerhalb der Schulmauern finden. Sie können die Schule wechseln, und es ist auch in Ordnung, die Schule ganz zu verlassen. Zu einer Gemeinschaft, bei der Sie die Beziehungen durch ein einfaches Abmeldeformular abbrechen können, haben Sie sowieso nur eine begrenzte Verbindung. Wenn Sie erst einmal erkannt haben, wie groß die Welt ist, werden Sie begreifen, dass alle Nöte und Schwierigkeiten, die Sie in der Schule erlitten haben, nur ein Sturm im Wasserglas waren. In dem Moment, wo Sie das Wasserglas verlassen, ist der tobende Sturm verschwunden, und eine sanfte Brise wird Sie an seiner Stelle umfächeln.

JUNGER MANN: Wollen Sie damit sagen, dass man, solange man sich im Wasserglas einkastelt, draußen keine Chance hat?

PHILOSOPH: Sich in sein Zimmer einzuschließen ist ähnlich, wie im Wasserglas zu bleiben, als würde man Unterschlupf suchen. Man kann hier zwar für eine kurze Zeit bleiben und das Ende des Regens abwarten, aber der Sturm wird unvermindert weiterwüten.

JUNGER MANN: Theoretisch stimmt das ja vielleicht. Aber auszubrechen ist schwer. Und die Entscheidung, die Schule zu verlassen, kann man auch nicht auf die leichte Schulter nehmen.

PHILOSOPH: Sie haben sicherlich recht – es würde nicht einfach sein. Deswegen möchte ich Ihnen ein bestimmtes Handlungsprinzip ans Herz legen. Wenn wir in unseren zwischenmenschlichen Beziehungen in Schwierigkeiten geraten oder wenn wir überhaupt keinen Ausweg mehr sehen, dann sollten wir zuallererst an das Prinzip denken, das rät: «Hör auf die Stimme der größeren Gemeinschaft.»

 JUNGER MANN: Die Stimme der größeren Gemeinschaft?

PHILOSOPH: Wenn es um die Schule geht, dann beurteilt man die Dinge nicht mit den Maßstäben der Schulgemeinschaft, sondern mit den Maßstäben einer größeren Gemeinschaft. Angenommen, es handelt sich um Ihre Schule und Ihr Lehrer hat sich autoritär verhalten. Aber die Macht oder Autorität, die Ihr Lehrer ausübt, gilt nur innerhalb der kleinen Gemeinschaft der Schule. Vom Standpunkt der Gemeinschaft, die die menschliche Gesellschaft bildet, sind Sie und Ihr Lehrer beide gleich. Wenn unvernünftige Dinge von Ihnen verlangt werden, ist es völlig in Ordnung, sich dagegen zu wehren.

JUNGER MANN: Aber es wird sehr schwierig, sich zu wehren, wenn der Lehrer direkt vor einem steht.

PHILOSOPH: Überhaupt nicht. Man könnte das eine «Du und ich»-Beziehung nennen, doch wenn sie so ist, dass sie zerbricht, nur weil Sie einen Einwand vorbringen, dann ist das von vorneherein keine Beziehung, die Sie einzugehen brauchen. Es ist völlig in Ordnung, sie loszulassen. In der Angst davor zu leben, dass die eigenen Beziehungen zerbrechen könnten, ist eine unfreie Art zu leben, in der man für andere Leute lebt.

JUNGER MANN: Sie sagen also, man soll die Freiheit wählen und kann doch das Gemeinschaftsgefühl haben?

PHILOSOPH: Ja, natürlich. Klammern Sie sich nicht an die kleine Gemeinschaft direkt vor Ihnen. Es gibt immer mehr «Du und ich» und mehr «Jeder», und es existieren immer größere Gemeinschaften.

JUNGER MANN: Nun gut. Aber verstehen Sie nicht? Sie haben den wesentlichen Punkt nicht behandelt – das ist nämlich der Weg von der Aufgabentrennung zum Gemeinschaftsgefühl. Zuerst trenne ich also die Aufgaben. Ich lege meine Aufgaben bis zu diesem Punkt fest, alles andere ist dann Sache der anderen. Ich mische mich nicht in die Aufgaben anderer ein, und ich ziehe eine Grenze, sodass andere Leute sich nicht in meine einmischen. Aber wie kann man mit dieser Aufgabentrennung zwischenmenschliche Beziehungen aufbauen und am Ende das Gemeinschaftsgefühl im Sinne des «Es ist gut, hier zu sein» erreichen? Was rät uns die Psychologie Adlers, wenn es darum geht, die Aufgaben von Arbeit, Freundschaft und Liebe zu meistern? Ich habe das Gefühl, als ob Sie mich einfach mit abstrakten Begriffen verwirren wollten, ohne mir irgendwelche konkreten Erklärungen zu liefern.

PHILOSOPH: Ja, Sie haben den wichtigen Punkt getroffen. Wie lässt sich die Aufgabentrennung mit guten Beziehungen verbinden? Das soll heißen, wie schafft man es, mit der Aufgabentrennung die Art von Beziehungen aufzubauen, in denen wir in Harmonie miteinander zusammenarbeiten und agieren? Was uns zu dem Konzept der «horizontalen Beziehung» bringt.

JUNGER MANN: Horizontale Beziehung?

PHILOSOPH: Beginnen wir mit einem einfach zu verstehenden Beispiel, dem Modell der Eltern-Kind-Beziehung. Ob es sich dabei um die Erziehung von Kindern oder aber auch die Ausbildung junger Mitarbeiter am Arbeitsplatz handelt, es gibt ganz allgemein gesehen zwei Methoden, die in Frage kommen: Eine ist die Methode der Erziehung durch Tadel und die andere die Methode der Erziehung durch Lob.

 JUNGER MANN: Ah. Das ist ein heißdiskutiertes Thema.

PHILOSOPH: Was meinen Sie, was ist besser? Zu loben oder zu tadeln?

JUNGER MANN: Es ist natürlich besser, durch Lob zu erziehen.

PHILOSOPH: Warum?

JUNGER MANN: Nehmen Sie zum Beispiel die Tierdressur. Wenn Sie Tieren Kunststücke beibringen wollen, können Sie dies mit der Peitsche erreichen. Das ist die typische Art der Erziehung durch Strafe. Auf der anderen Seite kann man ihnen auch Tricks beibringen, indem man Futter als Belohnung bereithält oder ihnen gut zuredet. Das ist Erziehung durch Lob. Beides kann zum gleichen Ergebnis führen – sie können neue Kunststücke lernen. Aber die Motivation zum Erreichen des Ziels ist eine völlig andere, wenn das Tier aus Angst vor Strafe gehorcht oder weil es gelobt werden will. In diesem letzten Fall wird es mit Vergnügen lernen. Bestrafung lässt das Tier verkümmern. Doch Erziehung mit Lob führt dazu, dass es gesund und stark wird. Das erscheint mir offensichtlich.

PHILOSOPH: Tierdressur ist ein interessantes Beispiel. Sehen wir uns das einmal vom Standpunkt der Adler'schen Psychologie an. Dort vertreten wir die Position, dass man in der Kindererziehung – und auch in allen anderen Formen der Kommunikation mit Menschen – kein Lob aussprechen darf.

JUNGER MANN: Man darf nicht loben?

PHILOSOPH: Körperliche Züchtigung kommt natürlich nicht in Frage, und Bestrafung oder Tadel sind auch nicht akzeptabel. Man darf kein Lob aussprechen, und man darf nicht tadeln. Das ist der Standpunkt der Adler'schen Psychologie.

JUNGER MANN: Aber wie ist das denn überhaupt möglich?

PHILOSOPH: Betrachten Sie einmal den konkreten Vorgang. Nehmen wir zum Beispiel an, ich würde etwas, was Sie gesagt haben, mit einem «Gut gemacht!» loben. Käme es Ihnen nicht irgendwie merkwürdig vor, diese Worte zu hören?

JUNGER MANN: Ja, ich glaube, ich würde mich nicht wohl dabei fühlen.

PHILOSOPH: Können Sie erklären, warum Sie sich unwohl fühlen würden?

JUNGER MANN: Das unangenehme Gefühl kommt daher, dass man mit den Worten «gut gemacht» von oben herab behandelt wird.

PHILOSOPH: Genau. Beim Aussprechen von Lob « fällt eine kompetente Person ein Urteil über eine nicht kompetente Person». Eine Mutter lobt ihr Kind, das ihr zum Beispiel bei der Zubereitung des Abendessens geholfen hat, und sagt: «Du bist so eine große Hilfe!» Aber wenn ihr Mann das Gleiche tut, wird sie ihm mit Sicherheit nicht sagen: «Du bist so eine große Hilfe!»

JUNGER MANN: (lacht) Da haben Sie recht.

PHILOSOPH: Mit anderen Worten, die Mutter, die das Kind lobt, indem sie Dinge sagt wie: «Du bist so eine große Hilfe», oder: «Gut gemacht», oder auch: «Ach, du bist wirklich toll», schafft unbewusst eine hierarchische Beziehung und sieht das Kind als unter ihr stehend an. Das Beispiel der Tierdressur, das Sie gerade genannt haben, ist ebenfalls kennzeichnend für die hierarchische Beziehung – die vertikale Beziehung –, die hinter dem Lob steckt. Wenn jemand einen anderen lobt, macht er das mit dem Ziel, «jemanden zu manipulieren, der weniger kann als man selbst». Es geschieht nicht aus Dankbarkeit oder Respekt.

JUNGER MANN: Sie wollen also sagen, dass man lobt, um zu manipulieren?

PHILOSOPH: So ist es. Ob wir jemanden loben oder tadeln, das ist wie Zuckerbrot und Peitsche, und hinter beiden steht das Ziel der Manipulation. Der Grund, warum die Psychologie Adlers der Erziehung durch Lohn und Strafe höchst kritisch gegenübersteht, liegt in dieser Absicht, Kinder zu manipulieren.

JUNGER MANN: Aber das stimmt doch überhaupt nicht! Denken Sie einmal aus der Sicht des Kindes. Ist es für Kinder nicht überhaupt das Größte, gelobt zu werden? Weil sie gelobt werden wollen, lernen sie. So war das bei mir, als ich Kind war. Wie habe ich mich nach dem Lob meiner Eltern gesehnt! Und selbst als Erwachsener ist es noch so. Wenn der Chef einen lobt, fühlt es sich gut an. So ist es für jeden. Das hat nichts mit dem Verstand zu tun – es ist einfach ein instinktives Gefühl!

PHILOSOPH: Man möchte von jemandem gelobt werden. Oder umgekehrt entschließt man sich, jemanden zu loben. Das beweist, dass man alle Beziehungen als «vertikale Beziehungen» sieht. Das trifft auch auf Sie zu: Weil Sie in vertikalen Beziehungen leben, möchten Sie gelobt werden. Die Adler'sche Psychologie hält jedes Verhalten im Sinne einer vertikalen Beziehung für falsch und möchte alle zwischenmenschlichen Beziehungen als horizontale Beziehungen gestalten. In gewissem Sinne kann man diesen Punkt vielleicht als das grundlegende Prinzip der Adler'schen Psychologie betrachten.

JUNGER MANN: Ist das etwas, das durch die Worte «gleichwertig, aber nicht gleich» zum Ausdruck kommt?

PHILOSOPH: Ja. Gleichwertig, das heißt horizontal. Zum Beispiel gibt es Männer, die ihre Frauen mit Worten missbrauchen, mit Bemerkungen wie: «Du bringst kein Geld ein, also will ich nichts von dir hören», oder: «Ich sorge dafür, dass das Essen auf dem Tisch steht.» Und ich bin sicher, Sie haben das hier auch schon gehört: «Du hast doch alles, was du brauchst, also worüber beklagst du dich?» Es ist absolut schändlich. Solche Aussagen finanzieller Überlegenheit oder Ähnliches haben überhaupt nichts mit menschlichen Werten zu tun. Ein Angestellter in einer Firma und eine Vollzeit-Hausfrau haben lediglich unterschiedliche Arbeitsplätze und Rollen, und sie sind wahrhaft «gleichwertig, aber nicht gleich».

JUNGER MANN: Da stimme ich voll und ganz zu.

PHILOSOPH: Die Männer haben vermutlich Angst, dass die Frauen sich über ihre Situation klarwerden und am Ende mehr Geld als sie verdienen und dass sie sich immer mehr durchsetzen. Für Männer sind alle Beziehungen vertikal, und sie haben Angst davor, von den Frauen als unterlegen betrachtet zu werden. Das heißt, sie haben starke, verborgene Minderwertigkeitsgefühle.

JUNGER MANN: In gewisser Weise geraten sie so in einen Überlegenheitskomplex und versuchen deshalb, mit ihren Fähigkeiten eine Show abzuziehen?

PHILOSOPH: So scheint es. Zuerst einmal ist das Minderwertigkeitsgefühl ein Bewusstsein, das innerhalb vertikaler Beziehungen entsteht. Wenn man für alle Menschen horizontale Beziehungen aufbauen kann, die «gleichwertig, aber nicht gleich» sind, wird es keinen Raum mehr für die Entstehung von Minderwertigkeitskomplexen geben.

JUNGER MANN: Hmm. Vielleicht habe ich irgendwo in meiner Psyche einen Sinn für Manipulation, wenn ich andere lobe. Meinem Chef zu schmeicheln, um bei ihm einen Stein im Brett zu haben – das ist definitiv Manipulation, oder? Und auch andersherum. Ich bin durch Lob von anderen manipuliert worden. Komisch, ich glaube, so bin ich tatsächlich!

PHILOSOPH: Ja, so sieht es aus, weil Sie nicht in der Lage waren, aus vertikalen Beziehungen auszubrechen.

JUNGER MANN: Das wird jetzt interessant! Sprechen Sie bitte weiter!

PHILOSOPH: Wie Sie sich vielleicht erinnern, habe ich in unserer Diskussion über die Trennung der Aufgaben das Thema der Einmischung aufgebracht. Dabei geht es um das Eingreifen in die Aufgaben anderer. Warum also mischt sich jemand ein? Auch hier, im Hintergrund, agieren vertikale Beziehungen. Genau deshalb, weil man zwischenmenschliche Beziehungen als vertikal empfindet und den anderen als unter sich stehend, mischt man sich ein. Durch Einmischung versucht man, die andere Seite in die gewünschte Richtung zu lenken. Man hat sich überzeugt, dass man recht hat und die andere Seite unrecht. Natürlich ist hier die Einmischung schlicht und einfach eine Manipulation. Eltern, die ihrem Kind befehlen zu lernen, sind dafür ein typisches Beispiel. Sie mögen aus ihrer Sicht aus den besten Absichten heraus handeln, aber letzten Endes mischen die Eltern sich ein und versuchen das Kind dahingehend zu manipulieren, dass es die von ihnen gewünschte Richtung einschlägt.

JUNGER MANN: Wenn man horizontale Beziehungen herstellen kann, wird diese Einmischung dann verschwinden?

PHILOSOPH: Ja, das wird sie.

JUNGER MANN: Na ja, nur über das Lernen eines Kindes zu sprechen ist die eine Sache. Doch wenn jemand direkt vor einem leidet, kann man ihn nicht einfach damit alleinlassen, oder? Würden Sie dann immer noch sagen, dass das Angebot zu helfen eine Einmischung darstellt, und einfach nichts tun?

PHILOSOPH: Man darf es nicht ignorieren. Es ist notwendig, Unterstützung anzubieten, die jedoch nicht zur Einmischung wird.

JUNGER MANN: Was ist der Unterschied zwischen Einmischung und Unterstützung?

PHILOSOPH: Denken Sie an unsere Diskussion über die Trennung der Aufgaben zurück, an das Thema der Hausaufgaben. Wie ich da schon sagte, ist das eine Aufgabe, zu der das Kind sich selbst entschließen muss – nicht etwas, das die Eltern oder Lehrer ihm abnehmen können. Einmischung ist also diese Form des Eingreifens in den Aufgabenbereich des anderen, mit Anweisungen wie: «Du musst lernen», oder: «Geh an diese Universität!» Unterstützung dagegen setzt die Trennung der Aufgaben voraus sowie horizontale Beziehungen. Hat man verstanden, dass Lernen die Aufgabe des Kindes ist, denkt man darüber nach, was man für es tun kann. Ganz konkret: Statt von oben zu verordnen, dass das Kind lernen muss, behandelt man es so, dass es das Selbstvertrauen entwickeln kann, sich selbst um sein Studium zu kümmern und sich selbst seinen Aufgaben zu stellen.

JUNGER MANN: Und dieses Verhalten ist kein Zwang?

PHILOSOPH: Nein, ist es nicht. Man unterstützt das Kind ohne Zwang und immer unter Beachtung der Aufgabentrennung darin, seine Aufgaben aus eigener Kraft zu lösen. Das ist der Ansatz des «Man kann ein Pferd zur Tränke führen, aber saufen muss es selbst». Das Kind muss seine Aufgaben selbst angehen, und es muss auch selbst den Entschluss dazu fassen.

JUNGER MANN: Also, Sie loben nicht, und Sie tadeln nicht?

PHILOSOPH: Richtig, man lobt nicht, und man tadelt nicht. Diese Art der Unterstützung, die auf horizontalen Beziehungen basiert, heißt bei Adler «Ermutigung».

JUNGER MANN: Ermutigung, hmm? Richtig, das ist der Begriff, den Sie vor einiger Zeit erwähnt haben. Sie sagten, Sie würden ihn zu einem späteren Zeitpunkt erklären.

PHILOSOPH: Wenn man seine Aufgaben nicht zu Ende bringt, liegt das nicht daran, dass man unfähig ist. In der Psychologie Adlers heißt es, dass es hier nicht um Unfähigkeit geht, sondern einfach darum, dass man «den *Mut* verloren hat, sich seinen Aufgaben zu stellen». Und wenn das der Fall ist, muss man zuallererst zu diesem verlorenen Mut zurückfinden.

JUNGER MANN: Aber wir drehen uns jetzt im Kreis! Das ist doch im Grunde das Gleiche, wie ein Lob auszusprechen. Wenn man von jemand anderem gelobt wird, werden einem die eigenen Fähigkeiten wirklich bewusst, und man fasst wieder Mut. Seien Sie doch bitte nicht so stur – geben Sie doch einfach zu, dass man auf Lob nicht verzichten kann.

PHILOSOPH: Nein, das werde ich nicht.

JUNGER MANN: Warum nicht?

PHILOSOPH: Der Grund ist klar. Wenn man gelobt wird, führt das zu dem Glauben, man habe keine Fähigkeiten.

JUNGER MANN: Was haben Sie da gesagt?

PHILOSOPH: Soll ich mich wiederholen? Je mehr man von jemand anderem gelobt wird, desto mehr entwickelt sich der Glaube, man besitze keine Fähigkeiten. Bitte vergessen Sie das nicht.

JUNGER MANN: Kann man denn wirklich so ignorant sein? Andersherum wird ein Schuh draus. Es ist das Ergebnis von Lob, dass man sich seiner eigenen Fähigkeiten wirklich bewusst wird. Ist das nicht offensichtlich?

PHILOSOPH: Da irren Sie sich. Wenn man sich über ein Lob freut, so ist dies mit der Abhängigkeit von vertikalen Beziehungen gleichzusetzen – und man gibt zu, dass man keine Fähigkeiten besitzt. Denn Lob ist ein Urteil, das von einer fähigen Person über eine unfähige Person gefällt wird.

JUNGER MANN: Dem kann ich einfach nicht zustimmen.

PHILOSOPH: Wenn das Lob zum Ziel wird, wählt man damit einen Lebensstil in Einklang mit dem Wertesystem eines anderen Menschen. Wenn Sie sich einmal Ihr Leben bis zu diesem Zeitpunkt anschauen: Sind Sie es nicht leid, den Erwartungen Ihrer Eltern entsprechen zu wollen?

JUNGER MANN: Hmm, das stimmt wohl.

PHILOSOPH: Führen Sie zuerst die Trennung der Aufgaben durch. Wenn Sie dann ihre jeweiligen Unterschiede akzeptiert haben, bauen Sie eine horizontale Beziehung auf. Als Nächstes kommt der Ansatz der Ermutigung.

JUNGER MANN: Wie geht man denn konkret dabei vor? Man kann nicht loben und nicht tadeln. Was gibt es für andere Worte und Möglichkeiten?

PHILOSOPH: Denken Sie einmal an eine Situation, in der Ihnen jemand bei der Arbeit geholfen hat – kein Kind, sondern ein Partner auf Augenhöhe –, und Sie werden die Antwort wahrscheinlich sofort verstehen. Wenn Ihnen ein Freund beim Saubermachen hilft, was sagen Sie dann zu ihm?

JUNGER MANN: Ich sage «Danke».

PHILOSOPH: Genau. Sie vermitteln mit Ihren Worten Dankbarkeit, indem Sie zu Ihrem Partner, der Ihnen bei der Arbeit geholfen hat, «Danke» sagen. Sie drücken auch vielleicht direkte Freude aus: «Ich bin froh.» Oder Sie bringen Ihren Dank rüber, indem Sie sagen: «Das hat mir sehr geholfen.» Das ist eine Form der Ermutigung, die auf einer horizontalen Beziehung gründet.

JUNGER MANN: Das ist alles?

PHILOSOPH: Ja. Das Wichtigste ist, andere Menschen nicht zu beurteilen. Das Wort Beurteilung entstammt einer vertikalen Beziehung. Wenn man eine horizontale Beziehung aufbaut, wird man direktere Worte der Dankbarkeit, des Respekts und der Freude wählen.

JUNGER MANN: Hmm, der Punkt, dass das Beurteilen anderer durch vertikale Beziehungen zustande kommt, scheint wohl wahr zu sein. Aber wie ist es damit: Sollte das Wort «danke» wirklich eine so große Macht haben, dass es einen wieder Mut fassen lässt? Ich glaube jedenfalls, ich möchte lieber gelobt werden, selbst wenn die Worte, die ich dann höre, aus vertikalen Beziehungen stammen.

PHILOSOPH: Gelobt zu werden bedeutet im Grunde, dass man von einer anderen Person als «gut» bewertet wird. Und was gut oder schlecht ist, wird durch den Maßstab dieses Menschen bestimmt. Wenn man auf Lob aus ist, wird man keine andere Wahl haben, als diesen Maßstab zu akzeptieren und sich in seiner Freiheit damit einzuschränken. «Danke» dagegen ist keine Bewertung, sondern ein klarer Ausdruck von Dankbarkeit. Wenn man Worte des Dankes hört, weiß man, dass man etwas für die andere Person getan hat.

JUNGER MANN: Also, selbst wenn Sie von jemand anderem als «gut» bewertet wurden, haben Sie nicht das Gefühl, dass Sie etwas für ihn getan haben?

PHILOSOPH: Richtig. Das ist ein Punkt, der auch noch in unserer anschließenden Diskussion auftauchen wird – in der Psychologie Adlers wird sehr viel Wert auf den «Beitrag» oder das «Engagement für andere» gelegt.

JUNGER MANN: Und warum?

PHILOSOPH: Na ja, was muss man tun, um Mut zu fassen? Aus der Sicht Adlers: «Nur wenn man weiß, dass man einen Wert hat, kann man Mut haben.»

JUNGER MANN: Wenn man weiß, dass man einen Wert hat?

PHILOSOPH: Erinnern Sie sich noch daran, als wir über das Minderwertigkeitsgefühl gesprochen haben? Wie ich gesagt habe, es gehe dabei um den subjektiven Wert? Ist man fähig, ein Gefühl für seinen Wert zu haben, oder fühlt man sich wertlos? Wenn man sich als wertvoll empfinden kann, dann kann man sich einfach so akzeptieren, wie man ist, und den Mut haben, seine Lebensaufgaben anzugehen. Das Thema, das an diesem Punkt auftaucht, ist also, wie um alles in der Welt schafft man es, das Gefühl zu gewinnen, dass man Wert hat?

JUNGER MANN: Ja, genau das ist es! Sie müssen mir das bitte ganz genau erklären.

PHILOSOPH: Es ist recht einfach. Wenn man weiß, dass man etwas Positives zur Gemeinschaft beiträgt, kann man sich wahrhaft als wertvoll empfinden. Das ist die Antwort, die in der Psychologie Adlers angeboten würde.

JUNGER MANN: Dass ich etwas Positives zur Gemeinschaft beitrage?

PHILOSOPH: Dass das Tun auf die Gemeinschaft Einfluss hat; das soll heißen, auf andere Menschen, und dass man das Gefühl haben kann: *Ich bin für jemanden hilfreich.* Statt von jemand anderem als «gut» beurteilt zu werden, aus der eigenen subjektiven Sicht fühlen zu können, dass *ich zum Wohl anderer etwas beitrage.* An diesem Punkt haben wir schließlich ein wahres Gefühl von unserem eigenen Wert. Alles, was wir bis jetzt zum Gemeinschaftsgefühl und zur Ermutigung besprochen haben, kommt hier zusammen.

JUNGER MANN: Hmm. Ich weiß nicht, es wird langsam ein wenig verwirrend.

PHILOSOPH: Wir kommen jetzt zum Kern der Diskussion. Bitte bleiben Sie noch ein bisschen dabei. Es geht um das Interesse an anderen, den Aufbau horizontaler Beziehungen und die Strategie der Ermutigung. Alle diese Dinge stehen mit der tiefen Bewusstheit des Lebens in Verbindung, des «Ich bin für jemanden von Nutzen», und wiederum mit Ihrem Mut zum Leben.

JUNGER MANN: Für jemanden von Nutzen sein. Das soll meinem Leben Sinn geben …?

PHILOSOPH: Machen wir eine kleine Pause. Möchten Sie einen Kaffee?

JUNGER MANN: Ja, gerne.

Die Diskussion des Gemeinschaftsgefühls war immer verwirrender geworden. Man darf nicht loben. Und man darf auch nicht tadeln. Alle Wörter, die man zur Beurteilung anderer benutzt, entspringen vertikalen Beziehungen, und wir müssen doch horizontale Beziehungen aufbauen. Und nur wenn man das Gefühl haben kann, dass man für andere von Nutzen ist, hat man ein wahres Bewusstsein seines eigenen Wertes. In dieser Logik gab es irgendwo einen großen Fehler, das empfand der junge Mann ganz instinktiv. Als er an dem heißen Kaffee nippte, kamen ihm Gedanken an seinen Großvater in den Sinn.

PHILOSOPH: Und, haben Sie inzwischen Klarheit gewonnen?

JUNGER MANN: Sehr langsam – aber ja, es wird klarer. Sie scheinen sich dessen nicht bewusst zu sein, aber gerade eben haben Sie etwas völlig Überzogenes geäußert. Eine gefährliche, ziemlich extreme Ansicht, die einfach alles in der Welt negiert.

PHILOSOPH: Oh, wirklich? Und zwar?

JUNGER MANN: Es ist die Vorstellung, dass der Nutzen für andere Menschen einem den wahren Wert verleiht. Wenn Sie das einmal umdrehen, ist jemand, der für andere keinen Nutzen darstellt, völlig ohne Wert. Das sagen Sie doch, oder? Wenn man daraus die logische Schlussfolgerung zieht, ist das Leben neugeborener Babys, von Invaliden und alten Menschen, die bettlägerig sind, auch nichts wert. Wie könnte das sein? Sprechen wir mal über meinen Großvater. Er verbringt seine Zeit ans Bett gefesselt in einem Altenheim. Seit er an Demenz leidet, erkennt er weder seine Kinder noch seine Enkel, und in seinem Zustand könnte er ohne ständige Betreuung nicht mehr weiterleben. Man kann sich einfach nicht vorstellen, dass er irgendjemandem von Nutzen sein könnte. Verstehen Sie nicht? Ihre Ansicht ist praktisch das Gleiche, wie zu sagen: Menschen wie mein Großvater haben kein Recht zu leben.

PHILOSOPH: Das weise ich ganz entschieden zurück.

JUNGER MANN: Wie wollen Sie das zurückweisen?

PHILOSOPH: Es gibt Eltern, die mir widersprechen, wenn ich Ihnen mein Konzept der Ermunterung erkläre, indem sie sagen:

«Unser Kind tut von morgens bis abends so schlimme Dinge, und es gibt nie eine Gelegenheit ‹Danke› oder ‹Du hast mir sehr geholfen› zu sagen.» Der Zusammenhang ist wahrscheinlich der gleiche wie bei dem, worüber Sie gerade sprechen, oder?

JUNGER MANN: Ja, ist er. Sagen Sie mir also, wie Sie das rechtfertigen.

PHILOSOPH: In diesem Fall betrachten Sie jemanden auf der Grundlage seines Verhaltens. Anders gesagt, dass dieser Jemand «etwas getan» hat. Von diesem Standpunkt aus mag es so aussehen, als ob bettlägerige alte Menschen nur ein Ärgernis seien und für niemanden von Nutzen. Sehen wir uns also andere Menschen an, nicht auf der Ebene ihres Verhaltens, sondern auf der Ebene des Seins. Ohne darüber zu urteilen, ob diese Menschen etwas getan oder nicht getan haben, erfreut man sich daran, dass sie da sind, an ihrer bloßen Existenz, und man bedenkt sie mit Worten der Dankbarkeit.

JUNGER MANN: Man dankt ihnen für ihre bloße Existenz? Wovon reden Sie eigentlich?

PHILOSOPH: Betrachtet man die Dinge auf der Ebene des Seins, sind wir für andere von Nutzen und haben Wert, einfach weil wir hier sind. Das ist eine unbestreitbare Tatsache.

JUNGER MANN: Auf gar keinen Fall! Hören Sie mit Ihren Witzen auf! Von Nutzen für andere zu sein, indem man einfach hier ist – das muss geradewegs einer neuen Religion entsprungen sein.

PHILOSOPH: Nun, nehmen wir an, Ihre Mutter hat einen Autounfall. Ihr Zustand ist ernst und ihr Leben vielleicht in Gefahr. In einer solchen Zeit würden Sie sich nicht fragen, ob Ihre Mutter «etwas tut» oder so etwas in der Art. Es ist mehr als wahrscheinlich, dass Sie einfach nur denken, dass es schön wäre, wenn sie es schafft, und dass Sie froh sind, dass sie noch durchhält.

JUNGER MANN: Natürlich würde ich das!

PHILOSOPH: Das bedeutet Dankbarkeit auf der Ebene des Seins. Ihre Mutter dürfte in ihrem kritischen Zustand nicht in der Lage sein, irgendetwas zu tun, was man als Handeln bezeichnen würde, aber allein durch ihr Am-Leben-Bleiben würde sie den psychologischen Zustand von Ihnen und Ihrer Familie unterstützen und dadurch von Nutzen sein. Das Gleiche gilt auch für Sie. Wenn Ihr Leben in Gefahr wäre und Sie an einem seidenen Faden hingen, wären die Menschen um Sie herum wahrscheinlich sehr glücklich, nur weil Sie am Leben sind. Sie wären einfach dankbar dafür, dass Sie sicher im Hier und Jetzt sind, und würden von Ihnen keine konkrete Handlung erwarten. Zumindest gäbe es keinen Grund dafür, das zu denken. Statt also über sich selbst auf der Ebene der Handlungen nachzudenken, akzeptiert man sich zuerst auf der Ebene des Seins.

JUNGER MANN: Das ist ein extremes Beispiel – der Alltag sieht doch anders aus.

PHILOSOPH: Nein, es ist genau so.

JUNGER MANN: In welcher Hinsicht? Geben Sie mir bitte mal ein Beispiel aus dem Alltag. Wenn Sie das nicht können, kann ich Ihnen nicht zustimmen.

PHILOSOPH: Na gut. Wenn wir uns andere Menschen ansehen, neigen wir dazu, uns unsere eigenen Idealbilder zu konstruieren, mit denen wir dann den betreffenden Menschen vergleichen, die Fehler vermerken und ihn dann danach beurteilen. Denken Sie zum Beispiel an ein Kind, das seinen Eltern niemals Widerworte gibt, in der Schule und im Sport überragende Leistungen zeigt, eine gute Universität besucht und in ein großes Unternehmen eintritt. Es gibt Eltern, die ihr Kind mit so einem Idealbild vergleichen – das eine unrealistische Fiktion ist – und dann voller Klagen und Unzufriedenheit sind. Sie setzen das idealisierte Bild mit hundert Punkten gleich, beurteilen ihr Kind danach und ziehen hiervon dann immer wieder Punkte ab. Das ist wirklich eine wertende Betrachtungsweise. Stattdessen könnten die Eltern davon absehen, ihr Kind mit jemand anderem zu vergleichen, es so sehen, wie es wirklich ist, und dankbar und glücklich sein, dass es da ist. Statt Punkte von einem idealisierten Bild abzuziehen, könnten Sie bei null anfangen. Und wenn sie das tun, sollten sie auch fähig sein, für die bloße Existenz des Kindes Worte der Dankbarkeit zu finden.

JUNGER MANN: Okay, aber ich würde sagen, das ist doch bloß eine idealistische Herangehensweise. Sie wollen also sagen, dass man selbst einem solchen Kind gegenüber, das nicht zur Schule geht oder keinen Job bekommt, sondern sich abschottet und zu Hause bleibt, immer noch seine Dankbarkeit äußern und «Danke» sagen sollte?

PHILOSOPH: Natürlich. Angenommen, dieses zurückgezogen lebende Kind hilft nach dem Essen beim Abwaschen. Wenn Sie dann sagen: «Es reicht jetzt – geh lieber zur Schule», würden Sie die Worte jener Eltern benutzen, die das Bild des idealen Kindes hochhalten und ihr eigenes daran messen. Wenn Sie so vorgehen, wird das Kind wahrscheinlich am Ende noch entmutigter sein. Wenn Sie jedoch ein aufrichtiges «Danke» sagen können, empfindet das Kind vielleicht seinen eigenen Wert und macht einen Schritt nach vorn.

JUNGER MANN: Das ist doch alles äußerst verlogen! Nichts als das dumme Geschwätz eines Heuchlers. Das klingt wie die «Nächstenliebe», von der die Christen reden. Das Gemeinschaftsgefühl, die Dankbarkeit für die Existenz und all das. Wer um alles in der Welt könnte wirklich solche Dinge tun?

PHILOSOPH: Was das Thema des Gemeinschaftsgefühls betrifft, da gab es einmal jemanden, der Adler eine ähnliche Frage gestellt hat. Adlers Antwort lautet: «Einer muss anfangen. Andere mögen nicht kooperativ sein, aber das hat nichts mit Ihnen zu tun. Mein Rat ist: Sie sollten beginnen. Unabhängig davon, ob andere kooperativ sind oder nicht.» Mein Rat ist genau der gleiche.

DIE MENSCHEN KÖNNEN DAS SELBST NICHT RICHTIG NUTZEN

JUNGER MANN: Ich sollte anfangen?

PHILOSOPH: Genau. Ohne Rücksicht darauf, ob andere mitmachen oder nicht.

JUNGER MANN: Gut. Ich frage Sie noch mal: «Die Menschen können allein dadurch, dass sie am Leben sind, anderen von Nutzen sein und ihren eigenen Wert wahrhaft empfinden.» Ist es das, was Sie sagen?

PHILOSOPH: Ja.

JUNGER MANN: Nun, ich weiß nicht. Ich bin am Leben, hier und jetzt. «Ich», und niemand anderes, bin hier lebendig. Und trotzdem habe ich nicht das Gefühl, etwas wert zu sein.

PHILOSOPH: Können Sie mit Worten ausdrücken, warum Sie nicht das Gefühl haben, einen Wert zu besitzen?

JUNGER MANN: Ich nehme an, es liegt an dem, was Sie als zwischenmenschliche Beziehungen beschrieben haben. Von Kindheit an, bis jetzt, wurde ich immer von den Menschen um mich herum kleingemacht, besonders von meinen Eltern, als mieses Exemplar eines kleinen Bruders betrachtet. Sie haben sich niemals wirklich bemüht, mich als den anzuerkennen, der ich bin. Sie sagen, dass der Wert etwas ist, das man sich selbst zuschreibt. Doch das ist einfach eine unbrauchbare Theorie. In der Bibliothek, wo ich arbeite, besteht meine Arbeit zum größten Teil darin, die zurückgegebenen Bücher zu ordnen und wieder zurück ins Regal zu stellen. Das ist eine Routinearbeit, die jeder machen könnte, dem man sie beigebracht hat. Wenn ich plötzlich nicht mehr zur Arbeit käme, hätte mein Chef kein Problem damit, mich zu ersetzen. Ich werde nur für die ungelernte Arbeit gebraucht, die ich leiste, und es macht im Grunde überhaupt keinen Unterschied, ob «ich» dort arbeite oder jemand anderes – oder auch eine Maschine. Niemand braucht speziell «dieses Ich». Würden Sie unter diesen Umständen Vertrauen in sich selbst haben? Könnten Sie wirklich ein Gefühl für Ihren Wert empfinden?

PHILOSOPH: Aus der Perspektive Adlers ist die Antwort einfach. Zuerst einmal: Bauen Sie zwischen sich und einer andern Person eine horizontale Beziehung auf. Eine genügt. Das ist der Ausgangspunkt.

JUNGER MANN: Bitte behandeln Sie mich nicht wie einen Idioten. Ich habe natürlich Freunde. Und zu ihnen kann ich ganz solide horizontale Beziehungen aufbauen.

PHILOSOPH: Trotzdem, ich vermute, dass Ihre Beziehungen zu Ihren Eltern und Ihrem Chef und auch zu Ihren Kollegen und anderen Menschen vertikal sind.

JUNGER MANN: Natürlich habe ich verschiedene Arten von Beziehungen. So ist das doch bei jedem.

PHILOSOPH: Das ist ein ganz wichtiger Punkt. Errichtet man vertikale oder horizontale Beziehungen? Das ist eine Frage des Lebensstils, und der Mensch ist nicht so clever, um verschiedene Lebensstile zur Verfügung zu haben, je nach Bedarf. Anders gesagt, die Entscheidung, mit «dieser Person gleichgestellt» zu sein oder «in einer hierarchischen Beziehung mit jener Person» zu leben, kann gar nicht mehr stattfinden.

JUNGER MANN: Meinen Sie, dass man das eine oder das andere wählen muss – vertikale oder horizontale Beziehungen?

PHILOSOPH: Auf jeden Fall, ja. Wenn Sie auch nur eine vertikale Beziehung zu jemandem aufbauen, werden Sie, bevor Sie überhaupt merken, was da vor sich geht, alle Ihre zwischenmenschlichen Beziehungen als vertikale führen.

JUNGER MANN: Selbst meine Beziehungen zu meinen Freunden sind dann also vertikal?

PHILOSOPH: Richtig. Selbst wenn Sie nicht in einer hierarchischen Weise wie bei Vorgesetzten und Untergebenen an sie herangehen, ist es, als ob Sie zum Beispiel sagen: «A steht über mir, und B steht unter mir», oder: «Ich richte mich nach As Ratschlägen, ignoriere aber, was B sagt», oder: «Ich habe kein Problem damit, mein Versprechen gegenüber C zu brechen.»

JUNGER MANN: Hmm!

PHILOSOPH: Auf der anderen Seite: Wenn man es geschafft hat, zu wenigstens einer Person eine horizontale Beziehung aufzubauen – wenn man eine Beziehung als Gleichgestellte im wahren Sinne des Wortes aufbauen konnte –, bedeutet das eine große Umstellung im Lebensstil. Nach einem solchen Durchbruch werden alle zwischenmenschlichen Beziehungen nach und nach horizontal.

JUNGER MANN: Was für ein Unsinn! Das könnte ich auf so viele Arten widerlegen. Denken Sie zum Beispiel an eine Firma. Es wäre für den Direktor und seine neuen Mitarbeiter nicht wirklich sinnvoll, eine Beziehung unter Gleichgestellten zu führen, oder? Hierarchische Beziehungen sind Teil unseres Gesellschaftssystems, und dies zu ignorieren würde bedeuten, die soziale Ordnung zu ignorieren. Schauen Sie, wenn Sie hören, dass ein neuer Mitarbeiter in Ihrer Firma, der erst um die zwanzig ist, plötzlich ein kumpelhaftes Verhältnis zu dem über sechzigjährigen Chef anfangen würde, fänden Sie nicht, das ginge ein bisschen zu weit?

PHILOSOPH: Es ist natürlich richtig, die Älteren zu respektieren. In einer Firmenstruktur ist es nur natürlich, dass es verschiedene Ebenen der Verantwortung geben muss. Ich sage nicht, dass man mit allen befreundet sein muss oder sich wie zu engen Freunden verhalten soll. Es geht eher darum, ein Bewusstsein der Gleichwertigkeit zu haben und sich dafür einzusetzen, was aufrechterhalten werden muss.

JUNGER MANN: Ich bin niemand, der seinen Vorgesetzten gegenüber das Maul aufreißt, und ich würde auch nie auf die Idee kommen. Das würde meinem gesellschaftlichen Verständnis widersprechen.

PHILOSOPH: Was heißt «Vorgesetzter»? Was heißt dieses «das Maul aufreißen»? Wenn man in einer Situation erst einmal die Stimmung abschätzt und daraufhin, weil man von vertikalen Beziehungen abhängig ist, verantwortungslos handelt, versucht man, seiner Verantwortung auszuweichen.

JUNGER MANN: Was ist daran verantwortungslos?

PHILOSOPH: Nehmen wir an, dass Ihre Arbeit, weil Sie die Anordnungen Ihres Chefs befolgt haben, am Ende scheitert. Wessen Verantwortung ist das dann?

JUNGER MANN: Nun, dafür hätte mein Chef die Verantwortung. Denn ich habe nur Anweisungen befolgt, und er war derjenige, der die Entscheidungen getroffen hat.

 PHILOSOPH: Nichts davon ist Ihre Verantwortung?

JUNGER MANN: Nein. Die Verantwortung hat der Chef, der die Befehle gegeben hat. Das nennt man Organisationsverschulden.

PHILOSOPH: Da liegen Sie falsch. Das ist eine Lebenslüge. Es gibt Raum für Sie, sich zu widersetzen, und es sollte auch Raum dafür geben, einen besseren Weg vorzuschlagen. Sie denken einfach, es gibt keine Möglichkeit, etwas abzulehnen, sodass Sie den Konflikt in der damit verbundenen zwischenmenschlichen Beziehung vermeiden und sich auch vor der Verantwortung drücken können – und Sie sind abhängig von vertikalen Beziehungen.

JUNGER MANN: Wollen Sie mir sagen, ich soll mich meinem Chef widersetzen? Sicher, theoretisch sollte ich das. Theoretisch verhält es sich genau so, wie Sie sagen. Aber das kann ich doch nicht machen! Auf keinen Fall könnte ich eine solche Beziehung aufbauen.

PHILOSOPH: Wirklich nicht? Sie gehen gerade zu mir eine horizontale Beziehung ein. Und Sie behaupten sich sehr gut. Statt an alle möglichen Schwierigkeiten zu denken, können Sie dies einfach mal als Ausgangspunkt nehmen.

JUNGER MANN: Ich kann dies hier als Ausgangspunkt nehmen?

PHILOSOPH: Ja, dies hier in diesem kleinen Arbeitszimmer. Wie ich Ihnen schon früher gesagt habe, sind Sie mir ein unersetzbarer Freund.

JUNGER MANN: (ist sprachlos)

PHILOSOPH: Habe ich nicht recht?

JUNGER MANN: Ich weiß das zu schätzen, wirklich. Aber ich habe Angst. Ich habe Angst, Ihr Angebot anzunehmen.

PHILOSOPH: Wovor genau haben Sie Angst?

JUNGER MANN: Vor der Verantwortung der Freundschaft natürlich. Ich war noch nie mit einem älteren Mann wie Ihnen befreundet. Ich habe keine Ahnung, ob eine freundschaftliche Beziehung mit solch einem Altersunterschied überhaupt möglich ist oder ob ich sie mir nicht besser als eine Lehrer-Schüler-Beziehung vorstellen sollte.

PHILOSOPH: Das Alter spielt in der Freundschaft und in der Liebe keine Rolle. Sicher ist es so, dass die Aufgaben der Freundschaft einen festen Mut erfordern. Was Ihre Beziehung zu mir betrifft, wäre es schön, die Distanz nach und nach ein wenig zu reduzieren – bis zu einem Maß, in dem wir nicht in einem zu engen Kontakt stehen, aber trotzdem mit ausgestrecktem Arm das Gesicht des anderen berühren können – sozusagen.

JUNGER MANN: Bitte lassen Sie mir etwas Zeit. Ich würde gerne wieder versuchen, die Dinge selbst herauszufinden. Unsere Diskussion heute hat mir viel Stoff zum Nachdenken gegeben. Ich würde das gerne mit nach Hause nehmen und ganz in Ruhe allein darüber nachdenken.

PHILOSOPH: Es braucht seine Zeit, ein wirkliches Verständnis für das Gemeinschaftsgefühl zu entwickeln. Es wäre ganz unmöglich, alles sofort hier und jetzt zu verstehen. Gehen Sie also nach Hause und denken Sie in aller Ruhe eingehend darüber nach. Überprüfen Sie es dabei vor dem Hintergrund von allem anderen, was wir besprochen haben.

JUNGER MANN: Das werde ich. Auf jeden Fall war es ein ziemlicher Schlag, gesagt zu bekommen, dass ich nie wirklich auf die anderen sehe und immer nur mich im Blick habe. Sie sind wirklich ein schrecklicher Kerl!

PHILOSOPH: (lacht) Sie sagen das auf eine ganz fröhliche Art.

JUNGER MANN: Ja, unsere Diskussion hat mir Spaß gemacht. Es tut natürlich weh. Das ist wie ein stechender Schmerz, der mich durchfährt, als ob ich Nadeln geschluckt hätte. Und trotzdem macht es mir Spaß. Es wird langsam zur Sucht, diese Diskussionen mit Ihnen zu führen. Vor einiger Zeit ist mir bewusst geworden, dass ich vielleicht nicht einfach nur Ihre Argumente auseinandernehmen will – ich will auch, dass Sie meine auseinandernehmen.

PHILOSOPH: Ich verstehe. Das ist eine interessante Analyse.

JUNGER MANN: Aber vergessen Sie nicht: Ich habe Ihnen gesagt, dass ich Ihre Argumente zerpflücken und Sie in die Knie zwingen will, und ich habe noch nicht aufgegeben.

PHILOSOPH: Danke. Mir hat es auch Freude gemacht. Kommen Sie vorbei, wann immer Sie bereit sind, den Faden wiederaufzunehmen.

DER FÜNFTE ABEND

BEWUSST
IM HIER
UND JETZT
LEBEN

Der junge Mann dachte sich: Die Adler'sche Psychologie beschäftigt sich mit einer gründlichen Erforschung zwischenmenschlicher Beziehungen. Und das Ziel dieser zwischenmenschlichen Beziehungen ist das Gemeinschaftsgefühl. Doch genügt das wirklich? Ist da nicht noch etwas, weshalb ich auf dieser Welt bin, was ich noch erreichen möchte? Was ist der Sinn des Lebens? Wo will ich hin, und was für ein Leben versuche ich zu führen? *Je mehr der junge Mann nachdachte, desto mehr hatte er das Gefühl, dass seine eigene Existenz gering und unbedeutend war.*

ÜBERTRIEBENE BEFANGENHEIT ENGT DAS SELBST EIN

PHILOSOPH: Es ist eine Weile her, nicht wahr?

JUNGER MANN: Ja, zuletzt war ich vor einem Monat hier. Ich habe die ganze Zeit über die Bedeutung des Gemeinschaftsgefühls nachgedacht.

PHILOSOPH: Und zu welchem Ergebnis sind Sie gekommen?

JUNGER MANN: Nun ja, Gemeinschaftsgefühl ist auf jeden Fall eine schöne Vorstellung. Das Gefühl, irgendwo hinzugehören, dass es «gut ist, hier zu sein», zum Beispiel. Das gehört zu unseren grundlegenden Bedürfnissen. Ich glaube, das ist eine brillante Einsicht in unsere Existenz als soziale Wesen.

PHILOSOPH: Eine brillante Einsicht, außer dass …?

JUNGER MANN: Komisch, Sie haben es gleich geschnallt. Stimmt, ich habe noch ein paar Probleme damit. Ich sage es geradeheraus: Ich habe keine Ahnung, wovon Sie reden bei Ihren Bemerkungen über das Universum und all das Zeug, und es riecht von Anfang bis Ende nach Religion. Das erscheint mir wie ein Kult, und das kann ich nicht einfach abschütteln.

PHILOSOPH: Als Adler das Konzept des Gemeinschaftsgefühls zum ersten Mal vorstellte, gab es viel Widerstand in der gleichen Art. Die Leute sagten, Psychologie sollte eine Wissenschaft sein, und hier war Adler und redete über das Thema des inneren Wertes. So etwas ist keine Wissenschaft, sagten sie.

JUNGER MANN: Ich habe also auf meine Art versucht herauszufinden, warum ich nicht verstehen konnte, worüber Sie gesprochen haben, und ich denke, das Problem könnte in der Reihenfolge der Dinge liegen. Sie beginnen beim Universum und unbelebten Objekten, der Vergangenheit und der Zukunft und so weiter, und da komme ich nicht mehr mit. Stattdessen sollte man ein klares Verständnis vom «Ich» bekommen. Als Nächstes sollte man über die Zweierbeziehungen nachdenken; das heißt, die zwischenmenschlichen Beziehungen des «ich und du». Und wenn das geschehen ist, sollte die größere Gemeinschaft ins Spiel kommen.

PHILOSOPH: Verstehe. Das ist eine gute Reihenfolge.

JUNGER MANN: Das Erste, wonach ich Sie fragen möchte, ist der Selbstbezug. Sie sagen, dass man aufhören muss, auf das «Ich» bezogen zu sein, und dazu übergehen muss, «an andere zu denken». Ich bin sicher, es ist genau so, wie Sie sagen – es ist wichtig, an andere zu denken, dem stimme ich zu. Trotzdem, wir sorgen uns um uns selbst; wir sehen die ganze Zeit auf uns.

PHILOSOPH: Haben Sie darüber nachgedacht, warum wir uns so viele Gedanken um uns selbst machen?

JUNGER MANN: Das habe ich. Wäre ich zum Beispiel ein Narziss – wäre ich in mich selbst verliebt und ständig von mir selbst fasziniert –, würde das die Dinge vielleicht vereinfachen. Denn Ihre Anweisung, «mehr an andere zu denken», ist vollkommen vernünftig. Aber ich bin kein selbstverliebter Narzisst. Ich bin ein selbstverachtender Realist. Ich hasse das, was ich bin, und genau deshalb schaue ich die ganze Zeit auf mich. Ich habe kein Selbstvertrauen, und daher bin ich übermäßig befangen.

PHILOSOPH: Wann haben Sie das Gefühl, dass Sie übermäßig befangen sind?

JUNGER MANN: Na, zum Beispiel in Meetings. Es fällt mir schwer, meine Hand zu heben und mir Aufmerksamkeit zu verschaffen. Ich habe alberne Gedanken wie: *Wenn ich diese Frage stelle, werden sie wahrscheinlich über mich lachen*, oder: *Wenn das, was ich sagen will, daneben ist, mache ich mich lächerlich*, und so weiter, und sage keinen Ton. Offen gestanden, ich komme sogar ins Stocken, wenn ich vor anderen dumme Witze erzählen soll. Jedes Mal greift meine Befangenheit ein und tritt auf die Bremse, und es ist, als stecke ich in einer Zwangsjacke. Meine innere Unsicherheit macht es mir unmöglich, mich unbefangen zu verhalten. Aber ich muss nicht einmal nach Ihrer Antwort fragen. Sie wird mit Sicherheit die gleiche sein wie immer: Mut fassen. Doch Sie wissen, solche Worte helfen mir nicht. Es ist nämlich nicht nur eine Frage des Mutes.

PHILOSOPH: Ich verstehe. Letztes Mal habe ich einen Überblick über Gemeinschaftsgefühl gegeben. Heute werden wir tiefer gehen.

JUNGER MANN: Und wohin wird uns das führen?

PHILOSOPH: Wir werden wahrscheinlich zu der Frage gelangen, was Glück bedeutet.

JUNGER MANN: Oh! Glück liegt also jenseits des Gemeinschaftsgefühls?

PHILOSOPH: Keine vorschnellen Antworten! Was wir brauchen, sind Gespräche.

JUNGER MANN: Gut, dann fangen wir an!

PHILOSOPH: Lassen Sie uns zuerst das ansehen, was Sie gerade gesagt haben, über Ihre innere Unsicherheit, die Sie ausbremst, sodass Sie sich nicht unbefangen verhalten können. Es gibt wahrscheinlich viele Menschen, die dieses Problem haben. Gehen wir also zum Ausgangspunkt zurück und denken an Ihr Ziel. Was könnten Sie zu erreichen versuchen, indem Sie sich selbst Zügel anlegen und sich nicht ungehemmt verhalten?

JUNGER MANN: Das ist der aufrichtige Wunsch, nicht ausgelacht zu werden; nicht als Idiot dazustehen.

PHILOSOPH: Also haben Sie, mit anderen Worten, kein Vertrauen in Ihr natürliches Selbst; darin, wie Sie eigentlich sind, oder? Und Sie halten sich von Beziehungen fern, in denen Sie einfach Sie selbst wären. Aber ich wette, wenn Sie allein zu Hause sind, singen Sie laut und tanzen zur Musik und reden ganz ungezwungen.

JUNGER MANN: (lacht) Das ist fast, als hätten Sie eine Überwachungskamera in meinem Zimmer angebracht! Aber ja, das stimmt. Ich kann mich ganz frei verhalten, wenn ich allein bin.

PHILOSOPH: Jeder kann sich wie ein König benehmen, wenn er allein ist. Es ist also etwas, das man im Zusammenhang mit zwischenmenschlichen Beziehungen betrachten sollte. Denn es ist nicht so, dass Sie kein unbefangenes Selbst hätten – Sie können solche Dinge nur nicht vor anderen tun.

JUNGER MANN: Und, was soll ich also machen?

PHILOSOPH: Es geht dennoch immer um das Gemeinschaftsgefühl – ganz konkret um den Wechsel vom Selbstbezug (Eigeninteresse) zum Interesse für andere (soziales Interesse) –, und darum, eine Ahnung vom Gemeinschaftsgefühl zu bekommen. Drei Dinge sind an diesem Punkt notwendig: «Selbst-Akzeptanz», «Vertrauen in andere» und «Engagement für andere».

JUNGER MANN: Interessant. Neue Schlüsselwörter, sehe ich. Wie sind sie zu verstehen?

PHILOSOPH: Beginnen wir mit Selbst-Akzeptanz. An unserem ersten Abend habe ich eine Aussage von Adler angesprochen: «Das Wichtige ist nicht, womit man geboren wird, sondern das, was man aus seinen Anlagen macht.» Erinnern Sie sich daran?

JUNGER MANN: Ja, natürlich.

PHILOSOPH: Wir können das Gefäß, das das «Ich» bildet, nicht einfach ablegen und auch nicht durch ein anderes ersetzen. Das Wichtige ist jedoch, «was man aus seinen Anlagen macht». Man verändert den Blick auf das «Ich» – das heißt, man verändert, wie man es nutzt.

JUNGER MANN: Bedeutet das, positiver zu sein und sich selbst mehr zu behaupten? Über alles positiver zu denken?

PHILOSOPH: Man braucht sich nicht zu verbiegen, um positiv zu sein und sich selbst anzunehmen. Es geht uns nicht um die Selbst-Affirmation, sondern um die Selbst-Akzeptanz.

JUNGER MANN: Nicht um Selbst-Affirmation, sondern Selbst-Akzeptanz?

PHILOSOPH: Genau. Es gibt einen klaren Unterschied. Bei der Selbst-Affirmation gibt man sich selbst etwas vor, wie etwa: «Ich kann das», oder: «Ich bin stark», selbst wenn es die eigenen Fähigkeiten übersteigt. Sie kann mit einem Überlegenheitskomplex einhergehen und lässt sich sogar als eine Art der Selbstlüge bezeichnen. Bei Selbst-Akzeptanz andererseits akzeptiert man «sein unfähiges Selbst», wie es ist, wenn man etwas nicht kann, und macht einfach das, was man eben kann. Sie hat nicht den Charakter der Selbstlüge. Um es einfacher auszudrücken: Sie haben vielleicht nur gut die Hälfte von dem erreicht, was Sie wollten, sagen sich aber: *Ich habe dieses Mal nur Pech gehabt, und im Grunde habe ich hundert Prozent.* Das ist Selbst-Affirmation. Wenn man sich im Gegensatz dazu so akzeptiert, wie man ist, mit einer Quote von vielleicht sechzig Prozent, denkt man sich: *Wie soll ich es anstellen, näher an die hundert Prozent heranzukommen?* – das ist Selbst-Akzeptanz.

JUNGER MANN: Dann braucht man also nicht pessimistisch zu sein, auch wenn man nur sechzig Prozent hat?

PHILOSOPH: Natürlich nicht. Niemand ist perfekt. Wissen Sie noch, was ich gesagt habe, als ich Ihnen das Überlegenheitsstreben erklärt habe? Dass alle Menschen in der Situation sind, dass sie sich verbessern wollen? Andersherum gesagt, gibt es so etwas wie eine Hundert-Prozent-Person nicht. Dessen sollten wir uns bewusst sein.

JUNGER MANN: Hmm. Was Sie sagen, klingt in vielerlei Hinsicht positiv, aber es hat auch einen negativen Ton.

PHILOSOPH: Dafür benutze ich den Ausdruck «affirmative Resignation».

JUNGER MANN: «Affirmative Resignation»?

PHILOSOPH: Das ist auch bei der Aufgabentrennung der Fall – man findet heraus, was man ändern kann und was man nicht ändern kann. Das, womit man geboren wurde, kann man nicht verändern. Aber man kann sich aus eigener Kraft daranmachen, den Nutzen, der sich aus den eigenen Anlagen ziehen lässt, zu erhöhen. In diesem Fall muss man sich einfach auf das ausrichten, was man verändern kann, statt auf das, was man nicht verändern kann. Das nenne ich Selbst-Akzeptanz.

JUNGER MANN: Was man verändern kann und was nicht.

PHILOSOPH: Richtig. Akzeptieren Sie das, was nicht austauschbar ist. «Dieses Ich» einfach akzeptieren, wie es ist. Und den Mut haben zu ändern, was man ändern kann. Das ist Selbst-Akzeptanz.

JUNGER MANN: Hmm. Das erinnert mich daran, dass der Schriftsteller Kurt Vonnegut in einem seiner Bücher zitiert: «Gott gebe mir die Gelassenheit, Dinge hinzunehmen, die ich nicht ändern kann, den Mut, Dinge zu ändern, die ich ändern kann, und die Weisheit, das eine vom andern zu unterscheiden.» Das ist in dem Roman *Schlachthof 5*.

PHILOSOPH: Ja, ich kenne das Zitat. Es ist das Gelassenheitsgebet. Diese Worte sind sehr bekannt und werden seit vielen Jahren in christlichen Gemeinschaften vermittelt.

JUNGER MANN: Er benutzt sogar das Wort «Mut». Ich habe das Buch so aufmerksam gelesen, ich sollte es auswendig können. Aber ich habe diesen Punkt bis jetzt nie bemerkt.

PHILOSOPH: Stimmt. Uns fehlt nicht die Fähigkeit. Uns fehlt nur der *Mut*. Am Ende geht es nur um *Mut*.

JUNGER MANN: Da ist etwas an dieser «affirmativen Resignation», das pessimistisch klingt. Es wäre doch einfach zu trostlos, wenn diese ganze Diskussion am Ende auf Resignation hinauslaufen würde.

PHILOSOPH: Ist das so? Resignation bedeutet im Grunde, dass man die Dinge mit innerer Stärke und Akzeptanz ganz realistisch sieht. Ein klares Bild von der Wahrheit zu haben – das ist Resignation. Da ist nichts Pessimistisches dabei.

JUNGER MANN: Ein klares Bild von der Wahrheit …

PHILOSOPH: Natürlich entsteht nicht automatisch das Gemeinschaftsgefühl, nur weil man durch affirmative Resignation zur Selbst-Akzeptanz gefunden hat. Das ist die Realität. Wenn man von der Selbstbezogenheit zur Sorge um andere übergeht, wird das zweite Schlüsselkonzept – das Vertrauen in andere – unerlässlich.

JUNGER MANN: Das heißt, anderen zu glauben?

PHILOSOPH: Hier möchte ich betonen, dass man zwischen der herkömmlichen Art von Glauben und einer anderen Art, nämlich dem Vertrauen, unterscheiden muss. Zuerst einmal: Wenn wir gemeinhin von Glauben reden, meinen wir damit etwas, das mit festgelegten Bedingungen einhergeht. Wenn man zum Beispiel Geld von einer Bank leiht, braucht man irgendeine Sicherheit. Die Bank errechnet die Kreditsumme auf der Grundlage des Wertes dieser Sicherheit und sagt: «Wir leihen Ihnen so und so viel.» Diese Haltung, dass man jemandem etwas unter der Bedingung leiht, dass er es zurückzahlt, oder dass man ihm so viel leiht, wie er realistischerweise zurückzahlen kann, ist keine Haltung des Vertrauens. Es ist ein Glaube im Sinne einer Einschätzung.

JUNGER MANN: Nun ja, so funktioniert das Bankgeschäft, denke ich.

PHILOSOPH: Im Gegensatz dazu gründet sich das Fundament zwischenmenschlicher Beziehungen nach dem Standpunkt der Adler'schen Psychologie nicht auf diese Art von Glauben, sondern auf Vertrauen.

JUNGER MANN: Und Vertrauen in diesem Fall ist …?

PHILOSOPH: Es bedeutet, man vertraut anderen ohne irgendwelche festgelegten Bedingungen. Selbst wenn man keine ausreichende Basis dafür hat, um jemandem zu glauben, vertraut man ihm. Man vertraut bedingungslos, ohne sich Gedanken um solche Dinge wie Sicherheiten zu machen. Das ist Vertrauen.

JUNGER MANN: Bedingungslosigkeit? Es geht also wieder zu Ihrem Lieblingsbegriff der Nächstenliebe zurück?

PHILOSOPH: Natürlich wird es vorkommen, wenn man anderen ohne Bedingungen vertraut, dass man ausgenutzt wird. Genauso wie bei der Bank manche Kredite platzen. Dann erleiden wir Schaden. Die Haltung, selbst unter solchen Umständen weiterhin an jemanden zu glauben, nennen wir hier «Vertrauen in andere».

JUNGER MANN: Nur ein unbedarfter Schwachkopf würde so etwas tun! Ich nehme an, Sie halten es mit dem Glauben an das Gute im Menschen, während ich an das Böse im Menschen glaube. Vertrauen Sie bedingungslos einem völlig Fremden, werden Sie einfach ausgenutzt und reingelegt.

PHILOSOPH: Und es wird auch Momente geben, in denen Sie jemand betrügt und Sie ausgenutzt werden. Aber sehen Sie es einmal vom Standpunkt eines Menschen, der übervorteilt wurde. Es wird Leute geben, die weiterhin an Sie glauben, selbst wenn Sie derjenige sind, der sie ausgenutzt hat. Jemand, der Vertrauen in Sie setzt, egal, wie er behandelt wurde. Wären Sie imstande, so jemanden immer wieder zu betrügen?

JUNGER MANN: Hmm, nein. Na ja, es wäre …

PHILOSOPH: Ich bin sicher, es würde Ihnen ziemlich schwerfallen, so etwas zu tun.

JUNGER MANN: Wollen Sie damit im Grunde sagen, dass man an die Gefühle appellieren muss? Am Vertrauen festhalten, wie ein Heiliger, und an das Gewissen des anderen appellieren? Sie sagen mir, dass Moral für Adler keine Rolle spielt, aber geht es hier nicht genau darum?

PHILOSOPH: Nein, darum geht es nicht. Was, würden Sie sagen, ist das Gegenteil von Vertrauen?

JUNGER MANN: Das Gegenteil von Vertrauen? Hmm …

PHILOSOPH: Es ist Zweifel. Nehmen wir an, Sie haben Ihre zwischenmenschlichen Beziehungen auf «Zweifel» gegründet. Sie zweifeln im Leben immer an den anderen – an Ihren Freunden und sogar an Ihrer Familie und denen, die Sie lieben. Welche Art von Beziehung könnte daraus entstehen? Ihr Gegenüber wird den Zweifel in Ihren Augen sofort entdecken.

Er oder sie wird in einem Augenblick verstehen, dass «dieser Mensch kein Vertrauen zu mir hat». Glauben Sie, man könnte eine positive Beziehung darauf aufbauen? Genau deshalb, weil wir ein Fundament bedingungslosen Vertrauens legen, ist es möglich, eine starke Beziehung aufzubauen.

JUNGER MANN: Gut, das ist wohl so.

PHILOSOPH: Zum Verständnis der Adler'schen Psychologie gibt es einen einfachen Weg. Im Moment denken Sie gerade: *Wenn ich jemandem bedingungslos vertrauen müsste, würde man mich einfach ausnutzen.* Aber Sie sind nicht derjenige, der darüber entscheidet, ob ein Ausnutzen stattfindet oder nicht. Das ist Aufgabe der anderen Person. Sie müssen nur denken: *Was soll ich tun?* Wenn Sie sich sagen, ich gebe es ihm, wenn er mich nicht ausnutzt, ist es nur eine Beziehung des Glaubens, die sich auf Sicherheit oder Bedingungen gründet.

JUNGER MANN: Also trennt man auch hier die Aufgaben?

PHILOSOPH: Ja. Wie ich schon wiederholt erklärt habe, verwandelt die Trennung der Aufgaben das Leben in eine erstaunlich einfache Sache. Das Prinzip der Aufgabentrennung ist einfach zu begreifen, doch die praktische Umsetzung ist schwierig. Das gebe ich zu.

JUNGER MANN: Dann sagen Sie mir also, ich soll Vertrauen in jeden haben; ich soll weiterhin an alle Menschen glauben, selbst wenn sie mich betrügen, und einfach ein naiver Idiot bleiben? Das ist keine Philosophie oder Psychologie oder irgendetwas in der Art – das ist die Predigt eines religiösen Eiferes!

PHILOSOPH: Das weise ich entschieden zurück. Die Psychologie Adlers fordert nicht, auf der Basis eines moralischen Wertesystems anderen unter allen Umständen zu vertrauen. Unbedingtes Vertrauen ist ein Mittel, um die zwischenmenschliche Beziehung zu einer anderen Person zu verbessern und um eine horizontale Beziehung aufzubauen. Wenn Sie nicht den Wunsch haben, die Beziehung zu einer bestimmten Person zu verbessern, dann gehen Sie hin und trennen Sie sich. Denn die Durchführung der Trennung ist Ihre Aufgabe.

JUNGER MANN: Und was ist dann, wenn ich unbedingtes Vertrauen in einen Freund gesetzt habe, um unsere Beziehung zu verbessern? Ich habe mir für ihn die Beine ausgerissen, habe gerne seine Bitten um Geld erfüllt und habe für ihn weder Zeit noch Mühen gescheut. Aber selbst in solchen Fällen kommt es vor, dass man ausgenutzt wird. Zum Beispiel, wenn man fürchterlich von jemandem ausgenutzt wird, an den man hundertprozentig geglaubt hat – würde diese Erfahrung einen nicht zu einem Lebensstil mit der Perspektive «Andere Menschen sind Feinde» führen?

PHILOSOPH: Es scheint, als hätten Sie noch kein Verständnis für das Ziel von bedingungslosem Vertrauen erlangt. Wenn Sie zum Beispiel in einer Liebesbeziehung sind, aber Sie haben Zweifel in Bezug auf Ihre Partnerin, und Sie denken sich: *Ich wette, sie betrügt mich.* Und Sie machen verzweifelte Anstrengungen, um dafür Beweise zu finden. Was, denken Sie, wird als Ergebnis dessen passieren?

JUNGER MANN: Nun, ich nehme an, das hängt von der Situation ab.

PHILOSOPH: Nein. In jedem Fall würden Sie eine Flut von Hinweisen finden, dass sie Sie betrogen hat.

JUNGER MANN: Moment mal! Warum ist das so?

PHILOSOPH: Die beiläufigen Bemerkungen Ihrer Partnerin, ihr Ton, wenn sie mit jemandem am Telefon spricht, die Zeiten, zu denen Sie sie nicht erreichen können ... Solange wie Sie voller Zweifel auf alles blicken, wird alles in Ihrer Umgebung dafür sprechen, dass sie Sie betrügt. Selbst wenn sie das nicht tut.

JUNGER MANN: Hmm.

PHILOSOPH: Im Augenblick machen Sie sich nur Gedanken um die Male, die Sie ausgenutzt worden sind, und um nichts anderes. Sie konzentrieren sich nur auf die Schmerzen der Wunden, die Sie bei solchen Gelegenheiten erlitten haben. Aber wenn Sie Angst davor haben, anderen zu vertrauen, werden Sie langfristig zu niemandem eine tiefe Beziehung eingehen können.

JUNGER MANN: Ja, ich sehe, worauf Sie hinauswollen – das Hauptziel, nämlich starke und tiefe Beziehungen aufzubauen. Doch ausgenutzt zu werden ist furchtbar, und das ist ja die Realität, oder?

PHILOSOPH: Wenn es eine oberflächliche Beziehung ist, wird der Schmerz gering sein, wenn sie auseinanderbricht. Und die Freude, die diese Beziehung jeden Tag bringt, wird ebenfalls gering sein. Und es ist genau deswegen, weil man den Mut aufbringt, tiefere Beziehungen einzugehen, indem man Vertrauen zu anderen hat, dass die Freude an den zwischenmenschlichen Beziehungen wachsen kann und auch die Freude am Leben.

JUNGER MANN: Nein! Davon habe ich nicht gesprochen, Sie wechseln wieder das Thema. Der Mut, die Angst zu überwinden, ausgenutzt zu werden – woher kommt der?

PHILOSOPH: Er kommt aus der Selbst-Akzeptanz. Wenn man sich einfach so annehmen kann, wie man ist, und herausfindet, was man kann und was nicht, wird man fähig zu verstehen, dass das Thema des «Ausnutzens» die Aufgabe der anderen Person ist, und dann wird es weniger schwierig, das Vertrauen oder den bedingungslosen Glauben zu entwickeln.

JUNGER MANN: Sie sagen also, dass das Ausnutzen die Aufgabe der anderen Person ist und man nichts dagegen tun kann? Dass ich resignieren soll, auf affirmative Weise? Ihre Argumente berücksichtigen nicht unsere Gefühle. Was macht man mit all der Wut und der Trauer, die man fühlt, wenn man ausgenutzt wird?

PHILOSOPH: Wenn man traurig ist, sollte man nach Herzenslust traurig sein. Gerade wenn man versucht, dem Schmerz und der Trauer zu entkommen, wird man blockiert und kann keine tiefen Beziehungen mehr eingehen. Denken Sie einmal auf diese Weise darüber nach: Wir können vertrauen. Und wir können zweifeln. Aber wir streben danach, andere als unsere Mitmenschen zu sehen. Zu vertrauen oder zu zweifeln – die Entscheidung sollte auf der Hand liegen.

DAS WESEN DER ARBEIT IST DAS ENGAGEMENT FÜR DAS ALLGEMEINWOHL

JUNGER MANN: Gut. Nun, nehmen wir mal an, ich habe es geschafft, Selbst-Akzeptanz zu erreichen. Und ich habe auch Vertrauen in andere entwickelt. Welche Art von Veränderung in mir selbst würde das dann bedeuten?

PHILOSOPH: Zuerst einmal akzeptiert man sein eigenes nicht austauschbares «dieses Ich», so wie es ist. Das ist Selbst-Akzeptanz. Dann setzt man bedingungsloses Vertrauen in andere Menschen. Das bedeutet Vertrauen in andere. Man kann sich selbst annehmen und Vertrauen in andere haben. Was bedeuten dann andere Menschen jetzt für Sie?

JUNGER MANN: … Meine Mitmenschen?

PHILOSOPH: Genau. Tatsächlich ist das Vertrauen in andere damit verbunden, sie als Mitmenschen zu sehen. Weil sie Gefährten sind, hat man Vertrauen in sie. Wären sie das nicht, könnte man keine Vertrauensebene erreichen. Und da man andere als Mitmenschen hat, findet man als Folge in der Gemeinschaft, der man angehört, eine Zuflucht. So kann man also das Zugehörigkeitsgefühl gewinnen, das einem vermittelt: «Es ist gut, hier zu sein.»

JUNGER MANN: Mit anderen Worten: Sie sagen, um das Gefühl zu haben, «es ist gut, hier zu sein», muss man die anderen als Mitmenschen sehen. Und um dort hinzukommen, braucht man sowohl Selbst-Akzeptanz als auch Vertrauen in andere.

PHILOSOPH: Richtig. Sie begreifen das jetzt schon schneller. Um noch einen Schritt weiterzugehen, könnte man sagen, dass Menschen, die andere als Feinde ansehen, keine Selbst-Akzeptanz besitzen und nicht genügend Vertrauen in andere.

JUNGER MANN: Na gut. Es stimmt, dass die Menschen nach dem Zugehörigkeitsgefühl suchen, dass es «gut ist, hier zu sein». Und um das zu erreichen, benötigen sie Selbst-Akzeptanz und Vertrauen in andere. Dagegen habe ich nichts einzuwenden. Aber ich weiß nicht. Kann man wirklich ein Zugehörigkeitsgefühl erlangen, einfach indem man andere als Mitmenschen sieht und Vertrauen zu ihnen hat?

PHILOSOPH: Natürlich, Gemeinschaftsgefühl ist nichts, was man nur durch Selbst-Akzeptanz und Vertrauen in andere erlangt. An genau diesem Punkt wird das dritte Schlüsselkonzept – das Engagement für andere – notwendig.

JUNGER MANN: Engagement für andere?

PHILOSOPH: Das heißt, auf irgendeine Weise etwas für seine Mitmenschen zu tun. Zu versuchen, etwas zur Gemeinschaft beizutragen. Das heißt «Engagement für andere».

JUNGER MANN: Wenn Sie also sagen, «etwas beizutragen», meinen Sie eine Geisteshaltung der Selbst-Aufopferung, dass man sich in den Dienst der Menschen in seinem Umfeld stellt?

PHILOSOPH: Engagement für andere bedeutet nicht Selbst-Aufopferung. Adler geht sogar so weit zu sagen, dass diejenigen, die ihr eigenes Leben für andere opfern, sich zu sehr an die Gesellschaft angepasst haben. Und bitte vergessen Sie nicht: Wir sind uns nur dann unseres eigenen Wertes wirklich bewusst, wenn wir spüren, dass unser Dasein und unser Verhalten der

Gemeinschaft Nutzen bringt – das heißt, wenn wir spüren: «Ich bin für jemanden wichtig.» Erinnern Sie sich noch? Anders gesagt, hat Engagement für andere weniger damit zu tun, das «Ich» loszuwerden und für jemand anderen von Nutzen zu sein, als vielmehr damit, etwas zu tun, um sich des Wertes des «Ich» wirklich bewusst zu werden.

JUNGER MANN: Engagement für andere macht man für sich selbst?

PHILOSOPH: Ja. Es ist nicht nötig, das Selbst zu opfern.

JUNGER MANN: Oho, hier fängt Ihre Argumentation an zu bröckeln, oder? Sie haben sich jetzt wunderbar Ihr eigenes Grab geschaufelt. Um das «Ich» zufriedenzustellen, engagiert man sich für andere. Ist nicht genau das die Definition für Heuchelei? Ich habe schon gesagt: Ihre ganze Argumentation ist scheinheilig. Sie ist aalglatt. Wissen Sie, ich würde lieber dem Gauner vertrauen, der ehrlich in Bezug auf seine Absichten ist, als dem Gutmenschen, der einen Haufen Lügen erzählt.

PHILOSOPH: Das sind eine Menge übereilter Schlussfolgerungen. Sie haben das Gemeinschaftsgefühl noch nicht richtig verstanden.

JUNGER MANN: Dann wäre es schön, wenn Sie ein paar konkrete Beispiele liefern könnten – von dem, was Sie als Engagement für andere betrachten.

PHILOSOPH: Das am einfachsten verständliche Engagement für andere ist wahrscheinlich die Arbeit. Mitglied der Gesellschaft zu sein und ins Berufsleben einzutreten. Oder sich um den Haushalt zu kümmern. Arbeit ist kein Mittel, um Geld zu verdienen. Arbeit ist das, wodurch wir anderen etwas geben und unseren Beitrag für die Gesellschaft leisten. Und durch Arbeit können wir wirklich spüren, dass wir «für jemanden wichtig sind», und sogar lernen, den Wert unseres Daseins anzunehmen.

JUNGER MANN: Sie wollen sagen, das Wesentliche der Arbeit liegt im Engagement für das Allgemeinwohl?

PHILOSOPH: Geld zu verdienen ist natürlich auch ein wichtiger Faktor. Das hat Ähnlichkeit mit dem Zitat von Dostojewski, auf das Sie gestoßen sind: «Geld ist in Münzen geprägte Freiheit.» Aber es gibt Menschen, die so viel Geld haben, dass sie es niemals ausgeben könnten. Und viele von ihnen sind weiter mit ihrer Arbeit beschäftigt. Warum arbeiten sie? Werden sie von grenzenloser Gier getrieben? Nein. Sie arbeiten, weil sie dadurch etwas zur Gesellschaft beitragen und auch ihr Zugehörigkeitsgefühl stärken können, ihr Gefühl, dass «es gut ist, hier zu sein». Reiche Leute, die ein großes Vermögen angehäuft haben und dann ihre Energie für wohltätige Zwecke einsetzen, tun dies, um ein Gefühl ihres eigenen Wertes zu bekommen und sich selbst zu bestätigen, dass «es gut ist, hier zu sein».

JUNGER MANN: Hmm, ich glaube auch, das ist ein Teil der Wahrheit. Aber …

PHILOSOPH: Aber was?

Selbst-Akzeptanz: Sein nicht austauschbares «dieses Ich» anzunehmen, so wie es ist. Vertrauen in andere: Bedingungsloses Vertrauen als Fundament seiner zwischenmenschlichen Beziehungen anzunehmen, statt Zweifel zu hegen. Der junge Mann fand diese beiden Konzepte tatsächlich überzeugend. Das Engagement für andere jedoch war etwas, das er nicht ganz begreifen konnte. *Wenn dieses Engage-*

ment etwas «für andere Menschen» sein soll, dann musste es doch eine schmerzliche Aufopferung bedeuten. Wenn es auf der anderen Seite im Grunde «für einen selbst» ist, stellt dies den Gipfel der Heuchelei dar. Dieser Punkt muss eindeutig klargestellt werden. Mit resoluter Stimme sprach der junge Mann weiter.

JUNGER MANN: Ich gebe zu, dass Arbeit Aspekte eines Engagements für andere enthält. Doch die Denkweise, nach der man sich nach außen für andere engagiert, wenn man in Wahrheit etwas für sich selbst tut, ist nichts anderes als Heuchelei. Wie wollen Sie das erklären?

PHILOSOPH: Stellen Sie sich folgende Szene vor: Es ist nach dem Abendessen zu Hause, und es steht noch Geschirr auf dem Tisch. Die Kinder sind in ihre Zimmer gegangen, und der Mann sitzt auf dem Sofa und sieht fern. Es ist der Frau (mir) überlassen, den Abwasch zu machen und alles aufzuräumen. Was die Sache noch schlimmer macht: Die Familie hält dies für selbstverständlich und unternimmt nicht den leisesten Versuch zu helfen. In einer solchen Situation würde man normalerweise denken: *Warum helfen sie mir nicht?* Oder: *Warum muss ich die ganze Arbeit machen?* Und selbst wenn ich keine Worte des Dankes von der Familie höre, während ich sauber mache, möchte ich doch, dass sie denken, ich bin für die Familie wichtig. Statt aber zu denken, was andere für mich tun können, sollte ich daran denken – und es auch in die Praxis umsetzen –, was ich für andere tun kann. Einfach durch dieses Gefühl des Engagements wird die Wirklichkeit vor meinen Augen eine völlig andere Färbung annehmen. Wenn ich vor mich hin grummele, während ich das Geschirr abwasche, ist es tatsächlich kein Vergnügen, in meiner Nähe zu sein, und jeder wird einfach auf Abstand gehen. Wenn ich andererseits vor mich hin summe und das Geschirr mit guter Laune abwasche, kommen vielleicht die Kinder und gehen mir zur Hand. Zumindest schaffe ich eine Atmosphäre, in der es für sie einfacher ist, ihre Hilfe anzubieten.

JUNGER MANN: Na ja, das mag vielleicht in diesem Rahmen der Fall sein.

PHILOSOPH: Und wie kommt es, dass ich in diesem Rahmen das Gefühl habe, einen Beitrag zu leisten? Das habe ich, weil ich mir die anderen Familienmitglieder als meine Mitmenschen vorstellen kann. Wenn ich das nicht kann, werden mir unausweichlich Gedanken durch den Kopf gehen wie: *Warum bin ich die Einzige, die das macht?* Und: Warum hilft mir niemand? Einen Beitrag zu leisten, während man die anderen als Feinde betrachtet, kann tatsächlich zu Heuchelei führen. Aber wenn die anderen Mitmenschen sind, sollte das nicht passieren, egal, welchen Beitrag man leistet. Sie halten sich an dem Wort Heuchelei fest, weil Sie das Gemeinschaftsgefühl noch nicht völlig verstanden haben.

JUNGER MANN: Okay …

PHILOSOPH: Der Einfachheit halber habe ich bis zu diesem Punkt über Selbst-Akzeptanz, Vertrauen in andere und Engagement für andere gesprochen. Doch diese drei sind als untrennbares Ganzes miteinander verbunden, in einer Art kreisförmiger Struktur. Weil man sich selbst genau so akzeptiert, wie man ist – sich selbst akzeptiert –, kann man Vertrauen in andere haben, ohne die Angst, ausgenutzt zu werden. Und weil man bedingungsloses Vertrauen in andere hat und die anderen als seine Mitmenschen empfindet, kann man sich für andere engagieren. Dieses Engagement wiederum ermöglicht dieses tiefe Bewusstsein darüber, dass man für jemand anderen von Nutzen ist, und man kann sich akzeptieren, wie man wirklich ist. Man kann sich selbst akzeptieren. Die Notizen, die Sie neulich gemacht haben, haben Sie die dabei?

JUNGER MANN: Oh, Sie meinen die Notizen über die Ziele, die die Adler'sche Psychologie vertritt? Ich habe sie natürlich seit diesem Tage bei mir. Hier sind sie: «Die zwei Ziele in Bezug auf das Verhalten: selbständig zu sein und in Harmonie mit der Gesellschaft zu leben. Die zwei Ziele für die Psychologie, die dieses Verhalten unterstützt: das Bewusstsein, *dass ich die Fähigkeit besitze*, und das Bewusstsein, *dass die Leute meine Mitmenschen sind.*»

PHILOSOPH: Wenn Sie den Inhalt dieser Notizen damit in Zusammenhang bringen, was wir gerade diskutiert haben, sollten Sie ein tieferes Verständnis erreichen. Anders gesagt, «selbständig zu sein» und «das Bewusstsein dafür, dass ich die Fähigkeit besitze», entspricht unserem Gespräch über Selbst-Akzeptanz. Und «in Harmonie mit der Gesellschaft zu leben» und «das Bewusstsein, dass die Leute meine Mitmenschen sind», steht dann in Zusammenhang mit Vertrauen in andere und schließlich mit dem Engagement für andere.

JUNGER MANN: Ich verstehe. Das Ziel des Lebens ist also Gemeinschaftsgefühl. Ich denke dennoch, es wird eine Weile dauern, bis ich das in meinem Kopf klarhabe.

PHILOSOPH: Ja, das wird es wahrscheinlich. Wie Adler selbst sagte: «Einen Menschen zu verstehen ist keine einfach Sache. Von allen Formen der Psychologie ist die Individualpsychologie wahrscheinlich am schwierigsten zu erlernen und anzuwenden.»

JUNGER MANN: Das stimmt genau! Selbst wenn die Theorie überzeugend ist, so ist es doch schwer, sie in die Praxis umzusetzen.

PHILOSOPH: Es heißt sogar, man benötigt, um die Psychologie Adlers wirklich zu verstehen und sie auf reale Veränderungen seines Lebensstils anzuwenden, «die Hälfte seiner bereits gelebten Jahre». Im Klartext: Wenn Sie im Alter von vierzig damit beginnen würden, sich damit zu beschäftigen, würde es weitere zwanzig dauern, bis Sie sechzig sind. Wenn Sie im Alter von zwanzig damit beginnen würden, wären es zehn Jahre, bis Sie dreißig werden. Sie sind noch jung. In einer so frühen Lebensphase anzufangen bedeutet, dass Sie sich wahrscheinlich schneller verändern können. In diesem Sinne gehen Sie den Älteren dieser Welt voran. Indem Sie sich daranmachen, sich zu verändern und gewissermaßen eine neue Welt zu erschaffen, haben Sie auch mir etwas voraus. Es ist in Ordnung, wenn Sie vom Weg abkommen oder den Fokus verlieren. Machen Sie sich nicht von vertikalen Beziehungen abhängig und haben Sie keine Angst davor, dass man Sie nicht mag. Gehen Sie einfach unbeirrt Ihren Weg. Wenn all die Älteren sehen könnten, dass ihnen junge Menschen vorangehen, würde sich die Welt erheblich verändern, da bin ich mir sicher.

JUNGER MANN: Ich habe Ihnen etwas voraus?

PHILOSOPH: Sicher. Wir bewegen uns auf demselben Boden, und Sie gehen mir voran.

JUNGER MANN: (lacht) Sie sind der Erste, dem ich je begegnet bin, der so etwas zu jemandem sagt, der jung genug ist, sein Sohn zu sein.

PHILOSOPH: Ich wünschte, es würden immer mehr junge Menschen von den Ideen Adlers erfahren. Und ich wünschte, das würden auch mehr Ältere tun. Denn die Menschen können sich verändern, unabhängig davon, wie alt sie sind.

JUNGER MANN: Gut. Ich gebe gerne zu, dass ich nicht den Mut habe, Schritte in Richtung Selbst-Akzeptanz oder Vertrauen in andere zu unternehmen. Aber ist dies wirklich nur die Schuld des «Ich»? Ist es nicht auch tatsächlich ein Problem, das von anderen Menschen herrührt, die mich ungerechtfertigt anklagen und attackieren?

PHILOSOPH: Ganz bestimmt ist nicht jeder Mensch auf der Welt gut und tugendhaft. In seinen persönlichen Beziehungen macht man jede Menge unangenehmer Erfahrungen. Doch etwas darf man an dieser Stelle nicht missverstehen: die Tatsache, dass in jedem Fall «diese Person», die einen angreift, das Problem hat, und es ist ganz sicher nicht so, dass jeder Mensch böse ist. Menschen mit einem neurotischen Lebensstil neigen dazu, ihre Aussagen mit solchen Worten wie «jeder» und «immer» und «alles» zu durchsetzen. «Alle hassen» mich, sagen sie, oder: «Immer bin ich es, der das Nachsehen hat», oder: «Alles ist falsch.» Wenn Sie glauben, dass Sie auch gewohnheitsmäßig solche verallgemeinernden Aussagen benutzen, sollten Sie aufmerksamer sein.

JUNGER MANN: Tja, das klingt ziemlich vertraut.

PHILOSOPH: In der Psychologie Adlers glauben wir, das ist eine Lebensweise, der es an «Lebensharmonie» fehlt, in der man nur einen Teil der Dinge sieht, aber das Ganze beurteilt.

JUNGER MANN: Lebensharmonie?

PHILOSOPH: In den Lehren des Judentums findet sich folgende Anekdote: «Wenn da zehn Personen sind, wird dich eine davon kritisieren, was auch immer du tust. Diese Person wird gegen dich eingenommen sein, und du wirst es auch nicht schaffen, sie zu mögen. Dann gibt es zwei andere, die alles an dir akzeptieren und die du ebenfalls akzeptierst, und ihr werdet gute Freunde werden. Die restlichen sieben Personen gehören keiner dieser beiden Kategorien an.» Nun, konzentrieren Sie sich auf die eine Person, die Sie nicht mag? Oder achten Sie mehr auf die beiden, die Sie lieben? Oder konzentrieren Sie sich auf die große Gruppe der anderen sieben? Jemand, dem die Lebensharmonie fehlt, wird nur die Person sehen, die er nicht mag, und wird daraus ein Urteil über die Welt ableiten.

JUNGER MANN: Interessante Hypothese.

PHILOSOPH: Vor einiger Zeit habe ich an einem Workshop für Stotterer und ihre Familien teilgenommen. Kennen Sie jemanden, der eine solche Sprachstörung hat?

JUNGER MANN: Ja, es gab in meiner Schule jemanden, der stotterte. Es muss schwierig sein, damit umzugehen, sowohl für denjenigen, der das Problem hat, als auch für seine Familie.

PHILOSOPH: Warum ist es schwierig, mit dem Stottern umzugehen? Aus Sicht der Adler'schen Psychologie sind diese Menschen nur mit ihrer eigenen Art des Sprechens beschäftigt, sie haben Minderwertigkeitsgefühle und empfinden ihr Leben als unerträglich schwer. Als Folge davon werden sie gehemmt und stolpern immer mehr über ihre Worte.

JUNGER MANN: Sie sind nur mit ihrer eigenen Art des Sprechens beschäftigt?

PHILOSOPH: Genau. Nicht viele Menschen lachen über jemanden, der ab und zu über seine Worte stolpert, oder machen sich über ihn lustig. Um bei dem Beispiel von eben zu bleiben: Es wäre wahrscheinlich nicht mehr als eine Person in einer Gruppe von zehn – höchstens. In jedem Fall ist es am besten, die Beziehung zu einer solch dummen Person, die diese Haltung einnimmt, einfach abzubrechen. Doch wenn es einem an Harmonie im Leben fehlt, wird man sich nur auf diese eine Person konzentrieren und am Ende denken: *Alle lachen über mich.*

JUNGER MANN: Aber das ist doch nur menschlich!

PHILOSOPH: Ich habe eine Lesegruppe, die sich regelmäßig trifft, und einer der Teilnehmer stottert. Das zeigt sich manchmal, wenn er an der Reihe ist vorzulesen. Aber niemand dort gehört zu diesen Leuten, die deshalb über jemanden lachen würden. Alle sitzen nur ganz ruhig da und warten entspannt, bis das nächste Wort herauskommt. Ich bin mir sicher, das ist nicht nur so in meiner Lesegruppe. Wenn die eigenen zwischenmenschlichen Beziehungen nicht gut laufen, kann es nicht dem Stottern oder dem Erröten oder etwas in der Art angelastet werden. Obwohl das Problem im Grunde darin besteht, dass man keine Selbst-Akzeptanz oder Vertrauen in andere erreicht hat – oder Engagement für andere, wenn wir schon einmal dabei sind –, konzentriert man sich nur auf die winzigen Dinge, die einfach keine Rolle spielen sollten, und versucht aus ihnen ein Urteil über die ganze Welt abzuleiten. Das ist ein verkehrter Lebensstil, und es fehlt an Harmonie im Leben.

JUNGER MANN: Haben Sie den Menschen, die unter dem Stottern leiden, wirklich ein solch harsches Bild vermittelt?

PHILOSOPH: Natürlich. Zuerst gab es ein paar Gegenreaktionen, aber am Ende des Drei-Tage-Workshops stimmte mir jeder aus tiefstem Herzen zu.

JUNGER MANN: Es ist mit Sicherheit eine faszinierende Argumentation. Aber Menschen, die unter Stottern leiden, scheinen mir ein ziemlich spezieller Fall zu sein. Können Sie mir noch andere Beispiele geben?

PHILOSOPH: Nun, ein anderes Beispiel wäre der Workaholic. Auch das ist jemand, dem es ganz klar an Lebensharmonie fehlt.

JUNGER MANN: Ein Workaholic? Warum denn das?

PHILOSOPH: Menschen, die unter Stottern leiden, sehen nur einen Ausschnitt, urteilen aber über das Ganze. Bei Arbeitssüchtigen liegt der Schwerpunkt nur auf einem bestimmten Aspekt des Lebens. Sie versuchen dies wahrscheinlich zu rechtfertigen, indem sie sagen: «In meinem Job ist so viel zu tun, deshalb habe ich keine Zeit, mich um meine Familie zu kümmern.» Doch das ist eine Lebenslüge. Sie versuchen lediglich, ihrer Verantwortung zu entgehen, und nutzen die Arbeit als Entschuldigung dafür. Man sollte sich mit allem beschäftigen, von den Pflichten im Haushalt und der Kindererziehung bis hin zu seinen Freundschaften, Hobbys und so weiter; Adler akzeptiert keinen Lebensstil, in dem bestimmte Aspekte ungewöhnlich dominant sind.

JUNGER MANN: Ah … Genau so ein Mensch war mein Vater. Es war einfach: Sei ein Arbeitstier, vergrab dich in deine Arbeit, und liefere Ergebnisse. Und dann: Herrsche über deine Familie auf der Basis dessen, dass du der Ernährer bist. Er war ein echter Patriarch.

PHILOSOPH: In gewisser Hinsicht ist das eine Art zu leben, bei der man sich weigert, seine Lebensaufgaben anzunehmen. «Arbeit» heißt nicht, eine Stelle in einer Firma zu haben. Arbeit zu Hause, Kindererziehung, Engagement für die Gemeinde oder die Gesellschaft, Hobbys und alle anderen Arten der Betätigung sind auch Arbeit. Firmen sind davon nur ein kleiner Teil. Wenn man so lebt, dass man nur die Tätigkeit in der Firma als Arbeit anerkennt, fehlt es einem an Lebensharmonie.

JUNGER MANN: Genau! Und es ist auch nicht so, dass die Familie, die er ernährt, irgendein Mitspracherecht in der Sache hätte. Man kann sich nicht mit seinem Vater anlegen, wenn er einen in aggressivem Ton anknurrt: «Mir habt ihr es zu verdanken, dass das Essen auf dem Tisch steht.»

PHILOSOPH: Ein solcher Vater kann vermutlich seinen eigenen Wert nur auf der Ebene des Tuns sehen. Er arbeitet die ganze Zeit, bringt genug Geld nach Hause, um eine Familie zu ernähren, und wird von der Gesellschaft geschätzt – und auf dieser Grundlage sieht er sich selbst als jemandem, der mehr wert ist als die anderen Familienmitglieder. Für jeden von uns kommt allerdings eine Zeit, wenn wir keine Funktion mehr als Ernährer haben. Wenn man älter wird und das Rentenalter erreicht zum Beispiel, hat man wahrscheinlich keine andere Wahl, als von seiner Rente zu leben oder Unterstützung von seinen Kindern anzunehmen. Selbst wenn man jung ist, können Verletzungen oder schlechte Gesundheit dazu führen, dass man nicht mehr arbeiten kann. In solchen Situationen sind alle, die sich nur auf der Ebene des Tuns akzeptieren können, sehr im Nachteil.

JUNGER MANN: Sie meinen die Leute, deren Lebensstil nur auf Arbeit ausgerichtet ist?

PHILOSOPH: Ja. Menschen, deren Leben es an Harmonie fehlt.

JUNGER MANN: Bei diesem Beispiel beginne ich zu verstehen, was Sie mit der Ebene des Seins meinen, die Sie letztes Mal angesprochen haben. Und ich habe mir sicherlich noch nicht viele Gedanken darüber gemacht, dass ich eines Tages nicht mehr in der Lage sein werde zu arbeiten oder etwas auf der Ebene der Handlungen zu tun.

PHILOSOPH: Akzeptiert man sich auf der Ebene der Handlungen oder auf der Ebene des Seins? Das ist wahrlich eine Frage, die mit dem Mut zu tun hat, glücklich zu sein.

JUNGER MANN: Der Mut, glücklich zu sein. Tja, erzählen Sie doch mal, was für eine Art von Mut das sein soll.

PHILOSOPH: Ja, das ist ein sehr wichtiges Thema.

JUNGER MANN: Sie behaupten, dass alle Probleme zwischenmenschlicher Natur sind. Und dann kehren Sie das um und sagen, dass auch unser Glück in zwischenmenschlichen Beziehungen zu finden ist. Doch das kann ich immer noch schwer akzeptieren. Ist das, was die Menschen Glück nennen, lediglich etwas innerhalb unserer guten zwischenmenschlichen Beziehungen? Soll das heißen, das Ziel unseres Daseins sind diese winzigen Erholungspausen und Freuden?

PHILOSOPH: Ich kann mir sehr gut vorstellen, mit welchen Punkten Sie zu kämpfen haben. Als ich das erste Mal eine Vorlesung über die Psychologie Adlers besuchte, stellte der Dozent, Oscar Christensen, die folgende Behauptung auf: «Wer heute meinen Vortrag wirklich hört, kann sofort glücklich sein, von diesem Moment an. Doch die anderen werden nie in der Lage sein, glücklich zu sein.»

JUNGER MANN: Wow! Das ist ja direkt Bauernfängerei! Sie wollen mir doch nicht sagen, dass Sie darauf reingefallen sind, oder?

PHILOSOPH: Was bedeutet Glück für die Menschen? Das ist ein Thema, das sich seit der Antike durch die Philosophie zieht. Ich habe Psychologie immer nur als ein Gebiet der Philosophie betrachtet, von daher hat mich die Psychologie als Ganzes nur sehr wenig interessiert. Und so habe ich mich als Student der Philosophie auf meine Weise mit der Frage beschäftigt: Was ist

Glück? Es würde der Wahrheit nicht gerecht, wenn ich nicht zugeben wollte, dass ich bei Christensens Worten einen gewissen Widerwillen gespürt habe. Doch gleichzeitig mit diesem Widerwillen wurde mir etwas klar. Ich hatte mir viele tiefgründige Gedanken über die wahre Natur des Glücks gemacht und nach Antworten gesucht. Aber ich habe nicht immer gründlich über die Frage nachgedacht: Wie kann man glücklich sein? Mir wurde damals klar, dass ich, obwohl Student der Philosophie, vielleicht nicht glücklich war.

JUNGER MANN: Ich verstehe. Ihre erste Begegnung mit der Psychologie Adlers begann also mit einem Gefühl der Unstimmigkeit?

PHILOSOPH: So ist es.

JUNGER MANN: Dann sagen Sie mir bitte: Sind Sie schließlich glücklich geworden?

PHILOSOPH: Natürlich.

JUNGER MANN: Wie können Sie da so sicher sein?

PHILOSOPH: Für einen Menschen ist es das größte Unglück, nicht fähig zu sein, sich selbst zu lieben. Adler lieferte eine sehr einfache Antwort für dieses Problem – nämlich dass das Gefühl, der Gesellschaft von Nutzen zu sein, das Einzige ist, was einem ein echtes Bewusstsein seines eigenen Wertes verschaffen kann.

JUNGER MANN: Meinen Sie das «Engagement für andere», über das Sie früher sprachen?

PHILOSOPH: Ja. Und ein wichtiger Punkt dabei ist: Wenn wir von Engagement für andere sprechen, spielt es keine Rolle, ob es nach außen sichtbar ist.

JUNGER MANN: Es spielt keine Rolle, ob es nach außen sichtbar ist?

PHILOSOPH: Nicht Sie entscheiden darüber, ob Ihr Engagement nützlich ist. Das ist die Aufgabe anderer Menschen, und Sie können hier nicht eingreifen. Grundsätzlich gibt es noch nicht einmal eine Möglichkeit zu wissen, ob Sie wirklich etwas Sinnvolles beigetragen haben. Das soll heißen, wenn wir uns für andere engagieren, muss unser Beitrag nicht sichtbar sein – wir brauchen als Einziges das subjektive Gefühl, für jemanden von Nutzen zu sein, ein Gefühl des Engagements eben.

JUNGER MANN: Warten Sie! Wenn das so ist, dann ist das, was Sie Glück nennen …

PHILOSOPH: Verstehen Sie jetzt? Mit einem Wort: Glück ist das Gefühl, einen Beitrag zu leisten. Das ist die Definition von Glück.

JUNGER MANN: Aber, aber das ist …

PHILOSOPH: Stimmt etwas nicht?

JUNGER MANN: Auf keinen Fall kann ich eine derart simple Definition akzeptieren. Sehen Sie, ich habe nicht vergessen, was Sie mir früher gesagt haben. Sie sagten: «Obwohl man auf der Ebene des Tuns vielleicht niemandem von Nutzen ist, ist auf der Ebene des Seins jeder Mensch von Nutzen.» Aber wenn das so ist, dann wären nach Ihrer Logik alle Menschen glücklich!

PHILOSOPH: Alle Menschen können glücklich sein. Aber das heißt natürlich nicht, dass alle Menschen glücklich sind. Ob es nun um die Ebene des Tuns oder die Ebene des Seins geht, man muss fühlen, dass man für jemanden von Nutzen ist. Das bedeutet, man braucht ein Gefühl des Engagements.

JUNGER MANN: Dann wollen Sie mir also zu verstehen geben, dass der Grund, warum ich nicht glücklich bin, darin liegt, dass ich kein Gefühl des Engagements habe?

PHILOSOPH: So ist es.

JUNGER MANN: Wie kann ich denn ein Gefühl des Engagements erlangen? Durch Arbeit? Durch ehrenamtliche Tätigkeiten?

PHILOSOPH: Früher haben wir einmal über den Wunsch nach Anerkennung gesprochen. Auf meine Behauptung, man dürfe nicht nach Anerkennung streben, erwiderten Sie, dass der Wunsch nach Anerkennung ein universelles Bedürfnis sei.

JUNGER MANN: Ja, das stimmt. Aber offen gestanden, in diesem Punkt bin ich mir noch nicht ganz sicher.

PHILOSOPH: Aber ich bin sicher, dass der Grund, aus dem Menschen nach Anerkennung streben, Ihnen jetzt klar ist. Der Mensch möchte sich selbst mögen. Er möchte fühlen, dass er einen Wert hat. Um das zu erreichen, strebt er nach dem Gefühl des Engagements, das ihm sagt: «Ich bin für jemand anderen von Nutzen.» Und er sucht die Anerkennung von anderen als einfaches Mittel, um dieses Gefühl zu bekommen.

JUNGER MANN: Sie meinen, der Wunsch nach Anerkennung ist ein Mittel, um ein Gefühl des Engagements zu bekommen?

 PHILOSOPH: Ist es nicht so?

JUNGER MANN: Auf gar keinen Fall. Das widerspricht allem, was Sie bisher gesagt haben. Sollte denn nicht Anerkennung von anderen ein Mittel sein, um das Gefühl zu gewinnen, dass man seinen Beitrag leistet? Und dann sagen Sie: «Glück ist das Gefühl des Engagements.» Wenn das so ist, dann ist die Erfüllung des Verlangens nach Anerkennung direkt mit dem Glück verbunden, oder? (lacht) Endlich haben Sie doch zugegeben, dass der Wunsch nach Anerkennung notwendig ist.

PHILOSOPH: Sie vergessen einen wichtigen Punkt. Wenn sich herausstellt, dass das Mittel, um ein Gefühl des Engagements zu bekommen, das «Anerkanntwerden von anderen» ist, wird man langfristig keine andere Wahl haben, als nur in Übereinstimmung mit den Wünschen anderer Leute durchs Leben zu gehen. In einem Gefühl des Engagements, das über den Wunsch nach Anerkennung erreicht wird, liegt keine Freiheit. Wir sind Wesen, die die Freiheit wählen, während sie das Glück anstreben.

JUNGER MANN: Dann kann man also nur dann glücklich sein, wenn man frei ist?

PHILOSOPH: Ja. Freiheit im Sinne der Institutionen kann sich unterscheiden, je nach dem Land, den Zeiten oder der Kultur. Aber Freiheit in unseren zwischenmenschlichen Beziehungen ist universell.

JUNGER MANN: Sie wollen auf gar keinen Fall den Wunsch nach Anerkennung akzeptieren?

PHILOSOPH: Wenn man wirklich ein Gefühl des Engagements hat, wird es kein Bedürfnis mehr geben, von anderen Anerkennung zu erhalten, weil man sich wirklich bewusst ist, dass man für andere «von Nutzen ist», ohne dass man von seinem Weg abweichen müsste, um von anderen bestätigt zu werden. Mit anderen Worten, jemand, der von dem Wunsch nach Anerkennung besessen ist, wird noch kein Gemeinschaftsgefühl haben, und hat es noch nicht geschafft, Selbst-Akzeptanz, Vertrauen in andere und Engagement für andere zu leben.

JUNGER MANN: Dann wird also das Verlangen nach Anerkennung verschwinden, wenn man das Gemeinschaftsgefühl erreicht hat?

PHILOSOPH: Ja, es wird verschwinden. Es gibt dann kein Bedürfnis nach Anerkennung von anderen mehr.

Die Argumente des Philosophen könnten also folgendermaßen zusammengefasst werden: Der Mensch kann sich nur dann seines eigenen Wertes wahrhaft bewusst werden, wenn er das Gefühl haben kann, «für andere von Nutzen zu sein». Dabei kommt es jedoch nicht darauf an, dass das in die Tat umgesetzte Engagement in irgendeiner Form sichtbar ist. Es genügt, das subjektive Gefühl zu haben, für jemand anderen von Nutzen zu sein, das heißt ein Gefühl des Engagements. Und dann kommt der Philosoph zu folgendem Schluss: Glück ist das Gefühl des Engagements. Darin schien durchaus eine gewisse Wahrheit zu liegen. *Aber ist das wirklich alles, was Glück ausmacht? Nicht wenn es um das Glück geht, nach dem ich suche!*

JUNGER MANN: Sie haben meine Frage noch nicht beantwortet. Vielleicht kann ich tatsächlich lernen, mich zu mögen, wenn ich mich für andere engagiere. Vielleicht kann ich das Gefühl bekommen, Wert zu haben, kein wertloses Etwas zu sein. Aber ist das alles, was man braucht, um glücklich zu sein? Ich bin auf diese Welt gekommen, und wenn es mir nicht gelingt, so eine große Aufgabe zu leisten, dass sich folgende Generationen noch an mich erinnern, wenn ich mich nicht selbst als «Ich, der ich niemand als ich bin», beweisen kann, werde ich niemals wahres Glück finden. Sie versuchen, alles innerhalb von zwischenmenschlichen Beziehungen zu definieren, ohne ein Wort über Glück durch Selbstverwirklichung. Wenn Sie mich fragen, ist das nichts anderes als ein Ausweichen!

PHILOSOPH: Ich bin nicht ganz sicher, was Sie mit «Glück durch Selbstverwirklichung» meinen. Was verstehen Sie darunter genau?

JUNGER MANN: Das ist für jeden etwas anderes. Da gibt es vielleicht manche, die in der Gesellschaft erfolgreich sein wollen, und andere, die persönlichere Ziele haben – ein Forscher, der alles daransetzt, ein Wundermittel zu entwickeln, oder ein Künstler, der sich bemüht, ein Werk zu erschaffen, das ihn wirklich zufriedenstellt.

PHILOSOPH: Was ist es für Sie?

JUNGER MANN: Ich weiß noch nicht wirklich, wonach ich suche oder was ich in Zukunft tun möchte. Aber ich weiß, dass ich etwas tun muss. Auf keinen Fall werde ich den Rest meiner

Tage mit der Arbeit in einer Universitätsbibliothek verbringen. Wenn ich einen Traum finde, dem ich mein Leben widmen kann, und dabei Selbstverwirklichung erreiche, dann werde ich wahres Glück erleben. Mein Vater war jemand, der sich von morgens bis abends in seine Arbeit vergraben hat, und ich habe keine Ahnung, ob das für ihn Glück bedeutet hat oder nicht. In meinen Augen zumindest schien er immer eingespannt und niemals glücklich. Das ist nicht das Leben, das ich führen möchte.

PHILOSOPH: Gut. Wenn Sie darüber nachdenken und sich hier als Beispiel Kinder mit Problemverhalten vornehmen, ist diese Sache vielleicht einfacher zu verstehen.

JUNGER MANN: Problemverhalten?

PHILOSOPH: Ja, genau. Zuerst einmal haben wir Menschen ein universelles Bedürfnis, das man «Streben nach Wachstum» nennt. Erinnern Sie sich an unsere Diskussion darüber?

JUNGER MANN: Ja. Einfach ausgedrückt, ist es ein Begriff, der die «Hoffnung, sich zu verbessern», und die «Verfolgung eines Idealzustandes» bedeutet.

PHILOSOPH: Es gibt viele Kinder, die in einer frühen Phase versuchen, besonders gut zu sein. Konkret heißt das, sie gehorchen ihren Eltern, betragen sich so, wie es sich gesellschaftlich gehört, widmen sich gewissenhaft ihrem Lernstoff und dem Sport und zeigen auch außerhalb der Schule außergewöhnliche Leistungen bei ihren Aktivitäten. Auf diese Weise versuchen sie, die Anerkennung ihrer Eltern zu bekommen. Doch wenn dieses Besonders-gut-Sein nicht klappt – beim Lernen oder beim Sport läuft es zum Beispiel nicht gut –, machen sie eine Kehrtwende und versuchen, ganz besonders schlecht zu sein.

JUNGER MANN: Warum tun sie das?

PHILOSOPH: Ob sie versuchen, besonders gut oder besonders schlecht zu sein, das Ziel ist das gleiche: die Aufmerksamkeit anderer auf sich zu ziehen, aus dem Bereich des «Normalen» hervorzustechen und «jemand Besonderes» zu werden. Das ist ihr einziges Ziel.

JUNGER MANN: Hmm. Gut, machen Sie bitte weiter.

PHILOSOPH: In jedem Fall muss man sich, ob nun beim Lernen oder bei den sportlichen Aktivitäten, permanent anstrengen, um herausragende Ergebnisse zu erzielen. Aber die Kinder, die besonders schlecht sein wollen – das heißt, die zu Problemverhalten Zuflucht nehmen –, versuchen die Aufmerksamkeit anderer auf sich zu ziehen, sogar während sie diese gesunden Möglichkeiten links liegenlassen. In der Adler'schen Psychologie wird dies «Streben nach einfacher Überlegenheit» genannt. Nehmen wir zum Beispiel das Problemkind, das den Unterricht stört, indem es mit Radiergummis wirft oder laut redet. Es kann sich sicher sein, die Aufmerksamkeit seiner Freunde und Lehrer zu bekommen. Selbst wenn dieses Verhalten auf einen speziellen Ort beschränkt ist, hat es wahrscheinlich Erfolg damit, jemand Besonderes zu werden. Doch das ist ein Streben nach einfacher Überlegenheit und eine ungesunde Haltung.

JUNGER MANN: Dann verfolgen auch Jugendliche, die Straftaten begehen, das Streben nach einfacher Überlegenheit?

PHILOSOPH: Ja, das tun sie. Alle Arten von Problemverhalten, von der Schulverweigerung bis zum selbstverletzenden Verhalten, Rauchen, Trinken und so weiter, sind Formen des Strebens nach einfacher Überlegenheit. Und Ihr Freund, der sich einschließt, von dem Sie mir zu Beginn erzählt haben, hat die gleichen Beweggründe. Wenn man ein problematisches Verhalten an den Tag legt, wird man von seinen Eltern und anderen Erwachsenen ausgeschimpft. Das belastet das Kind, mehr als alles andere. Doch selbst wenn dies in Form von Schelte geschieht: Das Kind möchte die Aufmerksamkeit seiner Eltern. Es möchte etwas Besonderes sein, und die Form, in der ihm diese Aufmerksamkeit zuteilwird, spielt keine Rolle. In gewissem Sinn ist es nur folgerichtig, dass es weiterhin ein Problemverhalten an den Tag legt, egal, wie scharf es zurechtgewiesen wird.

JUNGER MANN: Also weil es ausgeschimpft wird, hört es nicht mit dem problematischen Verhalten auf?

PHILOSOPH: Genau. Weil die Eltern und andere Erwachsene ihm durch den Akt der Zurechtweisung ihre Aufmerksamkeit schenken.

JUNGER MANN: Aber vorher haben Sie darüber gesprochen, dass das Ziel des Problemverhaltens Rache an den Eltern ist, stimmt's? Gibt es da irgendeine Verbindung?

PHILOSOPH: Ja. «Rache» und «Streben nach einfacher Überlegenheit» liegen eng beieinander. Man macht jemandem das Leben schwer, während man sich bemüht, etwas «Besonderes» zu sein.

JUNGER MANN: Aber wie ...? Es ist doch unmöglich, dass sich alle Menschen durch etwas Positives besonders hervortun, oder? Schließlich haben alle Menschen ihre Stärken und Schwächen, und es wird immer Unterschiede geben. Es gibt nur eine Handvoll Genies in der Welt, und nicht jeder junge Mensch ist dafür geschaffen, ein Student mit besonderen Auszeichnungen zu werden. Für all die Gescheiterten bleibt also nichts weiter übrig, als besonders schlecht zu werden.

PHILOSOPH: Ja, das ist das Sokratische Paradox, dass niemand das Böse will. Denn für junge Menschen, die sich problematisch verhalten, sind selbst Gewalttätigkeit und Diebstahl etwas «Gutes».

JUNGER MANN: Das ist ja schrecklich! Aus dieser Logik gibt es keinen Ausweg.

PHILOSOPH: Was die Adler'sche Psychologie an diesem Kreuzweg betont, sind die Worte: «der Mut, normal zu sein».

JUNGER MANN: Der Mut normal zu sein?

PHILOSOPH: Warum muss man unbedingt etwas Besonderes sein? Wahrscheinlich weil man sein normales Selbst nicht annehmen kann. Und genau aus diesem Grund macht man – wenn das Gute einfach nicht zu schaffen ist – eine Kehrtwende, um besonders schlecht zu sein, also das genaue Gegenteil. Aber ist es wirklich so etwas Schlechtes, normal zu sein? Ist es etwas Minderwertiges? Oder – ist nicht im Grunde jeder normal? Man muss dies einmal bis zu seiner logischen Schlussfolgerung durchdenken.

JUNGER MANN: Also wollen Sie sagen, dass ich normal sein soll?

PHILOSOPH: Selbst-Akzeptanz ist der entscheidende erste Schritt. Wenn Sie den Mut aufbringen können, normal zu sein, wird sich Ihre Sicht auf die Welt erheblich verändern.

JUNGER MANN: Aber …

PHILOSOPH: Sie lehnen die Normalität wahrscheinlich ab, weil Sie sie mit Unfähigkeit gleichsetzen. Aber normal zu sein heißt nicht, unfähig zu sein. Man braucht seine Überlegenheit nicht zur Schau zu stellen.

JUNGER MANN: Schön, ich sehe die mögliche Gefahr ein, wenn man etwas Besonderes sein will. Aber muss man wirklich bewusst eine Entscheidung dafür treffen, normal zu sein? Wenn ich meine Zeit auf dieser Erde auf äußerst stumpfsinnige Weise zubringe, wenn ich ein Leben ohne Sinn und Zweck führe, ohne irgendeine Spur meiner Existenz zu hinterlassen, muss ich dann mit meinem Schicksal zufrieden sein, weil ich eben so bin, wie ich bin? Das ist nicht Ihr Ernst! Ich würde so ein Leben sofort aufgeben!

PHILOSOPH: Sie wollen etwas Besonderes sein, egal, um welchen Preis?

JUNGER MANN: Nein! Sehen Sie, wenn ich damit zufrieden bin, «normal» zu sein, wie Sie es nennen, müsste ich im Endeffekt mein träges Selbst akzeptieren. Ich brauchte nur zu sagen: «Das ist alles, was ich schaffe, und das ist in Ordnung so.» Ich weigere mich, einen so passiven Lebensstil anzunehmen. Glauben Sie, dass Napoleon oder Alexander der Große, Einstein oder Martin Luther King mit dem «Normalen» zufrieden waren? Und wie ist es mit Sokrates und Platon? Undenkbar! Es ist mehr als wahrscheinlich, dass sie alle während ihres ganzen Lebens die Fackel eines großen Ideals oder Ziels vor sich hergetragen haben. Mit Ihrer Logik könnte niemals ein zweiter Napoleon entstehen. Sie versuchen, der Welt ihre Genies zu nehmen!

PHILOSOPH: Sie wollen also sagen, dass man erhabene Ziele im Leben braucht.

JUNGER MANN: Aber das liegt doch auf der Hand!

«Der Mut, normal zu sein» – welch wahrhaft schreckliche Worte. Wollen Adler und dieser Philosoph mir wirklich sagen, dass ich diesen Weg einschlagen soll? Mein Leben als nur eine von vielen Seelen in der so gewöhnlichen, gesichtslosen Masse anzugehen? Ich bin natürlich kein Genie. Vielleicht ist das «Normale» die einzige Möglichkeit, die mir bleibt. Vielleicht muss ich einfach mein mittelmäßiges Selbst akzeptieren und mich damit abfinden, ein durchschnittliches, alltägliches Leben zu führen. Aber ich werde dagegen ankämpfen. Was auch immer passiert, ich werde bis zum bitteren Ende gegen diesen Mann Widerstand leisten. Wir scheinen uns dem Kern unserer Diskussion zu nähern. Der Puls des jungen Mannes raste, und trotz der winterlichen Kühle, die in der Luft lag, glänzten seine geballten Fäuste vor Schweiß.

PHILOSOPH: Gut. Wenn Sie von erhabenen Zielen sprechen, nehme ich an, dass Sie dabei ein Bild von so etwas wie einem Bergsteiger vor Augen haben, der den Gipfel erklimmen möchte.

JUNGER MANN: Ja, genau. Die Menschen, mich selbst eingeschlossen, möchten den Gipfel erklimmen.

PHILOSOPH: Aber wenn das Leben so wäre wie Bergsteigen, um den Gipfel zu erreichen, würde ein Großteil des Lebens sich «auf dem Weg» abspielen. Soll heißen, das «richtige Leben» würde mit dem Aufstieg am Abhang beginnen, und die Entfernung, die man bis zu diesem Punkt zurückgelegt hat, wäre das «vorläufige Leben», gelebt von einem «vorläufigen Ich».

JUNGER MANN: Ich würde sagen, so kann man es auch ausdrücken. So, wie ich jetzt bin, bin ich mit Sicherheit ein Mensch «auf dem Weg».

PHILOSOPH: Nun, nehmen wir an, Sie sind nicht bis zum Gipfel gekommen – was würde das für Ihr Leben bedeuten? Durch Unfälle und Krankheiten und ähnliche Dingen schaffen die Leute nicht immer den ganzen Weg, und das Bergsteigen selbst ist voller Fallstricke, und am Ende scheitert man oft. Das Leben würde dann «unterwegs» unterbrochen, nur mit diesem «vorläufigen Ich», das ein «vorläufiges Leben» führt. Was für ein Leben wäre das?

JUNGER MANN: Das ist … Nun, in dem Fall bekommt man das, was man verdient. Ich hatte nicht die Fähigkeit oder die körperliche Stärke, auf einen Berg zu steigen, oder ich hatte kein Glück oder war nicht genügend ausgebildet dafür – das ist alles! Ja, das ist eine Realität, die ich bereit bin anzuerkennen.

PHILOSOPH: Die Adler'sche Psychologie hat eine andere Sichtweise. Menschen, die sich das Leben wie den Aufstieg auf einen Berg vorstellen, betrachten ihr Leben als eine Linie. Als ob es eine Linie gäbe, die in dem Moment anfängt, wenn man geboren wird, und die in allen möglichen Kurven und unterschiedlichen Ausprägungen weiter verläuft, bis sie am Gipfel ankommt, und das ist dann der Tod. Diese Vorstellung, nach der das Leben als eine Art Geschichte gesehen wird, ist mit der Freud'schen Vorstellung von Kausalität verbunden. Es ist eine Denkweise, die den größeren Teil des Lebens als etwas ansieht, das sich «auf dem Weg» befindet.

JUNGER MANN: Und, was ist Ihr Bild vom Leben?

PHILOSOPH: Betrachten Sie es nicht als Linie. Denken Sie sich das Leben als eine Reihe von Punkten. Wenn Sie durch ein Vergrößerungsglas auf eine durchgezogene Linie aus Kreide blicken, werden Sie bemerken, dass das, was Sie als Linie wahrgenommen haben, tatsächlich eine Reihe von kleinen Punkten ist. Die scheinbar lineare Existenz ist in Wirklichkeit eine Ansammlung von Punkten; und anders gesagt: Das Leben ist eine Abfolge von Momenten.

JUNGER MANN: Eine Abfolge von Momenten?

PHILOSOPH: Ja. Es ist eine Aneinanderreihung von Momenten, die man «Jetzt» nennt. Wir können nur im Hier und Jetzt leben. Unser Leben existiert nur in Momenten. Erwachsene, die dies nicht wissen, versuchen jungen Menschen ein «lineares» Leben aufzuzwingen. Ihrer Denkweise nach bedeutet das Verfolgen der althergebrachten Wege – gute Universität, große Firma, stabile Familie – ein glückliches Leben. Doch das Leben besteht nicht aus Linien oder irgendetwas in der Art.

JUNGER MANN: Dann hat es also keinen Sinn, sein Leben oder seine Karriere zu planen?

PHILOSOPH: Wenn das Leben eine Linie wäre, dann wäre Lebensplanung möglich. Doch unser Leben ist lediglich eine Ansammlung von Punkten. Ein durchgeplantes Leben ist nichts, was man als notwendig oder nicht notwendig erachten kann, denn es ist einfach unmöglich.

JUNGER MANN: Ach, Unsinn! Was für eine absurde Vorstellung!

PHILOSOPH: Was ist denn falsch daran?

JUNGER MANN: Mit Ihrem Argument lehnen Sie nicht nur Planungen im Leben ab, Sie gehen sogar so weit, auch das Streben nach etwas abzulehnen. Nehmen Sie zum Beispiel das Leben von jemandem, der seit seiner Kindheit davon träumt, Geiger zu werden, und der nach Jahren disziplinierten Übens endlich in einem berühmten Orchester spielt. Oder ein anderes Leben, eines voll intensiven Studierens, das dazu führt, erfolgreich das Jura-Examen zu bestehen und Rechtsanwalt zu werden. Diese beiden Lebenswege wären nicht möglich, ohne sich Ziele zu setzen und Pläne zu machen.

PHILOSOPH: Dann haben sie, wie Bergsteiger, die zum Gipfel wollen, beharrlich ihren Weg gemacht?

JUNGER MANN: Natürlich!

PHILOSOPH: Aber ist das wirklich so? Ist es nicht vielmehr so, dass diese Menschen jeden einzelnen Moment ihres Lebens hier und jetzt gelebt haben? Damit will ich sagen, dass sie, statt Leben zu leben, die «unterwegs» sind, immer im Hier und Jetzt leben. Zum Beispiel hat die Person, die den Traum hatte, Geiger zu werden, sich immer wieder Musikstücke angesehen und sich darauf konzentriert, auf jeden einzelnen Takt und jede einzelne Note.

JUNGER MANN: Würden sie auf diese Art ihre Ziele erreichen?

PHILOSOPH: Denken Sie es sich einmal so: Das Leben ist eine Abfolge von Momenten, die man lebt, als würde man tanzen, genau jetzt, und sich dabei um jeden vergänglichen Moment herumdrehen. Und wenn man zufällig seine Umgebung betrachtet, stellt man fest, ich glaube, ich bin bis hierhin gekommen. Unter denen, die den Tanz der Violine getanzt haben, gibt es einige, die auf Kurs bleiben und professionelle Musiker werden. Unter denen, die den Tanz der Jura-Prüfung getanzt haben, gibt es einige, die Rechtsanwälte werden. Es gibt Menschen, die den Tanz des Schreibens getanzt haben, und Autoren werden. Und natürlich kann es auch passieren, dass man ganz woanders landet. Doch keines dieser Leben endete «unterwegs». Es ist genug, Erfüllung im Hier und Jetzt des Tanzens zu finden.

JUNGER MANN: Es ist genug, wenn man im Jetzt tanzen kann?

PHILOSOPH: Ja. Beim Tanzen ist das Tanzen selbst das Ziel, und niemand macht sich darum Gedanken, dabei irgendwo anzukommen. Natürlich mag es vorkommen, dass man im Ergebnis irgendwo ankommt. Da man tanzt, bleibt man nicht stehen. Aber es gibt kein bestimmtes Ziel.

JUNGER MANN: Ein Leben ohne Ziel, hat man so etwas schon gehört? Wer würde ein solch unstetiges Leben akzeptieren, das sich je nach dem Wind verändert?

PHILOSOPH: Die Art des Lebens, von der Sie sprechen, bei der man auf ein Ziel zusteuert, kann man «kinetisches (dynamisches) Leben» nennen. Im Gegensatz dazu könnte man bei der Art des tanzenden Lebens von einem «energeischen (zum Handeln bereiten) Leben» sprechen.

JUNGER MANN: Kinetisch? Energeisch?

PHILOSOPH: Sehen wir uns die Erklärung von Aristoteles an. Eine normale Bewegung – die man *kinesis* nennt – hat einen

 Ausgangspunkt und einen Endpunkt. Die Bewegung vom Anfangs- bis zum Endpunkt ist optimal, wenn sie so effizient und schnell wie nur möglich ausgeführt wird. Wenn man einen Schnellzug nehmen kann, gibt es keinen Grund für den Bummelzug, der an jeder Station hält.

JUNGER MANN: Das heißt, wenn man das Ziel hat, Rechtsanwalt zu werden, ist es am besten, so schnell und so effizient wie möglich dorthin zu gelangen.

PHILOSOPH: Ja. Und die Bahn, die man einschlägt, um dorthin zu gelangen, ist – in dem Sinne, dass das Ziel noch nicht erreicht wurde – unvollständig. Das ist kinetisches Leben.

JUNGER MANN: Weil man noch nicht angekommen ist?

PHILOSOPH: Ja, genau. *Energeia* auf der anderen Seite ist eine Art der Bewegung, in der das, was «sich jetzt bildet», das ist, was «sich schon gebildet hat».

JUNGER MANN: Was «sich jetzt bildet» ist das, was «sich schon gebildet hat»?

PHILOSOPH: Man kann es auch als eine Bewegung betrachten, in der der Prozess selbst mit dem, was man erreichen möchte, gleichgesetzt wird, wie es in dem bekannten Spruch heißt: «Der Weg ist das Ziel.» So ist es beim Tanz und auch bei einer Reise.

JUNGER MANN: Ah, das verwirrt mich jetzt … Wie meinen Sie das mit der Reise?

PHILOSOPH: Was für ein Ziel ist das, auf eine Reise zu gehen? Sie gehen zum Beispiel auf eine Reise nach Ägypten. Würden Sie versuchen, so schnell und effizient wie nur möglich bei der Großen Pyramide von Giseh anzukommen und sich dann direkt auf dem kürzesten Weg nach Hause zu begeben? Das würde man kaum eine «Reise» nennen. Man sollte doch vom Moment an, in dem man das Haus verlässt, auf der Reise sein, und all die Momente auf dem Weg zum Ziel sollten dazugehören. Es mag vielleicht Umstände geben, die Sie davon abhalten, bei der Pyramide anzukommen, aber das heißt nicht, dass Sie nicht auf die Reise gegangen wären. Das ist «energeisches Leben».

JUNGER MANN: Ich glaube, ich verstehe das einfach nicht. Haben Sie nicht das Wertesystem bekämpft, nach dem man den Gipfel des Berges anstrebt? Was passiert, wenn Sie energeisches Leben mit Bergsteigen vergleichen?

PHILOSOPH: Wenn das Ziel des Bergsteigens darin bestünde, zum Gipfel zu gelangen, wäre das ein kinetischer Akt. Um es auf die Spitze zu treiben: Es würde keine Rolle spielen, ob Sie mit einem Hubschrauber auf dem Gipfel ankommen, dort fünf Minuten oder so bleiben und dann mit dem Hubschrauber zurückfliegen würden. Wenn Sie es natürlich nicht bis zur Spitze des Berges schaffen, hieße das, die Bergsteiger-Expedition ist gescheitert. Wenn das Ziel jedoch das Bergsteigen selbst ist und nicht nur das Erklimmen des Gipfels, könnte man dies energeisch nennen. In diesem Fall ist es am Ende egal, ob man zur Spitze gelangt oder nicht.

JUNGER MANN: Diese Argumentation ist einfach lächerlich! Jetzt haben Sie sich in einem völlig irrwitzigen Widerspruch verfangen. Bevor Sie vor der ganzen weiten Welt Ihr Gesicht verlieren, werde ich diesen bodenlosen Unsinn ein für alle Mal zerfetzen.

PHILOSOPH: Oh, da wäre ich Ihnen sehr verbunden.

JUNGER MANN: Sehen Sie, in Ihrer Widerlegung der Freud'schen These der Kausalität haben Sie es abgelehnt, Ihre Aufmerksamkeit auf die Vergangenheit zu richten. Sie sagten, die Vergangenheit würde nicht existieren und hätte keine Bedeutung. Ich akzeptiere diese Punkte. Es ist wahr, dass man die Vergangenheit nicht ändern kann. Wenn es etwas gibt, das man verändern kann, ist es die Zukunft. Doch jetzt, wo Sie diese energeische Lebensweise propagieren, sind Sie gegen das Planen; das heißt, Sie lehnen es ab, selbst die Zukunft nach eigenem Willen zu verändern. Wenn Sie also das Zurückblicken ablehnen, lehnen Sie auch den Blick in die Zukunft ab. Als ob Sie mir sagen wollten, ich sollte einfach mit verbundenen Augen einen nicht markierten Pfad entlanggehen.

PHILOSOPH: Sie können weder hinter sich noch vor sich etwas sehen?

JUNGER MANN: Genau, ich kann nichts sehen!

PHILOSOPH: Ist das nicht nur natürlich? Wo liegt hier das Problem?

JUNGER MANN: Was? Was reden Sie denn da?

PHILOSOPH: Stellen Sie sich vor, Sie stehen auf der Bühne eines Theaters. Wenn die Lichter im Saal an sind, können Sie wahrscheinlich den ganzen Raum bis zum Ende sehen. Doch wenn Sie unter einem hellen Scheinwerfer stehen, können Sie nicht einmal die vorderste Reihe erkennen. Genauso ist es mit unserem Leben. Weil wir ein schwaches Licht auf unser ganzes

Leben werfen, können wir die Vergangenheit und die Zukunft sehen. Oder zumindest stellen wir uns vor, dass wir das könnten. Aber wenn man einen hellen Scheinwerfer auf das Hier und Jetzt richtet, kann man die Vergangenheit und die Zukunft nicht mehr sehen.

JUNGER MANN: Einen hellen Scheinwerfer?

PHILOSOPH: Ja. Wir sollten bewusster nur hier und jetzt leben. Dass Sie denken, Sie könnten die Vergangenheit verstehen oder die Zukunft voraussagen, beweist, dass Sie lieber in einem schwachen Dämmerlicht sind als ernsthaft im Hier und Jetzt. Das Leben ist eine Abfolge von Momenten, und es existieren weder Vergangenheit noch Zukunft. Sie versuchen, sich ein Hintertürchen offenzuhalten, indem Sie sich auf die Vergangenheit und die Zukunft konzentrieren. Was in der Vergangenheit passiert ist, hat nicht das Geringste mit dem Hier und Jetzt zu tun, und was die Zukunft bereithalten mag, ist nichts, worüber man hier und jetzt nachdenken sollte. Wenn man ernsthaft im Hier und Jetzt lebt, wird man sich über so etwas keine Gedanken machen.

JUNGER MANN: Aber …

PHILOSOPH: Nimmt man die Sicht der Freud'schen Lehre ein, sieht man das Leben als so etwas wie eine große Geschichte von Ursache und Wirkung. Dann geht also alles darum, wo und wann ich geboren wurde, wie meine Kindheit war, welche Schule ich besucht habe und in welcher Firma ich eine Stelle bekam. Und das bestimmt, wer ich jetzt bin und wer ich in Zukunft sein werde. Ich denke mir, es ist sicherlich sehr unterhaltsam, sein Leben mit einer Geschichte zu vergleichen. Das Problem ist nur, dass man die Düsternis vor sich sieht, die am Ende der Geschichte liegt. Mehr noch, man wird versuchen, ein Leben zu führen, das mit dieser Geschichte in Einklang steht. Und dann sagt man, mein Leben ist soundso, also habe ich keine andere Wahl, als so zu leben, und es ist nicht von mir abhängig – es ist meine Vergangenheit, es ist meine Umgebung und so weiter. Doch hier die Vergangenheit ins Spiel zu bringen ist nichts als ein Hintertürchen, eine Lebenslüge. Aber das Leben ist eine Reihe von Punkten, eine Serie einzelner Momente. Wenn man das begreift, wird man keine Geschichte mehr brauchen.

JUNGER MANN: So gesehen ist der Lebensstil, den Adler vertritt, auch eine Art Geschichte.

PHILOSOPH: Der Lebensstil hat mit dem Hier und Jetzt zu tun und ist etwas, das man nach seinem Willen verändern kann. Das Leben der Vergangenheit, das wie eine gerade Linie aussieht, erscheint Ihnen nur so, weil Sie sich ständig dazu entschließen, sich nicht zu verändern. Das Leben, das vor Ihnen liegt, ist eine komplett leere Seite, und es gibt keine vorgegebenen Wege, denen Sie folgen müssten. Es gibt hier keine Geschichte.

JUNGER MANN: Aber das heißt, nur für den Moment zu leben. Oder schlimmer noch: ganz übler Hedonismus!

PHILOSOPH: Nein. Das Hier und Jetzt mit einem Scheinwerfer anzustrahlen heißt, was man jetzt tun kann anzugehen, ganz bewusst und gewissenhaft.

JUNGER MANN: Ganz bewusst und gewissenhaft leben?

PHILOSOPH: Zum Beispiel möchte man auf eine Universität gehen, aber man macht keine Anstrengung zu lernen. Mit dieser Haltung lebt man nicht bewusst und gewissenhaft im Hier und Jetzt. Es kann natürlich sein, dass die Zulassungsprüfung noch in weiter Ferne liegt. Vielleicht ist man nicht sicher, was man lernen muss oder wie gründlich, und man findet das alles sehr mühsam. Trotzdem würde es genügen, kleine Schritte zu machen – jeden Tag kann man sich mit ein paar mathematischen Formeln befassen; man kann etwas auswendig lernen. Kurz gesagt, man kann den Tanz tanzen. Dadurch hat man ein Gefühl von «Das habe ich heute getan», dafür war dieser Tag heute gut. Heute ist nicht der Tag für eine Zulassungsprüfung in der fernen Zukunft. Und das Gleiche würde auch für Ihren Vater gelten – so ähnlich hat er gewissenhaft den Tanz seiner täglichen Arbeit getanzt. Er lebte ernsthaft hier und jetzt, ohne ein großes Ziel oder das Bedürfnis danach, dieses Ziel zu erreichen. Und wenn das der Fall war, scheint doch das Leben Ihres Vaters glücklich gewesen zu sein.

JUNGER MANN: Wollen Sie mir sagen, dass ich diese Art zu leben gutheißen soll? Die ewige Plackerei im Leben meines Vaters akzeptieren …?

PHILOSOPH: Sie brauchen sich nicht dazu zu zwingen, sie gutzuheißen. Aber Sie könnten dahin kommen, sein Leben nicht auf ein Ergebnis hin zu betrachten, sondern zu sehen, wie er es gelebt hat, wie die Momente seines Lebens aussahen.

JUNGER MANN: Die Momente.

PHILOSOPH: Und das Gleiche ließe sich auch zu Ihrem eigenen Leben sagen. Sie setzen sich Ziele für die ferne Zukunft und denken, das Jetzt sei eine Vorbereitungsphase. Sie denken: *Ich möchte das wirklich gerne machen, und ich werde es tun, wenn die Zeit dafür gekommen ist.* Bei dieser Art zu leben wird alles aufgeschoben. Solange wir das Leben aufschieben, kommen wir nicht weiter und werden unsere Tage – einen nach dem anderen – nur in stumpfer Monotonie verbringen, denn wir stellen uns das Hier und Jetzt lediglich als eine Vorbereitungsphase vor, als eine Zeit, in der wir Geduld haben müssen. Doch ein «Hier und Jetzt», in dem man zum Beispiel für eine Zulassungsprüfung in der fernen Zukunft lernt, ist das einzig Wahre.

JUNGER MANN: Okay, ich akzeptiere das. Ich kann jedenfalls das bewusste Leben im Hier und Jetzt akzeptieren, bei dem ich kein Ergebnis vor Augen habe. Aber ich habe keine Träume oder Ziele in meinem Leben. Ich weiß nicht, was für einen Tanz ich tanzen möchte. Mein Hier und Jetzt besteht nur aus äußerst sinnlosen Momenten.

PHILOSOPH: Keine Ziele oder Ähnliches zu haben ist in Ordnung. Bewusst im Hier und Jetzt zu leben ist selbst schon ein Tanz. Man darf nicht zu ernst werden. Bitte verwechseln Sie nicht «ernsthaft sein» mit «zu ernst sein».

JUNGER MANN: Ernsthaft sein, aber nicht zu ernst.

PHILOSOPH: Richtig. Das Leben ist immer einfach, nichts, worüber man zu ernst werden müsste. Wenn man jeden Moment ernsthaft lebt, gibt es keinen Grund, zu ernst zu werden. Und noch etwas sollten Sie im Kopf behalten. Wenn man eine energeische Perspektive eingenommen hat, ist das Leben immer vollständig.

JUNGER MANN: Es ist vollständig?

PHILOSOPH: Wenn Ihr Leben oder auch meins hier und jetzt zu einem Ende kommen würde, wäre es nicht richtig, eins davon als unglücklich zu bezeichnen. Das Leben, das in einem Alter von zwanzig endet, und das Leben, das mit neunzig endet: Sie sind jedes für sich ein vollständiges Leben und auch ein glückliches.

JUNGER MANN: Wenn ich also ernsthaft hier und jetzt gelebt habe, werden solche Momente immer vollständig sein?

PHILOSOPH: Genau. Ich habe das Wort «Lebenslüge» immer wieder während unserer Diskussion benutzt. Ich würde das gerne abschließen, indem ich etwas über die größte Lebenslüge überhaupt sage.

JUNGER MANN: Bitte!

PHILOSOPH: Die größte Lebenslüge überhaupt ist es, nicht im Hier und Jetzt zu leben. In die Vergangenheit und die Zukunft zu blicken, ein trübes Licht auf sein ganzes Leben zu werfen und zu glauben, dass man etwas sehen könnte. Bis jetzt haben Sie sich vom Hier und Jetzt abgewandt und nur ein Licht auf erfundene Vergangenheiten und Zukünfte gerichtet. Sie haben Ihrem Leben, diesen unersetzlichen Momenten, eine große Lüge aufgetischt.

JUNGER MANN: Oh.

PHILOSOPH: Legen Sie also die Lebenslüge ab und strahlen Sie das Hier und Jetzt mit einem hellen Scheinwerfer an. Das können Sie tun.

JUNGER MANN: Das kann ich tun? Glauben Sie, ich habe den *Mut* in mir, diese Momente ernsthaft zu leben, ohne mich in eine Lebenslüge zu flüchten?

PHILOSOPH: Da weder die Vergangenheit noch die Zukunft existiert, sprechen wir doch über das Jetzt. Weder das Gestern noch das Morgen entscheiden darüber, sondern das Hier und Jetzt.

EINEM SCHEINBAR BEDEUTUNGSLOSEN LEBEN BEDEUTUNG VERLEIHEN

JUNGER MANN: Was sagen Sie da?

PHILOSOPH: Ich glaube, diese Diskussion hat nun das Wasser der Tränke erreicht. Ob Sie es trinken oder nicht, bleibt vollkommen Ihnen überlassen.

JUNGER MANN: Ah, vielleicht bin ich bereits dabei, mich durch die Adler'sche Psychologie und Philosophie tatsächlich zu verändern. Vielleicht löse ich mich schon langsam von dem Entschluss, mich nicht zu verändern, und suche mir eine neue Art zu leben, einen neuen Lebensstil ... Aber warten Sie, da ist noch eine letzte Sache, die ich Sie fragen möchte.

PHILOSOPH: Und die wäre?

JUNGER MANN: Wenn man das Leben als eine Serie von Momenten ansieht, als ein nur im Hier und Jetzt Existieren – welchen Sinn könnte es dann überhaupt haben? Wozu bin ich geboren, und wozu ertrage ich dieses mühevolle Leben bis zu meinem letzten Atemzug? Worum geht es dabei eigentlich? Das kann ich einfach nicht verstehen.

PHILOSOPH: Was ist der Sinn des Lebens? Wozu sind die Menschen auf der Erde? Als jemand Adler einmal diese Frage gestellt hat, antwortete er Folgendes: «Das Leben im Allgemeinen hat keine Bedeutung.»

JUNGER MANN: Das Leben ist ohne Sinn?

 PHILOSOPH: Die Welt, in der wir leben, ist unaufhörlich voll schrecklicher Ereignisse, und wir müssen mit den Verwüstungen des Krieges und der Naturkatastrophen leben, die um uns herum passieren. Wenn man damit konfrontiert ist, dass Kinder in den Wirren des Krieges sterben, ist es unmöglich, weiter nach dem Sinn des Lebens zu fragen. Oder anders gesagt: Es hat keinen Sinn, Verallgemeinerungen aufzutischen, wenn man über das Leben redet. Aber mit solch unbegreiflichen Tragödien konfrontiert zu sein, ohne etwas dagegen zu unternehmen, käme einem Akzeptieren gleich. Ungeachtet der Umstände müssen wir handeln. Wir dürfen unseren Neigungen nicht nachgeben, sondern wir brauchen so etwas wie Zivilcourage!

JUNGER MANN: Ja!

PHILOSOPH: Nehmen wir einmal an, man hat eine große Naturkatastrophe miterlebt und als Reaktion darauf blickt man aus der Kausalitätsperspektive darauf und fragt: «Wie konnte so etwas passieren?» Welchen Sinn hätte das? Ein Schicksalsschlag sollte eine Gelegenheit sein, nach vorn zu schauen und zu denken: *Was kann ich von nun an tun?*

JUNGER MANN: Da stimme ich vollkommen zu!

PHILOSOPH: Und Adler fährt nach seiner Behauptung, «das Leben im Allgemeinen hat keine Bedeutung», dann fort: «Welche Bedeutung das Leben hat, muss jeder Einzelne bestimmen.»

JUNGER MANN: Jeder Einzelne bestimmen? Was heißt das?

PHILOSOPH: Während des Krieges wurde mein Großvater von einer Brandbombe getroffen und erlitt schlimme Verbrennungen im Gesicht. Es war in jeder Hinsicht eine schreckliche Erfahrung und etwas vollkommen Menschenunwürdiges. Er hätte sicherlich einen Lebensstil mit der Perspektive wählen können: «Die Welt ist ein schrecklicher Ort», oder: «Die Menschen sind meine Feinde.» Immer wenn mein Großvater jedoch im Zug saß, um ins Krankenhaus zu fahren, standen andere Fahrgäste auf, um ihm ihren Platz anzubieten. Ich habe das von meiner Mutter erfahren, deshalb weiß ich nicht, wie er sich tatsächlich gefühlt hat. Aber ich glaube, es war so: Mein Großvater hat sich für einen Lebensstil mit der Perspektive: «Die Leute sind meine Mitmenschen und die Welt ist ein wunderbarer Ort», entschieden. Genau das meint Adler, wenn er darauf verweist, dass der Sinn des Lebens, wie auch immer er aussehen mag, vom Einzelnen selbst bestimmt wird. Das Leben im Allgemeinen hat also keine wie auch immer geartete Bedeutung. Aber man kann diesem Leben eine Bedeutung verleihen. Und Sie selbst sind der Einzige, der Ihrem Leben einen Sinn verleihen kann.

JUNGER MANN: Dann sagen Sie mir: Wie kann ich einem bedeutungslosen Leben eine wirkliche Bedeutung geben? Ich habe noch nicht das Selbstvertrauen.

PHILOSOPH: Sie haben sich im Leben verirrt. Warum haben Sie sich verirrt? Sie haben den Weg verloren, weil Sie dabei sind, die Freiheit zu wählen; das heißt, sich für einen Weg zu entscheiden, auf dem Sie keine Angst haben, von anderen nicht gemocht zu werden, und auf dem Sie nicht das Leben anderer Menschen leben – einen Weg, der Ihnen allein gehört.

JUNGER MANN: Das stimmt! Ich möchte das Glück wählen und die Freiheit!

PHILOSOPH: Wenn man gerade erst versucht, die Freiheit zu wählen, ist es nur natürlich, dass man dabei vielleicht seinen Weg verliert. An diesem Kreuzweg hält die Psychologie Adlers einen «Leitstern» hoch, als einen großen Kompass, der zum Leben in Freiheit führt.

 JUNGER MANN: Einen Leitstern?

PHILOSOPH: Ganz wie Reisende, die sich auf den Polarstern verlassen, brauchen wir in unserem Leben einen Leitstern. Das ist die Sichtweise der Adler'schen Psychologie. Es ist ein weites Ideal, das besagt: Solange wir diesen Kompass nicht aus den Augen verlieren und uns weiter in diese Richtung bewegen, gibt es Glück.

JUNGER MANN: Wo ist dieser Stern?

PHILOSOPH: Er ist das Engagement für andere.

JUNGER MANN: Wie bitte? Engagement für andere ?

PHILOSOPH: Egal, was für einen Moment Sie gerade erleben oder ob es Menschen gibt, die Sie nicht mögen – solange Sie den Leitstern des «Ich engagiere mich für andere» nicht aus dem Blick verlieren, können Sie tun, was immer Sie möchten. Ob man Sie mag oder nicht, Sie kümmern sich nicht darum und sind frei.

JUNGER MANN: Wenn ich den Stern des Engagements für andere hoch am Himmel über mir habe, werde ich immer das Glück und meine Mitmenschen an meiner Seite haben.

PHILOSOPH: Dann lassen Sie uns aufrichtig die Momente des Hier und Jetzt tanzen und aufrichtig leben. Blicken Sie nicht in die Vergangenheit und nicht in die Zukunft. Man lebt jeden vollständigen Moment wie einen Tanz. Es gibt keinen Grund, mit jemandem zu konkurrieren, und Ziele braucht man nicht. Solange Sie tanzen, werden Sie irgendwohin kommen.

JUNGER MANN: Ein «Irgendwo», das niemand kennt!

PHILOSOPH: Das ist die Natur energeischen Lebens. Wenn ich auf mein eigenes Leben bis jetzt zurückblicke, komme ich nie zu einer befriedigenden Erklärung, wenn es darum geht, warum ich hier und jetzt bin – egal, wie sehr ich mich auch bemühe. Obwohl das Studium der griechischen Philosophie einmal mein Schwerpunkt war, habe ich vor langer Zeit das Studium der Adler'schen Psychologie dazugenommen, und hier bin ich heute, in tiefschürfendem Gespräch mit Ihnen, mein unersetzlicher Freund. Das ist das Resultat des Tanzens der Momente – anders lässt es sich nicht erklären. Wenn man hier und jetzt bewusst und voller Hingabe getanzt hat, erschließt sich einem der Sinn des Lebens.

JUNGER MANN: Wirklich? Ich … ich glaube Ihnen!

PHILOSOPH: Ja, bitte glauben Sie mir. Ich habe etwas bemerkt in all den Jahren, in denen ich mit den Gedanken Adlers gelebt habe.

JUNGER MANN: Und das ist?

PHILOSOPH: Dass die Macht einer einzigen Person groß ist, oder besser: «Meine Macht ist unermesslich groß.»

JUNGER MANN: Was meinen Sie damit?

PHILOSOPH: Nun, anders ausgedrückt, wenn «ich» mich verändere, wird sich die Welt verändern. Das heißt, dass die Welt sich nur durch mich und niemand anderen für mich ändert. Die Welt, wie sie mir erscheint, seit ich von Adlers Psychologie gehört habe, ist nicht die Welt, die ich einmal gekannt habe.

JUNGER MANN: Wenn du dich veränderst, wird die Welt sich verändern. Niemand anders wird die Welt für mich verändern …

PHILOSOPH: Das ähnelt dem Schock, den einmal jemand erlebte, der nach vielen Jahren der Kurzsichtigkeit zum ersten Mal eine Brille aufsetzte. Vormals unklare Konturen der Welt wurden deutlich, und selbst die Farben waren lebhafter. Außerdem wird nicht nur ein Teil des Gesichtsfeldes klarer, sondern die ganze sichtbare Welt. Ich kann mir nur vorstellen, wie glücklich Sie sein werden, wenn Sie ein ähnliches Erlebnis haben.

JUNGER MANN: Ach, hätte ich das nur früher gewusst! Ich wollte, ich hätte das vor zehn Jahren gewusst oder wenigstens vor fünf. Wenn ich das vor fünf Jahren gewusst hätte, bevor ich angefangen habe zu arbeiten …

PHILOSOPH: Nein, so ist das nicht. Sie sagen, Sie hätten das gern vor zehn Jahren gewusst. Aber Sie denken das, weil die Ideen Adlers jetzt bei Ihnen auf fruchtbaren Boden fallen. Niemand weiß, wie Sie das alles vor zehn Jahren empfunden hätten. Diese Gespräche waren etwas, das für Sie jetzt wichtig war.

JUNGER MANN: Ja, das waren sie!

PHILOSOPH: Ich möchte noch einmal Adler für Sie zitieren: «Einer muss anfangen. Andere mögen kooperieren, aber das hat mit Ihnen nichts zu tun. Mein Rat ist: Sie sollten anfangen. Ohne Rücksicht darauf, ob andere mitmachen oder nicht.»

JUNGER MANN: Ich kann noch nicht sagen, ob ich es bin, der sich verändert hat, oder ob es die Welt ist, die ich von diesem Standpunkt aus sehe, die sich verändert hat. Aber eines kann ich mit Überzeugung sagen: Das Hier und Jetzt erstrahlt hell! Ja, es ist so hell, dass ich fast gar nichts von morgen sehen kann.

PHILOSOPH: Ich glaube, Sie haben das Wasser getrunken. So, mein junger Freund, der vorangeht: Wollen wir zusammen gehen?

JUNGER MANN: Das glaube ich auch. Ja, gehen wir zusammen. Und danke für all Ihre Zeit.

PHILOSOPH: Ich danke Ihnen auch.

JUNGER MANN: Ich hoffe, Sie haben nichts dagegen, wenn ich Sie irgendwann einmal wieder hier besuche. Ja, als ein unersetzlicher Freund. Und ich werde nichts mehr über das Zerfetzen Ihrer Argumente sagen.

PHILOSOPH: (lacht) Am Ende haben Sie mich doch das Lächeln eines jungen Menschen sehen lassen. Nun, es ist schon ziemlich spät. Lassen Sie uns jeder für sich die Nacht verbringen und dann den neuen Morgen begrüßen.

Der junge Mann band langsam seine Schuhe zu und verließ das Haus des Philosophen. Als er die Tür öffnete, lag vor ihm eine schneebedeckte Szenerie. Der schwebende Vollmond, etwas unscharf in seiner Form, erhellte das schimmernde Weiß zu seinen Füßen. *Was für eine klare Luft. Was für ein blendendes Licht. Ich werde gleich meinen Fuß auf diesen frischen Schnee setzen, meinen ersten Schritt machen.* Der junge Mann sog die Luft ein, rieb über die feinen Bartstoppeln in seinem Gesicht und murmelte leise, aber mit Nachdruck: *«Die Welt ist einfach, und das Leben ist es auch.»*

NACHWORT

Im Leben kann es geschehen, dass ein Buch, auf das man eines Tages zufällig stößt, am nächsten Morgen schließlich die ganze innere Landschaft verändert hat.

Es war im Winter 1999, und ich war in meinen Zwanzigern, als ich das große Glück hatte, einem solchen Buch in einem Buchladen in Ikebukuro zu begegnen. Es war Ichiro Kishimis *Einführung in die Psychologie Adlers*.

Hier war eine Art zu denken, in jeder Hinsicht tiefgründig und doch in einfacher Sprache vermittelt, die unsere althergebrachten Weisheiten in ihren Grundfesten zu erschüttern schien. Eine kopernikanische Wende, die die Existenz von Traumata leugnete und die psychologische Kausalität in die Finalität überführte. Da ich in den Abhandlungen der Anhänger von Freud und Jung schon immer einige Dinge als nicht überzeugend empfunden hatte, war ich tief beeindruckt. Wer war dieser Alfred Adler? Wie kam es, dass ich noch nie von ihm gehört hatte? Ich kaufte mir alle Bücher von oder über Adler, die ich auftreiben konnte, und wurde völlig von ihnen vereinnahmt; ich las sie immer und immer wieder.

Doch etwas wurde mir dabei bewusst: Was mich interessierte, war nicht lediglich die Psychologie Adlers, sondern eher etwas, was durch den Filter des Philosophen Ichiro Kishimi entstanden war. Es waren die Studien Kishimis zu Adler, die mich interessierten.

Verwurzelt in den Ideen von Sokrates und Platon sowie anderen griechischen Philosophen der Antike, zeigt uns die Adler'sche Psychologie, wie sie Kishimi vermittelt, Adler als einen Denker, einen Philosophen, dessen Werk weit über die Grenzen klinischer Psychologie hinausgeht. Zum Beispiel entspricht die Aussage, dass man erst im gesellschaftlichen Kontext zu einem Individuum wird, ganz klar dem Denken Hegels, in seiner Betonung der subjektiven Interpretation über objektive Wahrheiten spiegelt er Nietzsches Weltsicht, und Konzepte, die an die Phänomenologie Husserls und Heideggers erinnern, finden sich reichlich.

Die Psychologie Adlers, von diesen philosophischen Einsichten inspiriert, behauptet: «Alle Probleme sind zwischenmenschliche Beziehungsprobleme», «Der Mensch kann sich ändern und von diesem Moment an glücklich sein», und «Das Problem ist nicht die Fähigkeit, sondern der Mut.» Dies sollte die Weltsicht dieses recht verwirrten jungen Mannes vollkommen verändern.

Allerdings gab es in meinem Umfeld fast niemanden, der von der Psychologie Adlers gehört hatte. Schließlich wurde mir klar, dass ich eines Tages gerne ein Buch veröffentlichen würde, zusammen mit Kishimi, und zwar eine maßgebliche Ausgabe der Psychologie Adlers (der Studien Kishimis zu Adler), und ich kontaktierte einen Verlag nach dem anderen und wartete ungeduldig darauf, dass sich eine Gelegenheit ergeben würde.

Im März 2010 konnte ich dann endlich Kishimi treffen, der in Kyoto lebt. Mehr als zehn Jahre waren vergangen, seit ich das erste Mal seine Einführung in die Psychologie Adlers gelesen hatte.

Damals sagte Kishimi zu mir: «Die Ideen Sokrates' wurden durch Platon vermittelt. Ich würde gern eine Art Platon für Adler sein.» Als ich das hörte, antwortete ich, ohne nachzudenken: «Dann werde ich für Sie eine Art Platon sein, Herr Kishimi.» Und so wurde die Idee zu diesem Buch geboren.

Ein Aspekt der einfachen und universellen Ideen Adlers besteht darin, dass er manchmal nur das Offensichtliche zu behaupten scheint, an anderen Stellen jedoch eher als Vertreter vollkommen unrealisierbarer idealistischer Theorien betrachtet wird.

Dementsprechend habe ich in diesem Buch das Format eines Dialogs zwischen einem Philosophen und einem jungen Mann genutzt, in der Hoffnung, dabei alle Zweifel ansprechen zu können, die beim Leser aufkommen könnten.

Wie hier schon angedeutet, ist es keine einfache Sache, sich die Ideen Adlers anzueignen und in die Praxis umzusetzen. Es gibt einige Aspekte, die einen zum Widerspruch herausfordern, Aussagen, die schwer zu akzeptieren sind, und Empfehlungen, mit denen man vermutlich Mühe hat, sie zu verstehen.

Doch die Ideen Adlers haben die Kraft, das Leben eines Menschen komplett zu verändern, so wie es bei mir vor über einem Jahrzehnt der Fall war. Dann ist es nur noch eine Frage des Mutes, ob man einen Schritt weitergeht.

Zum Abschluss möchte ich Ichiro Kishimi, der mich nie als einen Schüler behandelt hat, sondern mir ganz offen als Freund begegnete, obwohl ich viel jünger war, meinen tiefen Dank aussprechen, dem Verleger Yoshifumi Kakiuchi für seine unerschütterliche und großzügige Unterstützung bei jedem Schritt des Weges und schließlich nicht zuletzt allen Lesern dieses Buches.

Vielen Dank.

FUMITAKE KOGA

• • •

Über ein halbes Jahrhundert ist seit dem Tod von Alfred Adler vergangen, und immer noch hinken die Zeiten seinen revolutionären Ideen hinterher. Dennoch ist der Name Adler in Japan heute wenig bekannt. Über die Lehren Adlers sagt man, sie seien ein «öffentlicher Steinbruch», aus dem sich jeder etwas herausschlagen kann. Und wenn auch sein Name oft unerwähnt bleibt, reicht der Einfluss seiner Lehren doch sehr weit.

Ich hatte mich seit dem Ende meiner Teenagerzeit intensiv mit Philosophie beschäftigt, und etwa in der Zeit, als mein Kind geboren wurde, als ich Anfang dreißig war, begegnete ich zum ersten Mal der Psychologie Adlers. Die eudämonistische Theorie, die die Frage untersucht: «Was ist Glück?», bildet eines der zentralen Themen der westlichen Philosophie. Ich hatte schon viele Jahre damit verbracht, über diese Frage nachzugrübeln, als ich den Vortrag besuchte, bei dem ich zum ersten Mal von der Adler'schen Psychologie hörte. Als der Sprecher von seinem Podium aus verkündete: «Wer heute meinem Vortrag zugehört hat, wird in der Lage sein, sich zu verändern und von diesem Moment an glücklich zu sein», fühlte ich mich abgestoßen. Doch gleichzeitig dämmerte es mir, dass ich niemals wirklich tiefgehend darüber nachgedacht hatte, wie ich mein Glück finden kann, und in dem Gedanken, dass das «Glück finden» vielleicht einfacher war, als ich es mir vorgestellt hatte, begann ich mich für die Psychologie Adlers zu interessieren.

So kam es dazu, dass ich parallel zur Philosophie die Psychologie Adlers studierte. Doch mir wurde bald klar, dass ich sie nicht getrennt voneinander sehen konnte, als zwei verschiedenartige Bereiche.

Zum Beispiel ist die Vorstellung der Finalität, der Zielgerichtetheit, keineswegs etwas, was plötzlich zur Zeit Adlers auftauchte, sondern sie war bereits in der Philosophie von Platon und Aristoteles präsent. Mir wurde klar, dass die Adler'sche Psychologie eine Art des Denkens war, das mit der griechischen Philosophie auf einer Linie lag. Darüber hinaus fiel mir auf, dass man die Dialoge, die Sokrates mit jungen Menschen führte und die Platon für die Nachwelt aufgezeichnet hat, als sehr eng verwandt mit der heutigen Beratungspraxis sehen könnte.

Wenn sich auch viele Menschen Philosophie als etwas schwer Verständliches vorstellen, so enthalten die Platonischen Dialoge doch keine spezielle Sprache.

Es ist merkwürdig, dass Philosophie etwas sein sollte, worüber mit Worten gesprochen wird, die nur Spezialisten verstehen. Denn in seiner ursprünglichen Bedeutung bezeichnet Philosophie nicht die «Weisheit» selbst, sondern die «Liebe zur Weisheit», und wichtig ist ebendieser Prozess, bei dem man lernt, was man nicht weiß, und schließlich zur Weisheit gelangt.

Ob man am Ende wirklich Weisheit erreicht oder nicht, ist nicht von Bedeutung.

Wenn man heute Platons Dialoge liest, mag es verwundern, dass der Dialog über Mut zum Beispiel ohne eine Schlussfolgerung endet.

Die jungen Menschen in den Dialogen mit Sokrates stimmen am Anfang nie dem zu, was er sagt, sondern fechten seine Aussagen heftig an. Dieses Buch führt diese philosophische Tradition seit Sokrates fort und folgt daher dem Format eines Dialoges zwischen einem Philosophen und einem jungen Mann.

Im Laufe des Studiums der Psychologie Adlers, die auch eine Philosophie darstellt, war ich nicht mehr zufrieden mit dem Leben eines Forschers, der lediglich die Schriften seiner Vorgänger liest und interpretiert. Ich wollte Streitgespräche führen, wie es Sokrates getan hat, und schließlich begann ich in einer psychiatrischen Klinik und an anderen Orten Beratungen durchzuführen.

Dabei traf ich viele junge Menschen.

Sie alle wollten auf aufrichtige Weise leben, doch viele von ihnen gehörten zu den jungen Leuten, denen weltlich orientierte, abgestumpfte Ältere geraten hatten, «realistischer» zu sein, und die kurz davor waren, ihre Träume aufzugeben; junge Menschen, die ihre zwischenmenschlichen Beziehungen, in denen sie steckten, als beschwerliche und komplizierte Erfahrungen erlebten, gerade weil sie reinen Herzens waren.

Aufrichtig leben zu wollen ist eine wichtige Sache, aber das allein genügt nicht. Adler sagt uns, dass alle Probleme zwischenmenschliche Beziehungsprobleme sind. Aber wenn man nicht weiß, wie man gute zwischenmenschliche Beziehungen aufbaut, kommt man vielleicht dahin, die Erwartungen anderer erfüllen zu wollen. Und weil man unfähig ist zu kommunizieren, aus Angst, andere Menschen zu verletzen, selbst wenn es etwas durchzusetzen gilt, wird man am Ende das aufgeben, was man wirklich tun möchte.

Während diese Menschen sicherlich beliebt sind und es nicht viele geben mag, von denen sie nicht gemocht werden, werden sie am Ende nicht in der Lage sein, ihr eigenes Leben zu leben.

Einem jungen Menschen wie dem jungen Mann in diesem Buch, der viele Probleme hat und bereits unsanft mit der Realität konfrontiert wurde, erscheinen die Ansichten, die dieser Philosoph vorbringt, dass die Welt einfach sei und jeder von diesem Tag an glücklich sein könne, vielleicht überraschend.

«Meine Psychologie ist für alle Menschen», sagt Adler, und unter Verzicht auf eine Fachsprache, ganz wie Platon, zeigt er uns einzelne Schritte, um unsere zwischenmenschlichen Beziehungen zu verbessern.

Wenn Adlers Denkweise schwer zu akzeptieren ist, dann liegt das daran, dass sie eine Zusammenstellung von Thesen ist, die dem herkömmlichen Denken entgegengesetzt sind, und auch daran, dass man sie im Alltag umsetzen muss, um sie wirklich zu verstehen. Und obwohl seine Sprache nicht schwierig ist, gibt es doch vielleicht diese Art von Schwierigkeit, sich in der Leblosigkeit des Winters die sengende Hitze des Sommers vorzustellen – doch ich hoffe, die Leser werden die wichtigsten Schlüssel begreifen, mit denen die Probleme in ihren zwischenmenschlichen Beziehungen gelöst werden können.

Am Tag, als Fumitake Koga, mit dem ich zusammengearbeitet und dieses Buch geschrieben habe, zum ersten Mal in mein Arbeitszimmer kam, sagte er: «Ich werde eine Art Platon für Sie sein, Herr Kishimi.»

Der Grund, weshalb wir heute etwas über die Philosophie Sokrates' erfahren können, der keine bekannten Schriften hinterließ, ist die Niederschrift seiner Dialoge durch Platon. Doch Platon nahm nicht einfach nur auf, was Sokrates sagte. Es ist dem tiefen Verständnis Platons zu verdanken, dass Sokrates' Worte heute noch vermittelt werden.

Dank der außergewöhnlichen Kraft des Verständnisses von Koga, der darauf bestand, über mehrere Jahre wiederholt Dialoge mit mir zu führen, konnte dieses Buch geboren werden. In unserer Studienzeit besuchten sowohl Koga als auch ich häufig unsere Lehrer, und der junge Mann in diesem Buch könnte sowohl er als auch ich sein – doch mehr als sonst jemand sind Sie es, der dieses Buch zur Hand genommen hat. Es ist meine aufrichtige Hoffnung, dass ich Sie, auch wenn Ihre Zweifel vielleicht noch nachklingen, bei Ihren Entschlüssen in allen möglichen Lebenssituationen durch diesen Dialog mit einem Philosophen unterstützen kann.

ICHIRO KISHIMI